Volker Schürmann
(Hrsg.)

Sport und Zivilgesellschaft

lehmanns media

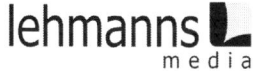

Bibliografische Informationen der Deutschen Bibliothek:
Die Deutsche Bibliothek verzeichnet diese Publikation in der deutschen National-bibliografie; detaillierte bibliografische Informationen sind im Internet unter <http://dnb.ddb.de> abrufbar.

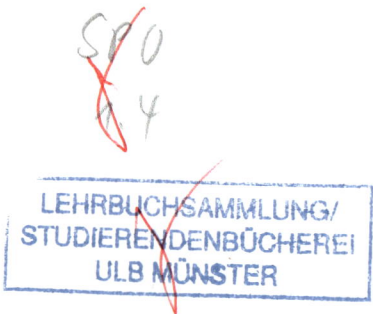

Volker Schürmann (Hrsg.)

Sport und Zivilgesellschaft

Reihe: Sportwissenschaften • Band 9

© 2012
Lehmanns Media • Verlag
Hardenbergstraße 5 • 10623 Berlin

www.lehmanns.de

ISBN: 978-3-86541-509-7

Titelfoto: (c) LSB NRW | Foto: Michael Stephan

Druck und Bindung: docupoint magdeburg • Barleben

Inhaltsverzeichnis

Sport und Zivilgesellschaft: Zur Einführung
Volker Schürmann 7

Öffentlichkeit und Zivilgesellschaft
Hans-Peter Krüger 19

Solidarität mit und ohne Ziel – Bedingungen der
Verbundenheit in Sport und Gesellschaft
Thomas Bedorf 39

Leistungssport und Zivilgesellschaft in Deutschland.
Grundsätzliche Fragen und aktuelle Probleme
Robert Prohl 57

Fußball und Öffentlichkeit im 21. Jahrhundert.
Von der Kulturkritik an einer Massenveranstaltung
zu einem neuen bürgerlichen Einverständnis
Martin Gessmann 81

Der Fußballplatz als Ort der Vergemeinschaftung
Rudolf Oswald 101

Sport als Zivilreligion!?
Volker Schürmann 117

Spielt Deutschland gegen den Abstieg?
Sportmetaphern in der politischen Sprache
Armin Burkhardt 141

Zivilgesellschaftlicher Widerstand gegen Olympia –
inhaltsanalytische Befunde zu den Positionen und
der Resonanz der »NOlympia 2018«-Bewegung
Holger Ihle / Jörg-Uwe Nieland 167

Sport und Protest: Motive und Repertoires von
Sportprotest als Ausdruck zivilgesellschaftlichen
Engagements
Jürgen Mittag 191

Sport und Zivilgesellschaft: Zur Einführung

Volker Schürmann

>»So wenig die Zivilgesellschaft notwendigerweise zivil sein muss, auch wenn sie sich so nennt, so wenig steht von vornherein ihre demokratische Legitimation fest.« (Heidbrink 2006, 15)

Die Rede von »Zivilgesellschaft« hatte und hat ihre Moden. Es ist nicht ganz klar, ob sie gerade noch, oder schon nicht mehr, modisch ist. In Mode ist ganz sicher die Rede vom »bürgerschaftlichen Engagement«. Gelegentlich werden beide Redeweisen auch synonym gebraucht. Doch dies ist eine Reduktion.

Die Reduktion von ›Zivilgesellschaft‹ auf ›Bürgerengagement‹ ist nur eines von mehreren Beispielen, in denen ›Zivilgesellschaft‹ mit einem *Bereich* der Gesellschaft identifiziert wird, nämlich einem Bereich »zwischen« Markt, Staat und Familie. Auch dort, wo es weniger substantialisierend zugeht – z.B. in der Rede von einem »intermediären Institut« (Heidbrink 2006, 19) –, ist und bleibt ›Zivilgesellschaft‹ *eine* von mehreren Dimensionen der Gesellschaft. Und häufig ist sie *nur* dies.[1]

Offenkundig aber ist dieser Begriff von Zivilgesellschaft ein Abkömmling, ein Derivat. Er setzt offenkundig bereits einen Begriff von Gesellschaft voraus, *dessen* Bereich oder Dimension eine so verstandene Zivilgesellschaft wäre. Dass dies keine Spitzfindigkeit, sondern eine logische Banalität ist, die tatsächlich ein begriffliches und praktisches Problem aufspannt, zeigt sich spätestens dort, wo nach dem Verhältnis der dort unterschiedenen Dimensionen der Gesellschaft gefragt wird. Beispielsweise kann eine solche Frage schlicht ins Leere zielen, denn nicht jede Gesellschaft bildet eine

---

[1] Paradigmatisch dafür Habermas (1992, Kap. VIII). Habermas konstatiert lediglich die Bedeutungsverschiebung von *Zivilgesellschaft*, was jetzt nicht mehr, wie noch bei Hegel und Marx, *bürgerliche Gesellschaft* meint, und daher insbesondere die ökonomische Dimension ausschließt. Er hat offenkundig kein Problem damit, den »institutionellen Kern« der Zivilgesellschaft in den »nicht-staatlichen und nicht-ökonomischen Zusammenschlüsse[n] und Assoziationen auf freiwilliger Basis« zu sehen (ebd. 443). Mit Bezug auf Gramsci ganz anders und kritisch gegen Habermas Demirović (2007, 27-29).

solche Dimension, genannt »Zivilgesellschaft«, überhaupt aus. Eine Gesellschaft etwa, die keine Gewaltenteilung kennt, kennt auch keine Öffentlichkeit, jedenfalls nicht im Sinne von Öffentlichkeit als einer »vierten Gewalt«. ›Zivilgesellschaft‹ als eine eigenbedeutsame Dimension von Gesellschaft ist insofern ein modernes Phänomen. Das öffentliche Palavern freier Polisbürger auf der *agora* im antiken Athen ist eine *andere* Öffentlichkeit, denn sie ist begrifflich und praktisch an einen *anderen* Begriff von *Bürger* gebunden. In der Antike gehörten Frauen erst gar nicht zu den Freien – nach 1789 dagegen sehr wohl, auch wenn ihnen dieser, auch ihnen zukommender, Rechtsanspruch bis heute vielfach verwehrt wird. Aber selbst noch innerhalb der westlichen Moderne ist der Begriff des Bürgers nicht bruchlos einer. Zwar meint er hier grundlegend *citoyen*, aber zum einen schwankt diese Bedeutung begrifflich notwendig zwischen Staatsbürger und Weltbürger; und zum anderen wird dieses Staats-Welt-Bürgertum zwar dominant in der Weise der *Bürgerlichen Gesellschaft* realisiert, bis 1989 aber immerhin gelegentlich auch als *Sozialistische Republik*. – Will sagen: *Zivilgesellschaft* ist primär die Gesellschaft der Bürger, und weil das, was dabei *Bürger* heißt, historisch und kulturell ganz Unterschiedliches meint, ist die engere Bedeutung von *Zivilgesellschaft* als einer (von mehreren) Dimensionen der Gesellschaft logisch abhängig von dieser je gültigen primären Bedeutung von *Zivilgesellschaft* als Gesellschaft der Bürger.

Die Reduktion von ›Zivilgesellschaft‹ auf ›Bürgerengagement‹ ist aber nicht nur ein logischer Fehler, sondern vor allem in praktischer Hinsicht problematisch. Die Nicht-Thematisierung der gesellschaftstheoretischen Formatiertheit einschließlich der historischen Situiertheit des Plädoyers für Bürgerengagement ist keineswegs unschuldig. In heutigen Zeiten kann es, gesellschaftstheoretisch ungeschützt, durchaus auch als »Bürgerengagement« durchgehen, wenn Eltern am Wochenende die Klassenräume ihrer Kinder auf eigene Kosten renovieren – wenn wir also aufgefordert sind, als Privatbürger Aufgaben zu übernehmen, die Sache des Staates sind, was dann selbstredend nur in den ›besseren‹ Vierteln der Städte gelingt, nicht aber bei den »Schmuddelkindern in der Unterstadt« (F.J. Degenhardt). In diesem Sinne gibt es keinen Grund, mit dem Begriff *Zivilgesellschaft* zu kuscheln.

Bevor man über Zivilgesellschaft *als Bürgerengagement* redet, ist also eine gesellschaftstheoretische Anstrengung nötig, die den dabei zugrunde liegenden Begriff von Gesellschaft problematisiert resp. artikuliert. Falls man dann sagen möchte, dass nur moderne »Zivilgesellschaften« die Dimension *Zivilgesellschaft* als eigenbedeutsame herausbilden, wäre *Zivilgesellschaft* notwendigerweise doppeldeutig: Der *Dimension* (oder gar dem Bereich) des Zivilgesellschaftlichen liegt dann *Zivilgesellschaft* als bestimmter Modus von Gesellschaftlichkeit zugrunde, nämlich Gesellschaftlichkeit im Modus der Öffentlichkeit. *Zivilgesellschaft* ist dann derjenige Modus von Gesellschaftlichkeit, in der Staat und Gesellschaft begrifflich und organisatorisch unterschieden sind (vgl. Ottmann 1988, Böckenförde 1972).

Es gibt dann Gesellschaften, die zwar die Dimension der Öffentlichkeit herausbilden, die aber gleichwohl keine Zivilgesellschaften sind (etwa die antike athenische Polis); und es mag Gesellschaften geben, die zwar Staats-Weltbürger-Gesellschaften, und in diesem Sinne Zivilgesellschaften, sind, die aber gleichwohl die Dimension der Öffentlichkeit entweder gar nicht oder aber in einem anderen Sinne als in Bürgerlichen Gesellschaften (»Räterepubliken«) herausbilden. Die Betonung liegt selbstverständlich darauf, dass dies nicht lediglich eine begriffliche Spitzfindigkeit ist, sondern dass die begriffliche Einschränkung von *Zivilgesellschaft* auf moderne Staats-Weltbürger-Gesellschaften der Index eines praktischen Unterschieds ist: *Zivilgesellschaft* als Diskriminante derjenigen Gesellschaften, die ihren Bürgern den *Rechtsanspruch* des Citoyen verfassungsmäßig garantieren (Rechtsstaatlichkeit), und als Suchanweisung, ob und wie sie diesen Rechtsanspruch tatsächlich realisieren.

Zivilgesellschaft heißt demnach zunächst und in allererster Linie *Bürgergesellschaft*, also civil society, societá civile, Gesellschaft der Citoyens, Gesellschaft der Staats- oder Weltbürger. Die Herrschaftsform der Citoyens ist die Republik – die Herrschaft aller über alle –, das notwendige Medium dieses Selbstverhältnisses ist Öffentlichkeit und die notwendige Schutzform dieses Selbstverhältnisses ist Rechtsstaatlichkeit.[2] Weil und insofern hier alle Menschen

---

[2] Weil all dies der Sache nach schon von Kant im Anschluss an Rousseau zu Protokoll gegeben wurde, und weil Habermas ein guter Kantianer ist, ist ihm all dies auch (eigentlich) klar: Es könne nämlich »nur der übereinstimmende und vereinigte Wille aller, sofern ein jeder über alle und alle über einen jeden dasselbe beschließen ... gesetzgebend sein« (Kant, zit. bei Habermas 1992, 637). Habermas zieht nur keine Konsequenzen aus dem logischen Sachverhalt jener konstitutiven Doppeldeutigkeit von *Zivilgesellschaft* in modernen Gesellschaften.

als Person gleicher Rechte zu gelten haben, ist *Zivilgesellschaft* an die politische Moderne, an die Zeitrechnung nach den Menschenrechts-Erklärungen gebunden. Basis und Konsequenz dieser historischen Situierung ist die Nicht-Naturalisierbarkeit – weder von Personalität als Frage, wer als Einer wie Unsereins, als Bürger, als Person gleicher Rechte gilt, noch von Staatlichkeit als Frage, wie dieses Selbstverhältnis institutionalisiert und gesichert ist, noch von Menschenwürde als des normativen Maßstabes einer guten Entwicklung dieses Selbstverhältnisses. Zivilgesellschaften können in keiner Weise als bloße Ratifizierung eines vermeintlich oder tatsächlich naturalen (dominant: natur- oder vernunftrechtlichen) Tatbestandes legitimiert werden, sondern jedes Moment jenes republikanischen Selbstverhältnisses ist in politischer Auseinandersetzung konstituiert, gestaltet und legitimiert oder nicht legitimiert. – Mit Böckenförde: »Insofern ist Politik, gerade im demokratischen Zeitalter, unser aller Schicksal.« (Böckenförde 1986, 107) Oder mit Balibar: »Man versteht aber auch, daß der Gleichsetzung Mensch = Bürger weniger als Definition eines politischen Rechts Bedeutung zukommt, sondern als Bekräftigung *eines universellen Rechts auf Politik*.« (Balibar 1990, 111)

Anders gesagt: Für moderne Zivilgesellschaften ist die performative Dimension von Öffentlichkeit konstitutiv. Dass Gott tot sei, heißt eben u.a., und vielleicht zuallererst, dass das, was als Garant für Mitbürgertum und das, was als das Beste für das Leben der Gesellschaft gilt, nicht irgendwo vorab schon festliegt und nur endlich durchgesetzt werden müsste. Vielmehr muss das je Beste einschließlich der normativen Maßstäbe zur Festlegung dieses Besten in aller Öffentlichkeit miteinander ausgehandelt werden – was immer zugleich ein »Kampf um Anerkennung« (Hegel) ist, d.h. ein Kampf darum, wer denn überhaupt dem Rechtsanspruch und der tatsächlichen Realisierung nach »in aller Öffentlichkeit miteinander« aushandeln kann. Öffentlichkeit ist jenes »Grenzregime« (Lindemann 2009), das das offene Wir einer Gesellschaft konstituiert.

Als Gott noch lebte, war ein mehr oder weniger hohes Ausmaß an Einsicht in den performativen Charakter der Belange *in* der jeweiligen Gesellschaft möglich, aber es war gleichsam undenkbar, die Gesellschaftlichkeit als solche einschließlich ihres Maßes als durch uns Menschen gestaltbar zu konzipieren. Insofern bringt es tatsächlich eine revolutionäre Einsicht auf den Punkt, und nicht lediglich eine Banalität, dass wir Menschen unsere Geschichte selber machen. Wir machen nämlich, und hierin liegt der revolutionäre Bruch, auch die gesellschaftliche Ordnung selber, *in* der wir »Geschichte machen«. Und auch noch die dann allfällige Abwehr der Interpretation dieser geschichtlichen Freiheit als Willkür-Freiheit muss auf die vorgegebenen *Bedingungen* dieser Gestaltung, und kann nicht mehr auf göttliche oder naturale Schranken des Gestaltens selber verweisen.[3]

Was nun hat das alles mit Sport zu tun? – Die Antwort ist ganz einfach: Alles! Falls die Diagnose stimmt, dass moderne Gesellschaften Zivilgesellschaften sind, dann ist es auch für den modernen Sport konstitutiv, ein Kind der Öffentlichkeit zu sein – und zwar nicht nur deshalb, weil er sonst nicht verkauft werden könnte, sondern weil er sonst nicht das wäre, was er ist bzw. sein könnte.[4]

Und falls die obige Diagnose stimmt, würde sich das auch, und in gewisser Hinsicht: in erster Linie, auf den performativen Charakter des Sports beziehen. Das heißt: Das, was moderner Sport ist oder sein könnte, seine ihm eigene Ordnung bzw. Logik, das kommt ihm nicht einfach als vorgegebene Tatsache zu, sondern das ist prekär, also öffentlich umkämpft. Zugespitzt: Sport ist keineswegs einfach Sport, sondern Sport ist immer nur bedingterweise Sport, nämlich bedingt durch eine öffentliche Verständigung oder Nicht-Verständigung darüber, welchen Sport ›wir‹ wollen. Insofern hat jede Gesellschaft gleichsam den Sport, den sie verdient. Exemplarisch gesprochen: Die Güte des jeweiligen Sportjournalismus ist ein Markenzeichen des Sports, den eine Gesellschaft wünscht. Im Hinblick auf diese performative Dimension des Sports gilt für den Sport mithin das gleiche, was uns für andere Bereiche der Kultur sehr viel vertrauter ist. Beispielsweise ist die moderne Literatur notwendigerweise auf eine gut funktionierende Literaturkritik angewiesen. Wo die Grenzen zwischen Kitsch, guter

---

[3] »Die Menschen machen ihre eigene Geschichte, aber sie machen sie nicht aus freien Stücken, nicht unter selbstgewählten, sondern unter unmittelbar vorgefundenen, gegebenen und überlieferten Umständen. Die Tradition aller toten Geschlechter lastet wie ein Alp auf dem Gehirne der Lebenden.« (Marx 1852, 115; vgl. auch Marx & Engels 1845/46, 38, 45) Selbstverständlich fällt eine solche Einsicht nicht vom modernen Himmel, sondern hat eine Vorgeschichte (vgl. Kobusch 2011), was allerdings nicht als Argument dafür taugt, den historischen Epochenbruch als Ratifizierung seiner Ideen-Vorgeschichte zu konzipieren.

[4] Viel Material dazu bei Werron 2010 und im kritischen Co-Kommentar von Bette 2011.

Literatur, Propagandaschrift verlaufen, liegt weder vor dem Verfassen eines Romans bereits fest, noch ist es bloß ins Belieben subjektiven Meinens gestellt. Es gibt Kriterien für das, was Literatur als Literatur ausmacht, und folglich bedarf es in Zweifelsfällen der Bewertung von Literatur gemäß dieser Kriterien *und* der Weiterentwicklung dieser Kriterien. Ob die *Feuchtgebiete* geschmacklos sind oder akzeptable oder gar innovative Literatur, das zu entscheiden liegt weder in der Macht der Absichten der Autorin noch ist es bloße Geschmacksfrage. Genau das in öffentlicher Auseinandersetzung gleichsam zu entscheiden, das leistet u.a. und vornehmlich eine Literaturkritik; und genau das leistet Literaturkritik nicht mehr, wenn sie auf den Hund gekommen wäre und nur noch die Ankündigungen in den Verlagsprospekten verfassen würde. Die hier mit anklingende Suchanweisung nach Orten guter Sportkritik ist beabsichtigt.

Aber der moderne Sport ist nicht nur ein Kind der Öffentlichkeit, sondern er trägt sein Eigenes zum Bestehen einer lebendigen Öffentlichkeit bei. Seine spezifischen Formen der Wir-Bildung sind sowohl Produkt als auch Gestaltungsorgane von Öffentlichkeit. Das wiederum muss – wiederum: falls die obige Diagnose stimmt – zwei unterscheidbare Aspekte haben. Zum einen ist Sport einfach ein mehr oder weniger wichtiger Belang *in* der Gesellschaft. Erwartbar sind insofern spezifische Vergemeinschaftungsformen im und durch Sport, etwa als »Vereinsleben«, als »Sportskameradschaft«, als Form oder auch nur als Thema von »Geselligkeit« (Bette 1992). Diese Vergemeinschaftungsformen wären aber zuallererst spezifische und auf den Bereich des Sports beschränkt – es sollte Verdacht erregen, wenn der Vorgesetzte seinen Angestellten auch im Betrieb als »Sportsfreund« anspricht; immerhin mag es gute Gründe geben, gelingenden sportlichen Vergemeinschaftungen auch Ausstrahlungskraft in andere Bereiche der Gesellschaft hinein zuzubilligen.

Etwas anderes aber, und von allen Vergemeinschaftungen strikt zu unterscheiden, wäre eine Rolle des Sports nicht nur *in*, sondern *der* Öffentlichkeit, verstanden als Gestaltungsmedium von Gesellschaftlichkeit als solcher. Eine solche Rolle ist auf den ersten Blick gar nicht erwartbar, denn die Gestaltung von Gesellschaftlichkeit als solcher ist ein politisches Unterfangen, und mindestens in der bürgerlichen Variante gilt der Sport als »unpolitisch«. Selbst wenn man hier Mehrdeutigkeiten von Politik, politisch, unpolitisch, das Politische in Rechnung stellt, könnte doch viel für diesen ersten

Blick der bürgerlichen Variante sprechen – gleichsam ein Bescheidenheitsgestus, der es beim Sport als einer der schönsten Nebensachen belassen will, um sich nicht aufzublasen oder aufblasen zu lassen als Mitspieler im Kampf um Anerkennung, also um die wahrlich hauptsächlichen Fragen der Gesellschaftlichkeit.

Bevor hier noch ein zweiter Blick geworfen werden kann, muss denn auch zunächst die Zumutung einer Rolle des Sports *der* Öffentlichkeit, also für den Modus von Gesellschaftlichkeit, ex negativo behandelt werden. Denn der Sport in der Moderne pflegte in aller Regel gerade nicht jenen Bescheidenheitsgestus – ganz im Gegenteil. In aller Regel nämlich empfahl die notorische Begleitmusik sportideologischer Selbstlegitimierungen und sonstiger Selbstkommentierungen die spezifischen Vergemeinschaftungsformen des Sports als Vorbild und Motor für die Gesellschaft als Ganzer. In dieser Regel nahm und nimmt Sportideologie den Ton der Kulturkritik an, der die menschliche Kälte von vermeintlich lediglich formaler moderner Gesellschaftlichkeit anprangert und gegen die Wärme, sprich: Schwüle von Gesinnungsgemeinschaften ausspielt. Um Beispiele kann man hier nicht verlegen sein – die Turnbewegung schon mit und bei Jahn, die Arbeitersportbewegung, die Bewegungskulturen der Lebensreformbewegung, zahllose Programmatiken von Sportvereinen und Sportorganisationen: Überall dröhnt unüberhörbar der Lärm der Kulturkritik, die empfiehlt, auch und vor allem die Gesellschaft als große Gemeinschaft zu traktieren (vgl. exemplarisch Oswald in diesem Band, ausführlicher Oswald 2008; oder, ebenfalls exemplarisch, Wedemeyer-Kolwe 2004). Konsequenterweise bekommt die FIFA in diesem Klima »die Blattern« (Jens Weinreich): Beschworen wird die Organisation als »Familie«, der Lieblingsverweis von Sepp Blatter, um konsequent jedes strukturelle Problem als Abweichung von einzelnen schwarzen Schafen der Familie interpretieren und behandeln zu können – d.h.: um wie »ein Aal« (Rummenigge) einfach weiter machen zu können. Und noch Rummenigge bedient, bei aller vordergründigen Kritik, dasselbe Bild: »Verbände sind mir zu politisch«, wie er meint, also nicht etwa: zu wenig politisch bzw. öffentlich (⟨http://www.spiegel.de/sport/fussball/0,1518,803506,00.html⟩).

Und nicht zuletzt ist die Möglichkeit der Verwechselung von Gesellschaftlichkeit und Großer Gemeinschaftlichkeit in den modernen Olympismus eingeschrieben. Die Olympische Charta spricht explizit vom Olympismus als einer »philosophy of life«, zudem einer solchen, die gewisse Dinge »verherrlicht« bzw. »überhöht« (»exalting and combining in a balanced whole the qualities of body, will and mind«). Man versteht, was (auch) gemeint und gewollt wird: Die Abwehr der Leitidee einer bloß nützlichen Ausbildung von wichtigen Fähigkeiten und Fertigkeiten zugunsten des Plädoyers der Persönlichkeitsbildung. Es geht dort also, auch und ernstzunehmend, um die Bildung einer »olympischen« Haltung im Leben zum Leben, die weiter reicht als bis zu den Ausgängen der olympischen Arenen, selbst wenn sie dort, auswendig eingeübt, funktionieren mag. Aber man versteht nicht mehr, wie dieses Anliegen dagegen geschützt ist, zugleich als Modell guter Gesellschaftlichkeit überhöht zu werden. Im Gegenteil liegt es mehr als nur nahe, den Olympismus nicht nur, berechtigt, als Bildungsprogramm der Persönlichkeit zu würdigen, sondern ihn, hoch problematisch, auf ein Erziehungsprogramm zu reduzieren. Das wäre insofern hoch problematisch, als es das unzulängliche Bild suggeriert, die gelingende Erziehung von Individuen sei das probate Vehikel zur guten Gestaltung der Gesellschaft, womit ausgeblendet wäre, dass auch die Bedingungen von Erziehungsprozessen gestaltet und die Erzieher selbst erzogen werden müssen. Für den Stiftungsvater des Olympismus ist der Befund sogar recht klar: Coubertin wollte die Gesellschaft lediglich therapieren, aber nicht als grundsätzlich gestaltbar sichtbar und zugänglich machen (vgl. Alkemeyer 1996). Aber auch noch die aktuelle Version des Verfassungstextes der Olympischen Bewegung, die Olympische Charta in der Fassung vom 8. Juli 2011, kennt zwar den ausdrücklichen Hinweis darauf, »that sport occurs within the framework of society«, um berechtigt seine eigene Autonomie zu schützen, aber belässt es im Unbestimmten, ob und wie der Olympismus einen Beitrag leistet zur Gestaltung des frameworks selber. Das *ist* zwar ein Politikum, denn der Rahmen wird *als vorgegebener* behandelt und neutralisiert, aber das programmatische Vehikel dazu ist nach wie vor, kein »politisches« Programm (der öffentlichen Gesellschaftsgestaltung) sein zu wollen, sondern ausschließlich eines der Bildung von Individuen, was dadurch de facto zum Programm der Disziplinierung von Individuen für den unangetasteten Rahmen gerät.

Kann gleichwohl noch Anderes in einen zweiten Blick auf eine fragliche Rolle des Sports *der* Öffentlichkeit geraten? Kann der Sport tatsächlich eine Rolle als Gestaltungsmedium von Gesellschaftlichkeit als solcher spielen? Das ist die Frage, ob und inwiefern der

Sport ein Politikum ist – freilich bei einer engen, nicht verharmlosenden Redeweise von »Politikum«. Was soll das heißen?

Um noch einmal den Vergleich mit der Literatur zu bemühen: Moderne Kunst, insbesondere moderne Literatur, ist ohne Einbettung in eine Kulturpolitik faktisch unmöglich und undenkbar. Ob und wie sie als öffentliche Angelegenheit, als res publica, behandelt wird oder nicht behandelt, sprich: privatisiert wird; ob und wie sie gesponsert wird; wie eine Bildungspolitik Zugangswege zur Kunst eröffnet oder verbaut etc. pp. – all dies und vieles mehr macht Kunst, insbesondere Literatur, zu einer politischen Angelegenheit. Das kann faktisch gar nicht anders sein, und die jüngsten Aufgeregtheiten um gewisse Gedichte von Günter Grass machen nur besonders sinnfällig, was generell gilt. So sehr man also all das gar nicht bestreiten kann, so wenig sagt allein das etwas über einen fraglichen politischen Gehalt von Kunst bzw. Literatur selber aus. Ein Jandl-Gedicht hat qua künstlerischer Form einen politischen Gehalt oder hat ihn nicht – aber es bekommt diesen Gehalt der künstlerischen Form weder durch die Kulturpolitik noch durch die subjektiven Absichten des Künstlers. Und eben darin liegt die Analogie: Der olympische Sport hat entweder qua modern-sportlicher Form einen politischen Gehalt oder er hat ihn nicht – aber er bekommt ihn weder durch die Sportpolitik, in die er unvermeidbar eingebettet ist, noch durch die individuellen Absichten und Gesinnungen der sporttreibenden Personen. Und in dieser Hinsicht spricht die olympische Charta eine recht eindeutige Sprache. Ihre grundlegenden Prinzipien atmen überdeutlich den Geist der Menschenrechtserklärungen. Der Olympismus ist erklärtermaßen der »Wahrung der Menschenwürde« verpflichtet, »jede Form von Diskriminierung« sei mit der »Zugehörigkeit zur Olympischen Bewegung unvereinbar« usw. Der Olympismus bescheinigt sich also selbst seinen politischen Gehalt – und wer Augen hat zu lesen, der wird nicht mehr von einem unpolitischen Olympismus reden können.

Aber weil moderner Sport so etwas nicht einfach *ist* – zum Beispiel garantiert durch fest vorgegebene, naturrechtlich verbürgte Werte –, sondern Sport als moderner dies nur performativ gewährleisten oder aber verfehlen kann, eben deshalb gibt es den Olympismus nur im Modus seiner konkreten Gestaltung; und weil es um die Gestaltung gerade *dieser* (menschenrechtlich-bürgerschaftlichen) Prinzipien geht, ist das Gestalten des Olympismus seitens der olympischen Bewegung zugleich ein Beitrag zur Gestaltung moderner Zivilgesellschaftlichkeit, also ein Politikum. Oder noch kürzer gesagt: Die Olympischen Spiele sind ein »Weltereignis« (Stichweh 2008).

Der Band geht zurück auf die Jahrestagung der Sektion *Sportphilosophie* der *Deutschen Vereinigung für Sportwissenschaft* (dvs), die vom 24.-26. November 2011 unter dem Titel *Sport und Zivilgesellschaft* an der Deutschen Sporthochschule Köln stattfand. Dokumentiert sind sowohl Beiträge, die (primär) das Moderne moderner Gesellschaften im Hinblick auf deren Öffentlichkeiten und Sozialformen thematisieren (Krüger, Bedorf), als auch solche, die (primär) verschiedene Rollen des Sports in modernen Gesellschaften herausstellen (Prohl, Gessmann, Oswald, Schürmann), und nicht zuletzt solche, die (primär) der Frage nachgehen, wie es empirisch-faktisch mit der politischen Gestaltungskraft des Sports bestellt ist (Burkhardt, Ihle & Nieland, Mittag). Allen Autoren sei nachdrücklich gedankt, uns ihre Manuskripte geschenkt zu haben.

Die Tagung hätte nicht ohne vielfältige Unterstützung stattfinden können. Gedankt seien zuallererst der dvs und der Deutschen Sporthochschule für institutionelle Unterstützung, dann aber auch dem Institut für Pädagogik und Philosophie als Veranstalter, und hier stellvertretend Frau Angelika Faul.

Unverzichtbare Hilfe bei der Erstellung des Bandes leisteten Tobias Arenz, Paul Sprüssel und Maike Ständker. Auch ihnen sei sehr herzlich gedankt. Nicht zuletzt gilt der Dank dem Verlag *lehmanns media*, hier namentlich Herrn Thurner und Herrn Bönisch, für die ausnehmend freundliche und stets unkomplizierte Art der Zusammenarbeit, die man als Herausgeber sehr zu schätzen weiß.

Literatur

Alkemeyer, T. (1996). Körper, Kult und Politik. Von der ›Muskelreligion‹ Pierre de Coubertins zur Inszenierung von Macht in den Olympischen Spielen von 1936. Frankfurt a.M./ New York: Campus.

Balibar, É. (1990). ›Menschenrechte‹ und ›Bürgerrechte‹. Zur modernen Dialektik von Freiheit und Gleichheit. In É. Balibar, Die Grenzen der Demokratie (S. 99-123). Hamburg: Argument 1993 [auch in Menke & Raimondi (Hg.) 2011, S. 279-305].

Bette, K.-H. (1992). Sport als Thema geselliger Konversation. Zur Choreographie mikrosozialer Situationen. In K.-H. Bette, Theorie als Herausforderung. Beiträge zur systemtheoretischen Reflexion der Sportwissenschaft (S. 16-35). Aachen: Meyer und Meyer.

Bette, K.-H. (2011). Rezension: Werron 2010. *Sport und Gesellschaft* 8 (2), 154-184.

Böckenförde, E.-W. (1972). Die Bedeutung der Unterscheidung von Staat und Gesellschaft im demokratischen Sozialstaat der Gegenwart. In E.-W. Böckenförde (1991), 209-243.
Böckenförde, E.-W. (1986). Die verfassungsgebende Gewalt des Volkes – Ein Grenzbegriff des Verfassungsrechts. In E.-W. Böckenförde (2011), 97-119.
Böckenförde, E.-W. (1991). Recht, Staat, Freiheit. Studien zur Rechtsphilosophie, Staatstheorie und Verfassungsgeschichte (erw. Ausgabe). Frankfurt a.M.: Suhrkamp 2006.
Böckenförde, E.-W. (2011). Wissenschaft, Politik, Verfassungsgericht. Aufsätze von Ernst-Wolfgang Böckenförde. Biographisches Interview von Dieter Gosewinkel. Berlin: Suhrkamp.
Buckel, S. & Fischer-Lescano, A. (Hg.) (2007). Hegemonie gepanzert mit Zwang. Zivilgesellschaft und Politik im Staatsverständnis Antonio Gramscis. Baden-Baden: Nomos.
Demirović, A. (2007). Politische Gesellschaft – zivile Gesellschaft. Zur Theorie des integralen Staates bei Antonio Gramsci. In S. Buckel & A. Fischer-Lescano (Hg.) (2007), 21-41.
Habermas, J. (1992). Faktizität und Geltung. Beiträge zur Diskurstheorie des Rechts und des demokratischen Rechtsstaats. Frankfurt a.M.: Suhrkamp 1998.
Heidbrink, L. & Hirsch, A. (Hg.) (2006). Verantwortung in der Zivilgesellschaft. Zur Konjunktur eines widersprüchlichen Prinzips. Frankfurt a.M./ New York: Campus.
Heidbrink, L. (2006). Verantwortung in der Zivilgesellschaft: Zur Konjunktur eines widersprüchlichen Prinzips. In L. Heidbrink & A. Hirsch (Hg.) (2006), 13-35.
Kobusch, T. (2011). Die Kultur des Humanen. Zur Idee der Freiheit. In Holderegger, A.; Weichlein, S. & Zurbuchen, S. (Hg.), Humanismus. Sein kritisches Potential für Gegenwart und Zukunft (S. 357-386). Basel: Schwabe. [gekürzt in Information Philosophie 38 (5) 2010, 7-13].
Lindemann, G. (2009). Das Soziale von seinen Grenzen her denken. Weilerswist: Velbrück.
Marx, K. (1852). Der achtzehnte Brumaire des Louis Bonaparte. In K. Marx & F. Engels (MEW), Bd. 8 (1975), 111-207.
Marx, K. & Engels, F. (MEW): Marx-Engels-Werke. Berlin: Dietz 1956ff.
Marx, K. & Engels, F. (1845/46): Die deutsche Ideologie. In K. Marx & F. Engels (MEW), Bd. 3 (1983), 9-530.
Menke, C. & Raimondi, F. (Hg.) (2011). Die Revolution der Menschenrechte. Grundlegende Texte zu einem neuen Begriff des Politischen. Berlin: Suhrkamp.
Oswald, R. (2008). ›Fußball-Volksgemeinschaft‹. Ideologie, Politik und Fanatismus im deutschen Fußball 1919-1964. Frankfurt a.M./ New York: Campus.
Ottmann, H. (1988). Bürgerliche Gesellschaft und Staat bei Hegel. *Hegel-Jahrbuch* 1986, 339-349.

Stichweh, R. (2008). Zur Soziologie des Weltereignisses. In S. Nacke; R. Unkelbach & T. Werron (Hg.) (2008), Weltereignisse. Theoretische und empirische Perspektiven (S. 17-40). Wiesbaden: VS Verlag für Sozialwissenschaften.

Wedemeyer-Kolwe, B. (2004). ›Der neue Mensch‹. Körperkulturen im Kaiserreich und in der Weimarer Republik. Würzburg: Königshausen & Neumann.

Werron, T. (2010). Der Weltsport und sein Publikum. Zur Autonomie und Entstehung des modernen Sports. Weilerswist: Velbrück.

Öffentlichkeit und Zivilgesellschaft

Hans-Peter Krüger

Das Thema der Öffentlichkeit und Zivilgesellschaft ist äußerst aktuell inmitten der westlichen Krise von Überschuldungen. Diese Krise ist im Gefolge der globalen Deregulierung der Märkte entstanden. Sie braucht auch eine globale Antwort. Wie weit wir derzeit davon noch entfernt sind, zeigen Kleinstaaterei und Nationalismen in Europa. Andererseits nehmen wir medial gesehen an der *Arabellion* teil, als fände sie gleich nebenan statt. Öffentlichkeit und Zivilgesellschaft bauen Brücken, wo früher noch Regionen und Nationalstaaten mit ihren Kulturen getrennt waren. Die Hoffnung richtet sich auf nicht nur regionale und kontinentale, jedenfalls »transnationale« Öffentlichkeiten und Zivilgesellschaften (siehe zur »Transnationalisierung der Demokratie«: Habermas 2011, 9). Sie richtet sich schließlich auf eine globale Öffentlichkeit und Zivilgesellschaft mit deren Aussichten auf eine »subsidiäre und föderale Weltrepublik« (so Höffe 1999, Zweiter Teil). Man denkt die Lösung der westlichen Krise wie die Ausweitung des Nationalstaatsmodells. Die Öffentlichkeit ist längst als die vierte Gewalt der Politik anerkannt. Sie berät die Gesetzgebung, die regierenden Staatsapparate und die Rechtsprechung. Die Öffentlichkeit setzt die anderen politischen Gewalten auch unter Druck, vor allem, wenn sie die Zivilgesellschaft zu Bild und Wort kommen lässt. Von den Staatsbürgern und ihren vielfältigen freien Vereinigungen hängen über die Öffentlichkeit vermittelt vor allem die Regierungen und Parlamente ab. Sie sind dem soziokulturellen Selbstverständnis ihrer Staatsbürger verpflichtet, können aber auch durch den Wahlmodus, dessen Zeitrhythmus selten zu den Eigenzeiten der demokratisch zu lösenden Probleme passt, zu Populismus verleitet werden. Für die Lösung der globalen Krise müsste man dieses Modell, das sich doch in den westlichen Nationalstaaten nach dem 2. Weltkrieg bewährt hat, ausweiten auf die Kontinente so wie Europa und schließlich die ganze Welt, bis man von einer Weltinnenpolitik sprechen könnte.

  Diese Denkrichtung ist nicht gänzlich falsch. Es liegt auf der Hand, dass die gewaltenteilige Politik vom Nationalstaat über die Regionen oder Kontinente bis zur Globalität der Märkte nachwachsen muss, um im globalen Rahmen die Spielregeln setzen zu können. Das beste aktuelle Beispiel besteht in der Frage nach einer Steuer auf die Finanztransaktionen, wodurch wenigstens ein Teil derjenigen Unkosten wieder hereinkommen könnte, die die Steuerzahler den Banken und Staaten zu kreditieren genötigt wurden. Bislang haben wir in den Gipfeltreffen der G8 oder G20 Notsitzungen der westlichen oder globalen Exekutive, die sich gegenüber den Legislativen, Judikativen, Öffentlichkeiten und Zivilgesellschaften verselbständigt hat. – Über diesen offensichtlichen Mangel hinausgehend ist es aber fraglich, ob sich die kritischen Probleme, um deren Lösung es geht, nach der Übertragung der vierfachen Gewaltenteilung auf die globale Ebene richten werden. Wir haben es nicht nur mit der Krise der westlichen Überschuldung von Banken und Staaten zu tun. Diese Krise verdeckt inzwischen, was vor einigen Jahren schon einmal deutlicher war: die weltweite ökologische Krise, die immerhin unter dem Stichwort des Klimawandels und – nach Fukushima – des Ausstiegs aus der Atomenergie noch präsent ist. Aber vergessen wir nicht die anderen Krisen der letzten Jahrzehnte, von denen keine als nachhaltig gelöst gelten kann: Bürgerkriege, Staatenkriege und Terrorismen; das chronische Weltarmutsproblem und die Flüchtlingsbewegungen; die Monopolisierung alter und neuer Rohstoffe und Ressourcen; die Ausbreitung neuer oder resistent gewordener Viren, sowohl im biologischen als auch informationstechnologischen Sinne; die stillschweigende Verwandlung von Bevölkerungsteilen in die Versuchskaninchen unausgereifter Produkte und Verfahren, etwa der Pharma- und Agrarindustrie. Zudem ist nicht absehbar, welche neuen Probleme noch auftauchen werden oder ob bekannte, wie die Weltwirtschaftskrisen, erneut zurückkehren mit Masseninflation und Massenarbeitslosigkeit. Auch die bekannten Krisen genügen, um einzusehen, dass es mit der Ausweitung der Regulierungen der Märkte auf die globale Ebene nicht getan ist. Die globalen Probleme begegnen hier und jetzt, lokal und synchron vor Ort. Diese Vernetzungsnot heißt in der klassischen politischen Theorie Subsidiarität, d.h. die Abgabe von Kompetenzen an den größeren Regulierungsrahmen nicht so viel wie möglich, sondern so viel wie eben nötig, um vor Ort handlungsfähig zu bleiben.

Das Thema der Öffentlichkeit und Zivilgesellschaft wächst sich aktuell derart aus, dass klar sein dürfte: es lässt sich auf einigen Seiten nicht erschöpfend behandeln. Mich interessieren daher im Folgenden zwei bescheidene philosophische Bausteine zu diesem großen Thema: 1. Was kann und sollte man unter *Öffentlichkeit* verstehen? – Seit den 20er Jahren des vorigen Jahrhunderts, d.h. seit der Zwischenzeit der Weltkriege, wird die Ermöglichung neuer Politikformen aus dem Öffentlichen konzipiert. Damit steht nicht mehr von vornherein fest, dass sich das Politische auf die übliche vierfache Gewaltenteilung beschränken muss. Das Öffentliche ermöglicht einen breiteren Zugang zu Politikformen, je in Abhängigkeit von den Problemen, die eine Öffentlichkeit brauchen. 2. Worum geht es im Kern, wenn man von *Zivilgesellschaft* philosophisch redet? Was ist an ihr *zivil* und *gesellschaftlich*, so dass es diesen Namen als Entwicklungspotential von staatsbürgerlichen Assoziationen verdient? Nicht jede Assoziation, etwa die von Mafiosi, ist zivilgesellschaftlich.

1. Zur Ermöglichung von Politik aus dem Öffentlichen im Unterschied zum Privaten

An der Unterscheidung zwischen Privatem und Öffentlichem hängen gravierende Beweis- und Folgelasten in den modernen Gesellschaften. Man kann diese Unterscheidung überhaupt einebnen und auflösen, oder man kann sie verkehren, indem Privates als Öffentliches ausgegeben bzw. umgekehrt Öffentliches in Privates verwandelt wird, oder man kann diese Unterscheidung zwischen Privatem und Öffentlichem in einer Trennung verfestigen, sodass zeitlich keine neue Ausbildung dieser Unterscheidung mehr erfolgen kann. Die Auflösungen, Verkehrungen oder Verfestigungen der Unterscheidung zwischen Privatem und Öffentlichem sind die bekannten Probleme in der gegenwärtigen Thematisierung des Politischen im Anschluss an Hannah Arendt, Richard Sennett und Jürgen Habermas (vgl. zur aktuellen Diskussion Krüger 2009, 1. Kapitel). Bevor man Fehlentwicklungen oder, mit Bruno Latour gesprochen, auch Neufassungen der Unterscheidung zwischen Privatem und Öffentlichem ausführen kann, braucht man logisch die Unterscheidung selbst. Zu Recht verweist Latour auf John Dewey, dessen Konzeption er dann zu schnell wieder aufgibt in seinem Vorschlag zu einem »Parlament der Dinge« (Latour 1999, 320, 350).

Auf den ersten Blick scheint bei John Dewey, in seinem Buch *The Public and its Problems* (1927), die Öffentlichkeit nur ein Durchgangsstadium auf dem Weg von der *Great Society* zur *Great Community* zu sein. Aber man muss den Text genauer lesen. Die kapitalistische Industrie- und Konsumgesellschaft, eben *Great Society*, zeitigt direkte und indirekte Folgen. Soweit die Folgen von ihren Verursachern *und* von den durch diese Folgen Betroffenen *direkt* wahrgenommen, beurteilt und geregelt werden können, handele es sich um Privates, so Dewey. Dies ist also ein sehr *weiter Begriff des Privaten*, der sich nicht auf Familiäres, Individuelles oder gar Intimes reduzieren lässt. Nach ihm können leicht Hunderte von Menschen privat miteinander interagieren, d.h. sich assoziieren und Transaktionen vollführen, kommen sie nur untereinander ohne Mord und Totschlag aus. Für Dewey ist dieses Private unersetzlich, vor allem als Potential für die exemplarische Ausbildung von Neuerungen. Fallen aber die Verursacher der Folgen und die von den Folgen Betroffenen *auseinander*, und zwar für die Wahrnehmung, Beurteilung und Regulierung der Folgen, so handele es sich um *indirekte* Folgen. Werden nun solche indirekten Folgen für die von ihnen Betroffenen zu einem *Problem*, sowohl im guten Sinne, dass man die Folgen mehren möchte, als auch im schlechten Sinne, dass man diese Folgen mindern möchte, dann brauche man faktischer und legitimer Weise eine *Öffentlichkeit* dieser, von indirekten und problematischen Folgen Betroffenen. Unter dem Begriff der Öffentlichkeit firmiert dann alles, was zunächst einmal diese indirekten und problematischen Folgen wahrnehmbar, beurteilbar und regulierbar für die Betroffenen macht. Durch diese Aufklärung der problematischen Lage kann sich überhaupt erst ein Interesse der Betroffenen und darüber vermittelt der Verursacher herausbilden (vgl. zum bisher Zusammengefassten Dewey 1927, 20-22, 26-28, 31).

Da die Erfüllung der aufklärerischen Aufgaben zugleich eine Interessenbildung bedeutet, muss sie selbst politisch formiert werden. Zu einer jeweils bestimmten Öffentlichkeit gehört auch die politische Organisation und Repräsentation dieser Interessen im Kampf mit anderen Interessen und gegen die Privatisierung des öffentlichen Interesses durch seine Vertreter. Was das indirekte Folgeproblem wahrnehmbar, beurteilbar und regulierbar macht, braucht von Anfang an also eine anspruchsvolle Demokratisierung, die sich gegen Monopolbildungen wendet. Monopolbildungen begünstigen Halbwahrheiten, Manipulationen und Verdrehungen sowohl in den relevanten Wissenschaften als auch in den relevanten Unternehmen und Bürgerassoziationen. Dewey trennt die kognitiven Aufgaben einer Öffentlichkeit nicht von der öffentlichen Politik ab, um sie so an eine als autonom geltende Wissenschaft wegzudelegieren. Umgekehrt: Er denkt die wissenschaftliche Qualifizierung der politischen Öffentlichkeit und die Demokratisierung der wissenschaftlichen Expertise (so Putnam 1992, 236-239).

In der Tendenz zur Demokratisierung überschneiden sich alle Öffentlichkeiten, weil sie ihre jeweilige aufklärerische Funktion so am besten ausüben können. Dewey nennt die Überlappung und Verstärkung der verschiedenen, je nach indirektem Folgeproblem gebildeten Öffentlichkeiten eine *Great Community*. Die Tendenz zur großen Gemeinschaft kanalisiere die Tendenz zur *Great Society*. Strukturell denkt Dewey diesen Prozess als einen offenen, der stets erneut anhand indirekter Folgeprobleme durch Öffentlichkeit zur Communitybildung hin durchlaufen wird (vgl. Dewey 1927, 42-44, 75-76, 95-96, 112, 128-129, 179-181). Die *Great Community* ersetzt nicht die *Great Society* mit einem Schlag, so wie man sich eine Revolution vorstellt, sondern reguliert deren indirekte Folgeprobleme in fortwährenden Konflikten. Erstere ist nicht als die geschichtsphilosophische Abschaffung oder auch nur Überwindung letzterer zu verstehen. Beide verhalten sich *funktional* wie Frage und Antwort zueinander. Die Öffentlichkeiten sieben aus der Vielzahl möglicher Fragen und Antworten die politisch relevanten heraus. Sie führen diejenigen Alltags- und Expertenkulturen zusammen, die für die jeweilige Lösung des indirekten Folgeproblems nötig sind. Dadurch ermöglichen Öffentlichkeiten eine experimentelle Zuordnung zwischen Frage und Antwort im politischen Interessenkampf. Wer hat hier und heute für die Lösung des jeweiligen Problems an indirekten Folgen den besseren Lösungsvorschlag? – Darum handelt es sich in dem öffentlichen Wettbewerb, in dem die konkreten Politiken in die Rolle von Hypothesen gedrängt werden, für die man im experimentellen Prozess moderner Gesellschaften Verantwortung übernimmt.

Diese grobe Skizze legt den Akzent darauf, dass die Unterscheidung zwischen Privatem und Öffentlichem in die Unterscheidung zwischen *Great Society* und *Great Community* gleichsam eingelagert ist. Dewey spricht von einer »funktionalen« Hypothese (vgl. ebd., 46f., 61, 71). Er gehört zweifellos zu den Begründern einer *reflexiven* Modernisierung, wenn damit gemeint ist, dass eine klassisch moderne, also in viele autonome Handlungsbereiche zerfallende Gesellschaft Folgen hat, direkte und indirekte, die durch die Unterscheidung privat-öffentlich bewältigt werden müssen. Dieses *Müssen* bei Dewey ist kein Automatismus oder Determinismus, aber weit mehr als ein bloßes Sollen, da er die Alternative klar vermerkt: Wenn es nicht weiterhin zu, wie Dewey 1946 in seinem neuen Vorwort wiederholt, Weltwirtschaftskrisen und Weltkriegen kommen soll. Diese scheinbaren Naturkatastrophen stellten hausgemachte Folgen einer indirekt problematischen Modernisierung dar (vgl. ebd., 112-118, 170-173, 183, 197f.). Was er also neue öffentliche Lernprozesse nennt, dient der Lösung der indirekten Folgeprobleme der klassisch autonomen Modernisierung. Die vielen Autonomien mögen nicht vormodern abgeschafft werden, sondern anhand der indirekten Modernefolgen durch Interpenetrationen, also durch wechselseitige Durchdringungen der Handlungsbereiche und Handlungsarten, korrigiert werden. Deweys zweite Moderne steht nicht im Zeichen der traditionell modernen Autonomien, sondern innovativer Interpenetrationen, die die Folgeprobleme der ersten Modernisierung lösen. Dafür ist die neue Unterscheidung zwischen privat und öffentlich kardinal. Sie kann sich nicht mehr an die traditionell vorgegebenen Autonomien – vom Individuum über die Wirtschaft und Wissenschaft bis zur Kunst und Politik, etwa dem Nationalstaat – halten, und zwar der Explosion indirekter Folgen wegen, die, werden sie nicht gelöst, die Wucht von Naturkatastrophen annehmen können.

Die ganze Unterscheidung von privat-öffentlich kritisiert die Autonomie der Politik im Sinne einer eigenen Handlungssphäre zugunsten der experimentellen Neuausbildung des Politischen aus dem Öffentlichen. Dass Politik und Staat ein eigenes »Wesen« haben sollen, ist für Dewey ein »Mythos«, und dass dem Nationalstaat »Souveränität« zukomme, »ist lediglich eine vollständige Leugnung politischer Verantwortung« (ebd., 24f., 183). Geschichtliche Prozesse verlaufen nicht nach der »Theorie der kausalen Urheberschaft« oder gar »Autorschaft«, weder individueller noch kollektiver »Willen«, wonach man Autonomie gedacht habe (ebd., 30f., 58, 139). Die Vertreter der totalitären Bewegungen gingen schon damals nicht weniger als die Sozialingenieure des Kapitalismus von der endgültigen Feststellung der Menschennatur aus, als ließe sich ein Ende der Geschichte organisieren: »Die Schüler von Lenin und Mussolini wetteifern mit den Kapitänen der kapitalistischen Wirtschaft in dem Bestreben, eine Formung von Dispositionen und Ideen vorzunehmen, welche zu einem vorgefaßten Ziel führen wird.« (ebd., 167) Aber diese Kontrollmythen abstrahieren von der Geschichtlichkeit der Menschennatur in deren Generationenfolge: »Denn das vermehrte Wissen über die menschliche Natur würde die Beschaffenheit der menschlichen Natur direkt und auf unvorhersehbare Weise verändern und zur Notwendigkeit neuer Regulierungsmethoden führen, und so fort in alle Ewigkeit.« (ebd., 165)

Logisch ergibt sich aus der Transformation bestimmter Autonomien durch bestimmte Interpenetrationen, erfolgt sie nur oft genug von neuem, dass früher oder später Interpenetrationen auf Interpenetrationen rekurrieren, um anhand von indirekten Folgeproblemen zu Lösungen zu gelangen. So ist in der Tat Deweys *Logik* von Anfang an angelegt, dass nämlich *inquiries* auf *inquiries* folgen, so dass man schon immer heute sich an dem »principle of the continuum of inquiry« (Dewey 1938, 3) orientieren möge, wolle man logisch verfahren. Dewey hat nicht, wie das Gros der Wissenschaftsphilosophie seiner Zeit, die Autonomie der Wissenschaft durch ihre Demarkation von nichtwissenschaftlichen Handlungssphären sicherstellen wollen. Umgekehrt: Laut Dewey kommen wir nicht mehr aus den öffentlichen Untersuchungsprozessen heraus, die bei ihm keineswegs mit der klassisch-modern etablierten Autonomie der Erfahrungswissenschaft verwechselt werden dürfen. *Inquiries* stellen *Interpenetrationen* dar, nämlich der juristisch öffentlichen Prozedur der Urteilsfindung (im Anschluss an den Common Sense mit biologischer und existentieller Matrix) mit erfahrungswissenschaftlichen und technologisch-operativen Expertisen (vgl. Krüger 2000).

In dieser Art und Weise der Interpenetration, die *inquiry* heißt, steht die intelligente Rekonstruktion als Mittel, eben die Instrumentierung, im Vordergrund. Als ein solcher Instrumentalismus wird Deweys Philosophie oft missverstanden. Man möchte für indirekte Folgeprobleme Lösungen und instrumentiert dafür eine Kombination aus juristischen, erfahrungswissenschaftlichen und technologischen Verfahren. Aber so einfach sind Problemlösungen oft nicht zu haben, nicht nur, weil die Lösungen hier und jetzt für später und woanders neue Probleme aufwerfen, sondern, weil so Lösungen für Probleme gesucht werden, die nur an der bisherigen Habitualisierung von Werten als Probleme auffallen, angesehen, gefühlt und beurteilt werden. Es handelt sich um Stellungen und Lösungen von Problemen, die als solche anhand der bisher institutionalisierten Werte und der ihnen entsprechenden Erwartungen definiert werden. Vielleicht besteht aber gerade in der Definitionsmacht dieser tradierten Lebensformen selbst das Problem.

Dewey wehrt sich gerade gegen die Trennung von Mittel und Zweck, von Instrumentierung und Wertbildung. Um beide Seiten aufeinander beziehen zu können, hat er ein sehr weites Verständnis von gesellschaftlicher Kommunikation entwickelt, das auch vor religiösen Dimensionen nicht halt macht. Gesellschaftliche Kommunikation gebe es in dem Maße, als Instrumentierung und Finalisierung öffentlich geteilt erfolgen: »Kommunikation ist auf einzigartige Weise sowohl Mittel wie Ziel. Sie ist Mittel, insofern sie uns von dem andernfalls überwältigenden Druck der Ereignisse befreit und uns in den Stand setzt, in einer Welt von Dingen zu leben, die Sinn haben. Sie ist Ziel als Teilhabe an den Objekten und Künsten, die für eine Gemeinschaft von Wert sind, eine Teilhabe, durch die Bedeutungen im Sinne der Kommunion erweitert, vertieft und gefestigt werden.« (Dewey 1925/1929, 201) Die andere Art und Weise von Interpenetration, welche die Zweckbildung und Wertebindung betrifft, nennt er die ästhetische Erfahrung und ihre gemeinschaftliche Erfüllung (consummation) (Dewey 1934). Auch hier wird öffentlich am Material verfahren, intelligent rekonstruiert, aber so, dass eine gemeinsame ästhetische Erfahrung entsteht, die durch signifikante Symbole herausgehoben werden kann. Sie dient einer Bindung an Werte, die das jeweilige Selbst überschreiten, ja, überhaupt Menschen mögliche Selbstbildung transzendieren können (vgl. Joas 1997, 7. Kapitel). Bei Dewey ist die ästhetische Erfahrung nicht auf eine narzisstische Selbstbestätigung fokussiert, sondern auf eine gemeinschaftliche Öffnung der hermeneutischen Zirkel des Selbst.

Wir haben es also in Deweys Spätwerk mit zwei Interpenetrationsrichtungen zu tun, in die Richtung der Instrumentierungen nach bislang gelebten Werten und in die Richtung der *consummations,* d.h. der im Vollzug erlebten Vollendung ästhetischer Erfahrung, vor allem dann, wenn letztere für die Gemeinschaftsbildung und deren Selbstbegrenzung signifikant wird. Durch die Auszeichnung dieser beiden Interpenetrationsrichtungen, die es gelte, in der gesellschaftlichen Kommunikation zu integrieren, ist klar, dass Dewey mit *Interpenetration* nicht gemeint hat, dass sich die kapitalistische Marktwirtschaft die anderen autonomen Prozesse der Wissenschaft, Politik und Kunst subsumiert oder gar einverleibt. Diese Art von Kritik, d.h. die *neoliberale* Kritik an modernen Autonomien, kann sich *nicht* auf ihn berufen. Der philosophische Maßstab bleibt bei Dewey die gesellschaftliche Kommunikation, soweit sie die Instrumentierungen und Finalisierungen nach letztlich ästhetischen Vollendungen in der Entgrenzung und der Begrenzung des Selbst integriert. Daher rührt auch Deweys Kritik an dem klassisch modernen Selbstverständnis, dass sich Menschen in der Säkularisierung des Christentums wie *kleine Götter* vorkommen: Deweys Wertekritik am Ende von *Experience and Nature* kulminiert in seiner

Kritik am kleinen Gott: Ob klein oder groß, der Mensch kann nicht die Rolle Gottes übernehmen (Dewey 1925/1929, 405). Darin bestünde das westliche Fehlverständnis von Verweltlichung. Statt das Diesseits vom Jenseits zu befreien, würde so auf Biegen und Brechen das Jenseits realisiert. Die klassische Moderne im Zeichen der Autonomie ist eine Fehlmodernisierung, weil sie ihre stets erneuten Grenzen, eben ihre indirekten Folgeprobleme, nicht aus sich selbst heraus meistern kann.

So wenig man Dewey einen Neoliberalen nennen kann, so wenig kann man ihn als einen *Neokommunitaristen* bezeichnen. Was er die *Great Community* nennt, geht ja aus der gesellschaftlichen Kommunikation von verschieden bestimmten Öffentlichkeiten hervor, die ihrerseits auf indirekte Folgeprobleme der *Great Society* antworten. Es handelt sich also keinesfalls um eine Herkunfts- oder Traditionsgemeinschaft, sondern um eine zunächst potentielle Gemeinschaft all derjenigen, die positiv und negativ von bestimmten indirekten Folgeproblemen betroffen sind, also eine gemeinsame Zukunft brauchen. Der Startpunkt in dem Modell ist die Aufgabe einer *neuen Gemeinschaftsbildung* unter Leuten, die bislang weder wussten noch erfahren haben, dass sie zu Betroffenen dieser Art von indirekten Folgen gehören. Die Gemeinschaftsbildung rekrutiert sich funktional aus den bisherigen Alltags- und Expertenkulturen, und die Funktion der Öffentlichkeiten reicht bis in das Experimentalverständnis der Politik hinein. Konkrete Politiken müssen sich als Lösungshypothesen für indirekte Folgeprobleme dem Wettbewerb stellen.

2. Zur mitweltlichen Personalität in der Zivilgesellschaft

Ich brauche hier nicht die lange Diskussion über Zivilgesellschaften im Anschluss an Jean Cohen, J. Habermas, J. Keane, Alain Touraine u. v. a. zu wiederholen. Weder die Bourgeois noch die Citoyens, weder die Arbeiter noch ihre Repräsentanten bilden bereits als solche alleinigen Klassensubjekte die Zivilgesellschaft. Dies trifft noch weniger auf die Angehörigen totalitärer Bewegungen zu, insofern sie als nichts anderes als diese Mitglieder gelten können. Dann müsste man in der deskriptiven Konsequenz womöglich auch noch den »Mob« (Arendt 1955, 529ff.), von dem H. Arendt im Hinblick auf die totalitären Bewegungen sprach, als Zivilgesellschaft anerkennen. In der Zivilgesellschaft werden die Individuen anders angesprochen als durch die Bestätigung und Feststellung einer ihrer bisherigen Funktionen. Mich interessiert hier einzig ein

Baustein zu der Beantwortung der folgenden Frage: Worin besteht das *Zivile* und das *Gesellschaftliche* an der *Zivilgesellschaft*? Wenn sie, wie in der Diskussion über sie immer wieder beschworen wird, ein derart wichtiges Entwicklungspotential darstellt, woran erkennen wir dann, ob ein Potential diesen Namen der Zivilgesellschaft verdient?

Auf diese Frage möchte ich mit einem merkwürdigen Gesellschaftsbegriff antworten, der *Gesellschaft* nicht dem *Kapitalismus* überlässt, sondern *Gesellschaft zivilisatorisch* neu fasst. Dies ist eine gänzlich andere Strategie, als sie vom *Heideggerianismus der Linken* in der Philosophie des Politischen in der Gegenwart verfolgt wird. O. Marchart zeigt, wie die einschlägigen französischen Autoren und G. Agamben noch immer von einer *Gemeinschaft* ausgehen, wenngleich einer künftigen, stets im Werden begriffenen, und von einer ontisch-ontologischen Differenz, die Heidegger ursprünglich anhand der Analyse eines Daseins entwickelt hat, das in seinem Selbstverständnis auf den Bezug auf Sein als Sinn angewiesen ist (vgl. Marchart 2010). H. Arendt hat diesbezüglich von einer Philosophie der »absoluten Selbstischkeit« (Arendt 1948, 37) gesprochen. Ich übersehe nicht die Mühen, die die sog. Heideggerianische Linke auf sich nimmt, um erst aus dieser individuellen Selbstischkeit in einen gemeinschaftlichen Zirkel des Selbst zu gelangen, den sie dann nochmals durch Formen der Negativität in die Ermöglichung aus der Zukunft zu öffnen versucht, teile aber die Bedenken von P. Gehring dagegen (Gehring 2011, 330-334). Wenn es nicht nur um eine gemeinschaftliche Opposition wider Gegebnes geht, sondern um gesellschaftsfähige Alternativen, ohne totalitär zu werden, dann kann man besser auch gleich auf Heideggers Gegenspieler Helmuth Plessner zurückgehen.

Plessner entwarf 1924 eine zivilisatorische Gesellschaft in seinem Buch *Grenzen der Gemeinschaft. Zur Kritik des sozialen Radikalismus*. Unter *Radikalismus* versteht er *Entweder-Oder-Alternativen*, die nichts Drittes gestatten. Die Seiten einer Alternative werden dann radikal verstanden, wenn sie *de facto* und *de jure* nur als sich gegenseitig ausschließend aufgefasst werden, ohne dass diese Seiten auch als einander bedürftig behandelt werden. Im vorliegenden Falle geht es um die Unterscheidung zwischen Gemeinschaft und Gesellschaft, die radikal so gehandhabt werde, dass es grundsätzlich nur entweder Gemeinschaft oder Gesellschaft geben dürfe (vgl. Plessner 1924, 14f., 17f.). Dieser Fehlalternative stellte Plessner als Drittes die Individualität einer

Person (ebd., 32, 42, 44, 60-64) gegenüber, die sowohl der Vergemeinschaftung als auch der Vergesellschaftung bedarf: »In uns selbst liegen neben den gemeinschaftsverlangenden und gemeinschaftsstützenden die gesellschaftsverlangenden, distanzierenden Mächte des Leibes nicht weniger wie der Seele, in jeder Sozialbeziehung wartet die eine, wenn noch die andere gilt, auf ihre Erweckung.« (ebd., 115)

Die Individualität einer Person wird als eine leibliche Anima verstanden, welche einer Zweideutigkeit zwischen Ontischem und Ontologischem unterliege. Sie bedürfe zwar in ihrem Dasein (ontisch) schon immer eines Verständnisses von Seiendem (ontologisch) und umgekehrt auch in ihrem Verstehen von Seiendem (ontologisch) eines Soseins (ontisch). Aber die *Zuordnung* zwischen den Bestimmungen von Seiendem (ontisch) und dem Verstehen von Seiendem (ontologisch) sei eben nicht eindeutig, sondern zweideutig oder gar mehrdeutig. Plessner spricht zusammenfassend kurz von der »ontisch-ontologischen Zweideutigkeit« leiblicher Seelen (vgl. ebd., 55f., 61f., 64, 66, 92). Eine solche Individualität könne weder physisch noch psychisch auf eine endgültige Weise positiv festgelegt werden, da die ihr wesentliche Lebendigkeit nur in drei Haltungswechseln im Verhalten gedeihen könne. Sie müsse kognitiv betrachtet zwischen der Orientierung an der Realität und an der Irrealität oszillieren können. Sie brauche ästhetisch gesehen den Wechsel ihrer Einstellung zwischen Naivität und Reflexion. Und sie benötige ethisch betrachtet eine Zwischenlage, die sie spielen lasse zwischen ihrem Geltungsdrang und ihrer Verhaltenheit (vgl. ebd., 66-75, 105f.). Gäbe es diese drei Verhaltensambivalenzen von individuierten Personen nicht, bestünde auch kein Problem, wie in dem räumlichen und zeitlichen Verhaltensfluss situativer Einschränkungen die Würde dieser Person bewahrt werden kann. Die Würde einer Person beziehe sich auf das Zusammenspiel ihrer physischen, psychischen und geistigen Dimensionen im Ganzen. »Würde betrifft stets das Ganze der Person, den Einklang ihres Inneren und Äußeren, und bezeichnet jene ideale Verfassung, nach der die Menschen streben, die aber nur wenigen verliehen ist.« (ebd., 75f.) Verletzungen der Würde verunmöglichen dieses Zusammenspiel im Ganzen. »Die Konkordanz, die Einstimmigkeit zwischen Geist und Leben ist nicht ein Freibrief der Raserei, sondern die Bürgschaft der menschlichen Würde, die nur durch Maßlosigkeit zerstört werden kann. Maß und Begrenzung ist das Höchste für menschliches Streben.« (ebd., 131)

Für das Ausbalancieren der einander entgegen gesetzten Verhaltensrichtungen brauche die Individualität einer lebenden Person soziokulturelle Rollen, ein Maskenspiel. Dank einer Rolle kann sie sich verdoppeln, sowohl vor anderen, d.h. *öffentlich*, als auch vor sich selbst, d.h. *privat*. Nicht die Haut des Organismus bildet die Grenze des Menschen, sondern der Verhaltensraum und die Verhaltenszeit der Rolle, die außerhalb des Organismus liegen. Sie bewegt sich als soziokultureller Körper zwischen den leiblichen Seelen und ihren physischen Körpern (vgl. ebd., 82-94). Von den soziokulturellen Rollenkörpern her gesehen entstehen zwei Verhaltensrichtungen. Durch das Medium dieser habituellen Masken kann man sich zu den anderen hin und von ihnen her zu sich zurück verhalten. Und von je mir her gesehen, kann ich mich in die Rolle hinaus und aus ihr zu mir zurück bewegen. Das Selbst der *persona* könne nur in dieser Doppelstruktur, gleichsam vor und hinter der Rolle als seiner Stütze, gedeihen. So zerfließe das Selbst nicht, sondern könne es in beiden Richtungen, in und mit der Rolle hinaus und aus diesem Außen zurück in je mein Inneres, d.h. in Privates, stets erneut entstehen (vgl. ausführlich zur Personalisierung von Individualität und zur Individualisierung von Personalität: Krüger 1999, 4. u. 5. Kapitel).

Schaut man von dieser personalen Doppelstruktur mit ihren beiden Verhaltensrichtungen auf die Unterscheidung zwischen Gemeinschaft und Gesellschaft, fällt sie anders als im sozial exklusivem Radikalismus aus. Wer der Individualisierung von Personenrollen unterliege, könne diese Erfahrung seiner Unteilbarkeit und Einzigartigkeit nur machen, indem er bzw. sie dieses Doppelgängertum in beiden Richtungen durchläuft. Die ontischontologische Zweideutigkeit verlangt die Entfaltung eines Verhaltensspektrums in Raum und Zeit, um die genannten Ambivalenzen ausleben und aus diesem Ausdruck auf sich zurückkommen zu können. In ihr sind sowohl Gemeinschaftsverlangen als auch Gesellschaftsverlangen fundiert, und zwar in rhythmischen Wechseln der Lebensgeschichten von Individuen als auch in der Folge der Generationen. Sich leiblich individualisierende Personen brauchen familiäre Gemeinschaftsformen, in denen nach Gefühlswerten primär unmittelbar interagiert werden kann. Sie benötigen ebenso geistige Gemeinschaftsformen, in denen – durch Bildung und Dritte vermittelt – nach Sachwerten interagiert werden kann. Beide Gemeinschaftsformen sind nötig, damit die Verhaltensambivalenzen überhaupt Konturen in habituellen Haltungen zum Leben gewinnen können (vgl. Plessner 1924, 45-52). Hat man diese historisch bestimmten Konturen, fragt sich aber weiter, was an ihnen gemessen im Alltäglichen und Außergewöhnlichen als unbekannt, als unverbunden, als andersartig, ja, als fremd gelten muss. Da man für diese phänomenalen Begegnungen weder über familiäre noch über sachliche Gemeinschaftswerte verfügt, geht es nun darum, eine solchen Werten äquivalente Verhaltensbildung zu ermöglichen. Plessner spricht von der Verhaltensermöglichung in Werteferne, also in der Ferne von den jeweils vertrauten Gemeinschaftswerten, und in Wertäquivalenz, also in einer Äquivalenz für jene Gemeinschaftswerte, im Verhalten der unter einander Unbekannten und Unverbundenen, im Verhalten der unter einander Anderen und Fremden (Zusammenfassung von ebd., 79-81, 95f., 133).

Das Überraschende an der Begriffswelt der Schrift von 1924 besteht darin, dass Plessner alle Interaktionsmöglichkeiten für die einander Anderen und Fremden sowohl mit *Gesellschaft* als auch mit *Öffentlichkeit* identifiziert (vgl. ebd., 95-112, 115-117). Er denkt eine *offene Gesellschaft*, lange vor und anders als K. R. Popper. Es geht ihm nicht um die *Great Society* im Sinne Deweys. Plessner verteidigt historisch die westliche *Zivilisation* gegen die deutsche *Kulturgemeinschaft* und gegen die allein klassenbedingte *Weltanschauungs*gemeinschaft (vgl. ebd., 31, 35, 38, 40f., 42f., 93f.). Damit nimmt er eine Neufassung der alten Frage nach der *societas civilis* vor, die sich nicht in die *bürgerliche Gesellschaft* auflösen lässt, wenn man letztere nur als die bourgeoise Gesellschaft oder als die Gesellschaft der Staatbürger (citoyens) versteht. Die Doppelstruktur der *persona* ist Zivilisationsmaß und kann daher im Text mit aristotelischen, höfischen, neuzeitlichen oder modernen Beispielen erläutert werden, denkt man an seine Unterscheidung zwischen Zeremoniell und Prestige oder zwischen Diplomatie und Takt. Was historisch durchläuft, ist das individualisierbare Doppelgängertum in beiden Bewegungsrichtungen, in die öffentliche hinaus und in die private zurück, die ab 1928 in Plessners Hauptwerk *Die Stufen des Organischen und der Mensch* in der exzentrischen Positionalität auch naturphilosophisch fundiert und von der Mitwelt her gedacht werden.

Worin besteht der systematisch bedeutsame Kern von Plessners Konzeption einer zivilen Gesellschaft? In der Anerkennung von Pluralität angesichts der Individualisierung von Personen, d.h. deren Doppelstruktur zwischen Privatem und Öffentlichem. Selbst wenn es eine einzige Ursprungsgemeinschaft von Personalität gegeben haben sollte, kann sich Personalität nicht anders als durch ihre leibliche Individualisierung der personalen Doppelstruktur im Leben halten. Eine Person variiert im leiblichen Vollzug diese Doppelstruktur bis hin zur Ausbildung neuer Rollen und Rollenwechsel. Zumindest in der Folge von Generationen würden andere als die ursprünglichen Möglichkeiten zur Gemeinschafts- und Gesellschaftsbildung zum Tragen kommen können. Diese zivile Gesellschaft ermöglicht personales Verhalten unter einander Anderen, die nicht die gleichen Werte teilen müssen, unter einander Fremden, die sich fremd bleiben können, nicht müssen. Sie müssen sich aber nicht assimilieren. Diese offene Gesellschaft zivilisiert den Kampf auf Leben und Tod am Rande der Gewalt.

Mir scheint, dass der Begriff der *Zivilgesellschaft* die Orientierung an einer derart zivilen Gesellschaft von leiblichen Personen braucht, mindestens als U-Topie der Ermöglichung aus der Zukunft heraus. Die individuierbare Doppelstruktur von privaten und öffentlichen Personen ermöglicht ein nötiges Minimum für die Einschätzung von Entwicklungspotentialen, das gewiss historisch und situativ präzisiert werden muss. Aber ohne ein derartig zivilisationsfähiges Minimum an sozialer Doppelstruktur für leibliche Personen kann keine Mitwelt ermöglicht werden. Die Würde jedes einzelnen geht im *bloßen* Leben, das nicht durch diese mitweltlich geteilte Verdoppelung strukturiert wird, verloren. Der Bewahrung ihrer Würde bedürftige Lebewesen sind Personen, weil sie nicht unter die Cartesische Dichotomie, entweder *res extensa* (materiell) oder *res cogitans* (ideell), fallen. Was wie Steine nur materiell ist, hat dieses Problem nicht. Wer nur ideell existiert, hat dieses Problem auch nicht. Gerade die Zwischenwesen der personalen Lebensform stehen allerdings vor dieser Aufgabe, ihre Würde wahren zu können. Plessners späteres Buch *Macht und menschliche Natur* (1931) handelt *expressiv verbis* von der »wertedemokratischen Gleichstellung aller Kulturen« (Plessner 1931, 186) in der Zukunft und im Namen einer Zivilisiertheit, die den anderen und fremden Menschen nicht am eigenen Wertemaßstab misst. Die von Plessner (mit Wilhelm Dilthey und Georg Misch) geteilte Lebensphilosophie[1] bezeugt »ihr Europäertum, das im Zurücktreten von seiner Monopolisierung der Menschlichkeit das Fremde zu seiner Selbstbestim-

---

[1] Die beste systematische Darstellung dieser Lebensphilosophien der *vermittelten Unmittelbarkeit* im Unterschied zu den Lebensphilosophien *der Unmittelbarkeit* (die im Gegensatz zur Vermittlung missverstanden wird) hat Schürmann (2011) vorgelegt.

mung nach eigner Willkür entbindet und mit ihm in einer neu errungenen Sphäre von Freiheit das fair play beginnt« (ebd., 228).

Die Individualisierung der Person geschieht expressiv durch die leibliche Abweichung von den etablierten Standards für Personen. Dies ist keine Frage der bewussten Entscheidbarkeit. Nur wer bewusstseinsphilosophisch denke, so Plessner, nehme an, dass in der Geschichte bewusst über die Geschichte *im Ganzen* entschieden werden könne. Gelänge letzteres, wäre das Ende der Geschichte erreicht worden, wären wir vor Ereignissen endgültig sicher, hätte sich das Problem der Zurechenbarkeit im Sinne der »säkularisierten Vergottung des Menschen« (ebd., 150) aufgelöst. Bewusstsein ist aber nur eine Verhaltensfunktion, die sich nicht sich selbst unterstellen kann, ohne in Verhaltensparalyse zu geraten. Daher Plessners Empfehlung, mit dem reflexionsphilosophischen Streit über die Frage, wem das Primat über den Geschichtsprozess im Ganzen gebühre, nämlich der Philosophie, Anthropologie oder Politik (als autonomer Sphären), anders umzugehen. Es kommt in Zukunft anders, als es alle diese modernen Autonomien antizipieren können. Für den künftigen Geschichtsprozess könne nur das Prinzip der »Nichtentscheidbarkeit des Vorrangs« (ebd., 218) im Ganzen anerkannt werden.

Personale Lebewesen sind solche, die gemessen an ihrer Bestimmtheit durch Rollen in eine Relation zu ihrer künftigen Unbestimmtheit geraten, solange sie unter ihresgleichen leben. Dies bedeutet, dass das personale Selbst seinem Eigenen noch unbekannt, unverbunden, anders und fremd werden kann. Das *Selbst* der *personae* ist *nicht das Eigene* und daher auch Eigentliche, sondern die o. g. Doppelstruktur in beiden leiblichen Bewegungsrichtungen, weshalb sich das Eigene noch anders und fremd werden kann. Jetzt versteht man auch, weshalb Plessner schon 1924 in den *Grenzen der Gemeinschaft* sagt, einer der größten Fehler bestünde darin, zu denken, die Gesellschaft laufe außen um die Gemeinschaft herum, statt mitten »durch sie hindurch« (Plessner 1924, 115). Gesellschaft bricht in der Individualisierung der personalen Doppelstruktur in deren öffentliche und private Bewegungsrichtungen hervor. Und dies sei keine Frage des guten oder schlechten Willens. Ähnlich heißt es am Ende der *Stufen des Organischen und der Mensch* (1928), Personalität werde in einer Mitwelt ermöglicht, welche strukturell gesehen nicht zwischen Eigenem und Anderem zu wählen habe, nicht einmal zwischen Singular und Plural. Solche Differenzen zwischen Eigenem und Anderem oder Singular und Plural stellten schon, im Resultat historischer Kämpfe, Auslegungen dafür dar, wie die Mitwelt geschichtlich eingeschränkt werde. Ihren neueren geschichtlichen Interpretationen geht Plessner bekanntlich in der *Verspäteten Nation* (1935/59) nach. – Strukturell ist wichtig, dass es um einen Bruch (Hiatus) zwischen physischen, psychischen und geistigen Verhaltensdimensionen gehe, der zwar immer wieder hier und jetzt *verschränkt* werden müsse, um gelebt werden zu können, der aber nie endgültig überwunden werden könne. In Plessners Philosophischer Anthropologie wird die Lebensführung hier und heute aus künftiger Geschichtlichkeit ermöglicht. Statt des Endes der Geschichte in entweder diesem Gemeinschaftsideal oder in jenem Gesellschaftsideal wird diese Ermöglichung durch künftige Geschichtlichkeit zur anthropologischen Konstante. Plessner nennt sie die Unergründlichkeit des Menschen, kurz den *homo absconditus*. Die Mitwelt ermögliche eine »Wirform des eigenen Ichs«, welche dem Verhalten zwischen ihm, dem Anderen, und mir entspreche: »Zwischen mir und mir, mir und ihm liegt die Sphäre dieser Welt des Geistes.« (Plessner 1928, 303)

Wem in der personalen Doppelstruktur nicht Anderes eigen werden kann, dem kann auch nicht Eigenes anders werden. Mithin liegt dann aber strukturell nicht der Fall von gelebter Personalität vor. Plessners Hauptkritik an modernen Autonomisierungen besteht darin, dass sie einer Logik der Selbstvergottung des Menschen folgen. Dadurch werde die je individuelle Würde einer Person einer Mehrzahl von Organismen geopfert, die man entweder für dieses Gemeinschaftsideal oder jenes Gesellschaftsideal instrumentiert. Man missverstehe die Struktur der Personalität, das höchste Gut der Zivilisation, wenn man dieses Institut von der Anzahl der Organismen abhängig machen wollte. Die personale Verschränkung des Verhaltensbruchs geschieht gegenüber Anderem nicht grundsätzlich anders als gegenüber Eigenem, weil die Person ja gerade in keinem Organismus steckt. Sie ist diejenige Position, die aus der Interaktion eines Organismus mit seiner Umwelt herausgesetzt ist. Sie geht also über das tierische Niveau hinaus, in dem sich ein zentrischer Organismus (Organismus mit Gehirn) und eine an Bewusstsein gebundene Umwelt aufeinander einspielen. Dieses tierische Verhaltensniveau nennt Plessner *zentrische Positionalitätsform*. Erst die *exzentrische Positionalitätsform* ermögliche aber menschliches Leben. In ihr kann zugunsten von Personalität ex-zentriert werden. Von dieser Exzentrierung her müsse dann jedoch die zentrische Positionalitätsform neu, d.h. soziokulturell eingerichtet werden, weil die zentrische Organismusform einer zentrischen Verhaltensform bedarf. »Real ist die Mitwelt, wenn auch nur eine Person existiert, weil sie die mit der exzentrischen Positionsform gewährleistete Sphäre darstellt, die jeder Aussonderung in der ersten, zweiten, dritten Person Singularis und Pluralis zu Grunde liegt.« (ebd., 304) Der einzige, für das Individuum aber existielle Unterschied zwischen der Struktur des Verhaltens von ihm zu mir und von mir zu mir besteht freilich darin, dass es leiblich an nur den einen, eben seinen Organismus gebunden bleibt. Denn die Exzentrierung der Positionalität geht nicht ohne künstliche Fortsetzung einer zentrischen Positionalität. Diese Formulierung ist indessen eine Erkenntnis in Kategorien des Körperhabens, nicht des Leibseins. In der personalen Doppelstruktur gibt es grundsätzlich auch die Möglichkeit, sich mit anderen Körpern leiblich zu identifizieren. Anderenfalls wäre sozial geteilte Kultur überhaupt nicht möglich.

3. Ausblick auf einen Vergleich der beiden Öffentlichkeitskonzeptionen

Was Plessner im Kern Öffentlichkeit nennt, die Ermöglichung des Verhaltens unter einander Unbekannten, Unverbundenen, Anderen und Fremden, taucht bei Dewey unter dem Begriff der indirekten Folgeprobleme auf, deren Bewältigung Öffentlichkeit braucht. Diese Verständnisse des Öffentlichen im Unterschied zum Privaten sind logisch vergleichbar. Die indirekten Folgeprobleme sind unbekannt, unverbunden, anders und fremd gemessen an den bisher habitualisierten Erwartungen, die man gemäß klassisch modernen Autonomien hegt. Auch was Plessner die einander Unbekannten, Unverbundenen, Anderen und Fremden nennt, ist umgekehrt ein indirektes Folgeproblem der positiven Fassung von bestimmten Gemeinschafts- und Gesellschaftsformen. In beiden Konzeptionen wird der Positivismus der klassisch modernen *Autonomien*, d.h. die positive Selbstbestimmung und Selbstverwirklichung von individuellen, kollektiven oder funktionalen Akteuren, deutlich *begrenzt*. Er wird in Frage gestellt durch die Einführung der Relation zur eigenen Unbestimmtheit aus der Zukunft heraus. Was in der Vergangenheit als eine positive Leistung durch individuelle, kollektive und funktionale Autonomisierungen von Teilprozessen erschien, ist nur ein Moment und eine Tendenz in einem geschichtlichen Prozess, der im Ganzen so offen ist, dass er künftig auch schief gehen kann, werden nämlich einerseits nicht die indirekten Folgeprobleme bearbeitet und wird nicht andererseits dafür eine strukturelle Vorkehrung getroffen, die Würde der lebenden Personen schon heute in Zukunft wahren zu können. In beiden Konzeptionen werden die klassisch modernen Autonomievorstellungen dafür kritisiert, dass sie einer Logik der »Selbstvergottung« des Menschen (Plessner) bzw. der Logik vom »kleinen Gott« (Dewey) folgen, welche Menschen in der Übernahme der Rolle Gottes überfordert. Beide Konzeptionen resituieren die Unterscheidung zwischen Privatem und Öffentlichem in einem geschichtlichen Prozess, den kein Subjekt von Selbstbewusstsein, ob individuell, kollektiv oder funktional, als *Ganzen* in der Hand haben kann. Daher münden beide Konzeptionen konsequenter Weise in eine Philosophische Anthropologie, welche die anmaßende Selbstermächtigung zu quasi göttlichem Tun aufdeckt (*continuum of inquiry, homo absconditus*). Die anthropologische Konstante besteht nicht im Ende der Geschichte, sondern in der strukturellen Ermöglichung künftiger Geschichtlichkeit.[2]

Gleichwohl bleiben der Hauptfokus und die Begründungswege beider Konzeptionen verschieden. Sie verliefen ohnehin unabhängig voneinander. Für Dewey stehen die indirekten Folgeprobleme der *Great Society* im Vordergrund, die nicht ohne ihre öffentliche Kanalisierung durch eine *Great Community* überleben kann, sondern in Weltkrisen und Weltkriege abstürzt. Dies ist eine historisch schon wieder überzeugende Aufgabe, auf die Plessner in seinem Spätwerk eingeht, aber weniger elaboriert als Dewey. Plessner stellt sich einer anderen Aufgabe, nämlich das Zivilisationsproblem für die Zukunft zu rekonstruieren, das es in der alten Redeweise von der *societas civilis* gab, und zwar im Unterschied zur *bürgerlichen Gesellschaft*, sofern diese nur als die kapitalistische Gesellschaft (der *bourgeois*) oder nur als die Gesellschaft von Staatsbürgern (der *citoyens*) begriffen wurde. Freilich ist diese Zivilisationsleistung zunächst auf die Oberschichten begrenzt, aber sie wird immerhin seit den Hochkulturen der Personalität errungen, d.h. seit der *Achsenzeit* (K. Jaspers/Sh. N. Eisenstadt). Diese Zivilisationsaufgabe durchquert den üblichen Gegensatz zwischen Vormoderne, Moderne und Postmoderne oder zweiter bzw. reflexiver

---

[2] Die Philosophische Anthropologie von John Dewey wird deutlicher, wenn man nicht nur das Werk von G. H. Mead einbezieht, das Dewey stets voraussetzt, sondern auch den Streit zwischen W. James und Ch. S. Peirce (vgl. Krüger 2001, 2. Teil).

Moderne. Denn warum sollte sie, angesichts der Menschenrechte, auf die Oberschichten begrenzt bleiben? Wenn die Moderne, als *Sattelzeit* (R. Koselleck), den Zivilisationsprozess abbricht, bricht alles, was den Umgang mit Pluralisierung und Individualisierung der Personalität ermöglicht hat, auch zusammen, nicht nur für die Oberschichten. Mit der Pluralisierung und Individualisierung steht und fällt *Zivilisiertheit*, deren Gegenbegriff die *Barbarei* bildet, welche wir aus den Welt- und Bürgerkriegen des 20. Jahrhunderts kennen (vgl. zur Problemstellung Joas 2005).

Literatur

Arendt, H. (1948). Was ist Existenzphilosophie? Frankfurt a.M.: Anton Hain 1990.

Arendt, H. (1955). Elemente und Ursprünge totaler Herrschaft. München: Piper 1986.

Dewey, J. (1925/1929). Erfahrung und Natur. Frankfurt a.M.: Suhrkamp 1995.

Dewey, J. (1927). Die Öffentlichkeit und ihre Probleme. Bodenheim: Philo 1996.

Dewey, J. (1934). Kunst als Erfahrung. Frankfurt a.M.: Suhrkamp 1980.

Dewey, J. (1938). Logic. The Theory of Inquiry. In J. Dewey, The Later Works. Vol. 12, 1938. Carbondale/Edwardsville: Southern Illinois University Press 1991.

Gehring, P. (2011). Vom Begriff des Politischen zur ersten Philosophie. *Deutsche Zeitschrift für Philosophie* 59 (2), 330-334.

Habermas, J. (2011). Zur Verfassung Europas. Frankfurt a.M.: Suhrkamp.

Höffe, O. (1999). Demokratie im Zeitalter der Globalisierung. München: C.H. Beck.

Joas, H. (1997). Die Entstehung der Werte. Frankfurt a.M.: Suhrkamp.

Joas, H. (2005). Die kulturellen Werte Europas. In H. Joas & K. Wiegandt (Hrsg.), Die kulturellen Werte Europas (S. 11-39). Frankfurt a.M.: Fischer.

Krüger, H.-P. (1999). Zwischen Lachen und Weinen. Bd. I: Das Spektrum menschlicher Phänomene. Berlin: Akademie.

Krüger, H.-P. (2000). Prozesse der öffentlichen Untersuchung. Zum Potential einer zweiten Modernisierung in John Deweys *Logic. The Theory of Inquiry*. In H. Joas (Hrsg.), Philosophie der Demokratie. Beiträge zum Werk von John Dewey (S. 194-234). Frankfurt a.M.: Suhrkamp.

Krüger, H.-P. (2001). Zwischen Lachen und Weinen. Bd. II: Der dritte Weg Philosophischer Anthropologie und die Geschlechterfrage. Berlin: Akademie.

Krüger, H.-P. (2009). Philosophische Anthropologie als Lebenspolitik. Deutsch-jüdische und pragmatische Moderne-Kritik. Berlin: Akademie.

Latour, B. (1999). Das Parlament der Dinge. Für eine politische Ökologie. Frankfurt a.M.: Suhrkamp 2001.
Marchart, O. (2010). Die politische Differenz. Zum Denken des Politischen bei Nancy, Lefort, Badiou, Laclau und Agamben. Frankfurt a.M.: Suhrkamp.
Plessner, H. (1924). Grenzen der Gemeinschaft. Zur Kritik des sozialen Radikalismus. In H. Plessner, Macht und menschliche Natur (Gesammelte Schriften V, S. 7-133). Frankfurt a.M.: Suhrkamp 1981.
Plessner, H. (1928). Die Stufen des Organischen und der Mensch. Einleitung in die philosophische Anthropologie. Berlin/New York: de Gruyter 1975.
Plessner, H. (1931). Macht und menschliche Natur. Ein Versuch zur Anthropologie der geschichtlichen Weltansicht. In H. Plessner, Macht und menschliche Natur (Gesammelte Schriften V, S. 135-234). Frankfurt a.M.: Suhrkamp 1981.
Plessner, H. (1935/1959). Die verspätete Nation. Über die politische Verführbarkeit bürgerlichen Geistes. In H. Plessner, Die Verführbarkeit des bürgerlichen Geistes, Politische Schriften (Gesammelte Schriften VI, S. 7-223). Frankfurt a.M.: Suhrkamp 1982.
Putnam, H. (1992). Für eine Erneuerung der Philosophie. Stuttgart: Reclam 1997.
Schürmann, V. (2011). Die Unergründlichkeit des Lebens. Lebens-Politik zwischen Biomacht und Kulturkritik. Bielefeld: transcript.

Solidarität mit und ohne Ziel – Bedingungen der Verbundenheit in Sport und Gesellschaft

Thomas Bedorf

Soziale Verbindungen, die auf wechselseitigen Verpflichtungen beruhen, haben nicht gerade Konjunktur. Ihre Begriffe sind alt geworden. Sowohl die Brüderlichkeit als auch die Kameradschaft sind seit geraumer Zeit aus der Mode gekommen, auch als Genosse läßt sich heute kaum noch jemand titulieren. Für diesen Niedergang gibt es aus historischer Erfahrung gute Gründe (vgl. Kühne 2006). Allenfalls die Solidarität wird in Sonntagsreden von Politikerinnen und Politikern aller Couleur gerne in Anspruch genommen. Dennoch ist auch dies kein Begriff mit gesicherter Bedeutung und konzisem Gebrauchskontext. Er bietet selten mehr als einen Appell an Spendenbereitschaft und Steuertreue.

Was also läßt sich diesen Begriffen noch abgewinnen, wenn man die Verbindlichkeit sozialer Kontexte mehr als nur beschwören will? Nimmt man sie als ein Begriffsfeld, in dem (an sich notwendige) begriffliche Unterscheidungen zunächst hintanstehen, so könnte man sich darüber der Frage nähern, ob Formen sportlicher Gemeinsamkeit sich auf solche sozialer Verbundenheit übertragen lassen. Auf einen solchen Zusammenhang spielen ja Überlegungen von Funktionären des Sports immer mal wieder an, wenn die gesellschaftliche Relevanz des Sports betont werden soll.

Wie der Titel bereits andeutet, ist meine Perspektive mangels fachlicher Expertise keine explizit sportwissenschaftliche oder sportphilosophische, sondern eine sozialphilosophische. Die sozialphilosophische Frage nach den Bedingungen sozialer Verbundenheit läßt sich ihrerseits entweder deskriptiv oder normativ stellen. Je nach Herangehensweise wird man unterschiedliche Funktionen unterstellen. Entweder wird man sagen müssen, daß so etwas wie Solidarität im sozialen Miteinander entsteht bzw. erzeugt wird, ohne daß daraus folgt, daß man sie praktizieren *sollte*. Oder man wird zu der Überzeugung kommen, daß Solidarität etwas sozial Notwendiges ist, das man erzeugen *sollte* (auch wenn sie nicht von selbst entsteht). Ich werde verschiedenen Formen sozialer Verbundenheit nachgehen, was in die Frage mündet, ob ›die Gesellschaft‹ vom Sport etwas lernen kann.

Ich beginne in einem ersten Teil mit der Prüfung, ob Solidarität normativ begründet werden kann. Dabei werde ich mich auf einige moralphilosophische Vorschläge beschränken, ohne damit andere (etwa rechtsphilosophische) Begründungsformen ganz übersehen zu wollen (dazu Bedorf 2011). In einem zweiten Teil skizziere ich *eine* praxisphilosophische Rekonstruktion von Gruppenhandeln, die ich Sartres *Kritik der dialektischen Vernunft* entnehme. Diese etwas idiosynkratische Wahl läßt sich dadurch rechtfertigen, daß in dieser Sozialphilosophie neben anderen (etwa politisch-revolutionären) Gruppen auch die Fußballmannschaft exemplarisch als kollektive Praxis vorgeführt wird. Dies sollte es erlauben, anschließend hinsichtlich der zu prüfenden Analogie von sportlicher und gesellschaftlicher Solidarität den Abstand zu ermessen, der den Sport von der Gesellschaft trennt, weil die Funktionalität des sportlichen Gefüges immer schon gegeben ist, während die Solidarität im gesellschaftlichen Raum dazu dient, Gruppen mit einer Identität zu versehen, die nicht vorab bereits besteht.

I. Moralphilosophische Begründungen von Solidarität

Um die Frage nach der Begründung von Solidarität sinnvoll stellen zu können, will ich den Begriff in einem eingeschränkten Sinn verwenden. Vier semantische Bedingungen sollen dafür erfüllt sein.[1] Solidarisch können wir solche Handlungen oder Handlungsmotivationen nennen, die *erstens* ein gemeinsames Einstehen füreinander vorsehen. Unterstützung und Hilfe, seien sie materieller oder symbolischer Natur, können zwischen den Mitgliedern einer Gruppe (Binnensolidarität) oder zwischen Kollektiven (externe Solidarität) geleistet werden. Die Erwartung aber, daß diese Leistung (zumindest potentiell) eine Relation des *Zusammen-Füreinander* impliziert, unterscheidet Solidarität von institutionalisierter Fürsorge oder individuellem Altruismus. *Zweitens* ist für die sich Solidarisierenden der gemeinsame Bezugspunkt *normativ aufgeladen*. Es geht nicht bloß um ein gemeinsames Müssen, sondern mehr noch um ein legitimes Müssen. Hinter dem solidarischen Handeln im Einzelfall steht ein höherwertiges, moralisches oder politisches Ziel, das seinerseits legitimierbar ist. Im Unterschied etwa zur Omertà der Mafia, die man hinsichtlich ihrer wechselseitigen Verbindlichkeit auch als solidarische Handlungspraxis ansehen könnte, erhebt

---

[1] In diesem und dem dritten Abschnitt greife ich zurück auf Material aus Bedorf 2011.

Solidarität in diesem engeren Sinne Anspruch auf die Verfolgung legitimer Ziele, für die man *Gründe* geben können muß. Das impliziert *drittens*, daß die Solidarität kein Zweck an sich ist, sondern *instrumentellen Charakter* hat. Sie ist gebotenes Mittel zur Erreichung eines (selbst wiederum legitimierungsbedürftigen) Zieles. Dieses Ziel und paradoxerweise zugleich die Bedingung der Möglichkeit solidarischen Handelns ist *viertens* eine *Gemeinschaft*, die sich von einer bloß vertraglich verbundenen Gesellschaft unterscheidet.[2]

Insofern Solidarität eine gemeinschaftlich geteilte, begründete Disposition zum Einstehen füreinander meint, kommt die Suche nach einer Fundierung in den klassischen deontologischen Moralphilosophien nicht weit. Schon zwei der vier genannten Bestimmungsgründe sprechen dagegen: Solidarität – so hatte es geheißen – sei einerseits kein Zweck an sich, sondern habe instrumentellen Charakter, und habe andererseits eine Gemeinschaft zur Voraussetzung, zu deren Kohäsionsstiftung sie zugleich dient. Deontologische Begründungen der Moral gehen nun aber erstens davon aus, daß moralische Pflichten *unbedingt* geboten sind (also kein Mittel sein dürfen) und zweitens, daß sie sich an Individuen richten, die unabhängig von kulturell und historisch bedingten Kollektiven ihre Geltung einsehen können. Eine deontologische Begründung von Solidarität kann es deswegen nicht geben, weil – wie in Kants *Grundlegung zur Metaphysik der Sitten* – die Maxime meiner Handlung »allgemeines Gesetz« (Kant 1785, 402) werden können muß, und nicht bloß eine Norm mittlerer Reichweite.

Wollte man einen moralischen Begründungsversuch unternehmen, wird man demnach in einer Gemeinsamkeit ansetzen müssen, die der Reflexion auf moralische Urteile vorausliegt. So hatte es Hyppolite Renaud in seiner Synthese der Lehre des Frühsozialisten Charles Fourier emphatisch formuliert: »Denn es ist uns nicht gegeben, ohne andere glücklich zu werden, da alle Mitglieder der großen Familie in einem einzigen Verband [*faisceau*] miteinander verbunden sind, durch ein göttliches Gesetz: *Die Solidarität*. Die Solidarität ist eine gerechte und heilige Sache« (Renaud 1842, 64). Die Erwartung, diese »heilige Sache« realisieren zu können, kann sich auf wissenschaftliche Gesetze stützen, wenn die fouriersche kommunitäre Gesellschaftsordnung – wie Renaud unterstellt – »sich strikt aus dem menschlichen Organismus ableitet« (ebd.,

---

[2] Der Definitionsvorschlag nimmt Momente auf aus Bayertz (1998, 12) und Wildt (1998, 213).

1842, 65). Solcherart an die Voraussetzungen der menschlichen Natur angepaßt, kann die solidarische Sozialordnung nun zugleich wissenschaftlich ›notwendig‹ und moralisch erstrebenswert sein.

Neben einem solchen organizistischen Begründungsversuch haben andere Auffassungen eine ähnliche vorreflexive Gemeinsamkeit vertreten. So läßt sie sich auch religiös aus der Gotteskindschaft heraus begründen, die dem Solidaritätsbegriff der katholischen Soziallehre zugrunde liegt, oder aus einer gefühlsmäßigen Gemeinsamkeit unter den Menschen, wie wir sie noch bei den Urvätern des Utilitarismus finden. Denn dieser ist nach John Stuart Mill nur unter der Bedingung begründbar, daß die Menschen eine Gemeinschaft bilden. Dort heißt es:

> »Dieses unerschütterliche Fundament [für die utilitaristische Moral] sind die Gemeinschaftsgefühle der Menschen – das Verlangen nach Einheit mit unseren Mitgeschöpfen, das bereits jetzt eine mächtige Triebkraft in der menschlichen Natur ist und glücklicherweise zu denen gehört, die, auch ohne daß sie den Menschen eigens eingeschärft werden, unter dem Einfluß fortschreitender Kultur immer stärker werden. Das gemeinschaftliche Leben ist dem Menschen so natürlich, so notwendig und so vertraut, daß er sich niemals [...] anders als das Glied eines Ganzen denkt. [...] Die Stärkung der Gemeinschaftsbindungen und die Entwicklung des gesellschaftlichen Verkehrs bewirken nicht nur, daß der einzelne ein stärkeres Eigeninteresse daran hat, das Wohlergehen der anderen in seiner Lebensführung zu berücksichtigen, sondern verhelfen ihm auch dazu, seine *Gefühle* mehr und mehr mit ihrem Wohl oder zumindest mit einer stärkeren Berücksichtigung ihres Wohls im praktischen Handeln zu identifizieren. Gleichsam instinktiv gelangt er dazu, sich seiner selbst als eines Wesens bewußt zu werden, dem es selbstverständlich ist, auf die anderen Rücksicht zu nehmen.« (Mill 1863, 54-56)

Utilitaristische Überlegungen dienen demnach allein dem Zweck, unter den zur Verfügung stehenden Handlungsoptionen die moralisch gebotene herauszufiltern. Der Wahl *voraus* geht jedoch ein Gefühl der Gemeinsamkeit unter den Handelnden. Um solidarische Gefühle – um die es sich hier handelt, auch wenn Mill sie nicht so nennt – zu begründen, genügt es nicht, sich auf eine Theorie moralischer Intuitionen zurückzuziehen. Die Moralität stiftenden Gefühle müssen über das Individuum hinausgreifen. Dies stellt Mill sicher, indem er einerseits von einer bestehenden »Triebkraft der Natur« spricht, die den Menschen zur Berücksichtigung der Interessen anderer anhält und andererseits, indem er die Überzeugung äußert, mit fortschreitender Kultivierung der Menschheit ließe sich diese Neigung vertiefen. Die Kultur als Vollenderin dessen, was die Natur angelegt hat – dieser traditionelle Gedanke, den ja auch Kant in seinen geschichtsphilosophischen Werken verfolgt –, garantiert, daß nicht auseinanderfällt, was nicht auseinanderfallen darf. Doch genau diese Gewißheit ist uns nicht erst seit gestern abhanden gekommen. Den Menschen *Instinkte* zur Rücksicht auf andere zu unterstellen, käme einem geradezu anachronistischen Optimismus nahe, der spätestens seit den Erfahrungen des vergangenen Jahrhunderts keine Überzeugungskraft mehr besitzt.

Bei dem Phänomenologen Max Scheler findet sich ein weiterer Versuch, eine moralphilosophische Verortung des Solidaritätsbegriffs zu liefern. Indem er einen gegenüber Mill sozialphilosophisch stärker differenzierten Rekurs auf Gefühle am Grunde der Moral entwickelt, entwirft er einen gestuften Solidaritätsbegriff. Dieser korrespondiert mit dem Begriff der Person, der gegenüber dem Begriff der Rechtsperson kantischer Herkunft moralisch und phänomenologisch aufgeladen wird. Solidarität, die Scheler recht vage als »irgendeine Form des ›Einer für alle‹ und ›Alle für Einen‹« (Scheler 1913, 532) definiert, erachtet er nur dann als möglich, wenn es eine erfahrbare Gemeinschaft gibt. Dementsprechend ist in der Gesellschaft, die aus Kontrakten ansonsten bindungsloser Einzelner besteht, oder gar in der bloßen Masse, in der Gefühle nur qua *Ansteckung* kommuniziert werden können, der Solidarität der Boden entzogen. Zwar gesteht Scheler zu, daß genaugenommen auch die Gesellschaft nicht bloß aus Individuen, sondern bereits aus Personen besteht. Doch kommt der *Personenwert* nicht integral in den Blick, weil die anderen in der Gesellschaft nicht als Wert an sich, sondern nur insoweit sie angenehm oder nützlich sind, in Betracht kommen (ebd., 533). Dem infiniten Regreß, der aus der kontraktualistischen Konzeption von Gesellschaft entsteht, wenn man begründen will, warum überhaupt Verträge (und eben auch der erste) gehalten werden, will Scheler nun über eine Verankerung »in der *solidarischen* Verpflichtung aller Glieder einer Gemeinschaft, für sie seinsollende Inhalte zu realisieren« (ebd., 534), ein Ende setzen. Zusammengeführt werden die widerstrebenden Tendenzen nun in der *idealen Gesamtperson*, gedacht als »Einheit selbständiger, geistiger, individueller Einzelpersonen in einer selbständigen, geistigen, individuellen Gesamtperson« (ebd., 537). Der sozialphilosophischen Integration von gesellschaftlich atomisierter Individualität und gemeinschaftlicher Sinngebung steht das moralphilosophische Pendant einer »unvertretbaren Solidarität« (ebd., 536) gegenüber. Um den immensen Anspruch zu ermessen, den der Begriff hier schultern muß, sei der Zusammenhang zitiert:

> »In scharfem Unterschiede zur Lebensgemeinschaft [...] ist hier jeder Einzelne *und* die Gesamtperson *selbst*verantwortlich (= für sich verantwortlich), gleichzeitig aber ist ebenso wohl jeder Einzelne *mit*verantwortlich für die Gesamtperson (und für jeden Einzelnen ›in‹ der Gesamtperson), als die Gesamtperson mitverantwortlich für *jedes* ihrer Glieder ist. Die Mitverantwortlichkeit ist also zwischen Einzel- und Gesamtperson eine *gegenseitige* und schließt gleichzeitig Selbstverantwortlichkeit nicht aus.« (Ebd.)

Man kann Scheler keinen Vorwurf daraus machen, daß aus dieser anspruchsvollen Konstruktion andere den Gedanken einer »solidarischen Schicksalsgemeinschaft eines durch geschichtliche Tradition geeinten Volkes« (Steinbüchel 1921, 327) gemacht haben, die dem leeren Rationalismus der kantischen Moral gegenübergestellt wurde. Doch Scheler entgeht der falschen Konkretion nur um den Preis einer Idealisierung, indem er als Wesen des Menschen postuliert, was doch sozialphilosophisch erst noch ausgewiesen werden müßte. Für eine Wesensontologie des Menschen werden die empirischen Bedingungen des sozialen Miteinanders zwar nicht unerheblich, doch Einsprüche aus der Realität, die sich auf den – sei es hobbesschen sei es kantischen – Antagonismus berufen, ändern an der Ausrichtung auf ein harmonisches Menschheitsideal nichts. Neben dieser spekulativen Einseitigkeit irritiert aber noch ein zweiter Punkt. Indem die schwachen, untauglichen Formen der Solidarität erst auf der Ebene der Gesamtperson auf ein für Scheler normativ vertretbares Niveau gehoben wurden, wird sie zugleich verwässert. Wenn Solidarität ein normativer Begriff mittlerer Reichweite sein soll, dann kann ich mit der Menschheit als ganzer nicht solidarisch sein, zum einen, weil die Verantwortung für alle und mich selbst zwangläufig in eine Überforderung mündet, und zum anderen, weil so die Spezifität des solidarischen Handelns verlorengeht, das ja gerade auf einer Verpflichtung für und mit bestimmten (statt beliebigen oder gar allen) Anderen beruht.

Moralische Begründungen der Solidarität scheinen also – so könnte ein Zwischenfazit lauten – besonders schwierig, wenn nicht unmöglich zu sein.[3] Gleichwohl läßt sich als zentraler Gewinn aus der selektiven Übersicht festhalten, daß eine Begründung der Solidarität um eine Dimension der Gemeinsamkeit nicht herumkommt. Aus der Gesellschaft, verstanden als Aggregation atomisierter Individuen, läßt sich kein Grund gemeinsamer Verpflichtungen herausarbeiten. Der Gedanke einer Gesamtschuldnerschaft, der schon den Begriffsgebrauch im römischen Recht bestimmte (*obligatio in solidum*) (vgl. Röttgers 2011) und der von Scheler moralisch überformt wird, verträgt sich schlecht mit einer primären Orientierung an den Rechten des Individuums.

II. Praxisphilosophische Rekonstruktion der Solidarität

In einer Fußnote zu Jean-Paul Sartres *Kritik der dialektischen Vernunft* von 1960 versteckt, findet sich der in seiner schlichten Wahrheit verblüffende Satz: »Bei einem Fußballspiel kompliziert sich allerdings alles durch die Anwesenheit der gegnerischen Mannschaft.« (Sartre 1960, 503) Das ist, auch wenn man heute *Zwischenspieler* hat, den *Gegner anläuft* und *hoch steht*, sicher immer noch irgendwie richtig. Das ist aber nur dann kein irritierend inhaltsleerer Satz, wenn man sich den Kontext von Sartres Fußnote vergegenwärtigt. Zwar ist die Gruppentheorie in Sartres Werk nur eine Zwischenstation im Hinblick auf eine Philosophie geschichtlicher Praxis. Doch wenn wir von dieser Ausrichtung absehen, tritt an dem Sportbeispiel ein Ansatz zu einer dialektischen Theorie des Mannschaftssports zu Tage.

Den Angelpunkt bildet für Sartre dabei das Verhältnis von individueller Freiheit und kollektiver Handlung. Das Individuum ist zunächst ebenso wie jedes andere in einer Mannschaft durch eine Funktion definiert (als Torwart, als Verteidiger usw.). Aufgrund dieser meiner Integration in die Gruppe erhebe ich Forderungen für und an den Anderen: Er soll die Voraussetzungen erhalten, die

---

[3] Dies gilt zumindest dann, wenn – wie hier geschehen – das moralische Gesetz als ein Grundsatz der Gleichheit begründet werden soll. Es stünde demgegenüber etwa mit Adorno die Alternative zur Verfügung, Solidarität aus einem »leibhaften Moment« entspringen zu lassen, der sich nicht zu einem »abstrakten Prinzip« »rationalisieren« lassen darf. Dies als eigenständige Quelle der Solidarität herauszuarbeiten, bedürfte aber einer eigenen Untersuchung; vgl. Adorno (1966, 203 u. 281) sowie Menke (2004, 103-109) und Grüny 2012.

ihn in die Lage versetzen, seine Funktion zu erfüllen (etwa trainieren dürfen) und er soll die Handlungen, die die je spezifische Funktion von ihm verlangt, entsprechend ausführen. Diese Forderungen sind aber weder solche, die ich als Individuum an den Anderen herantrage, noch universal-moralische Imperative, sondern praxis- und gruppengebundene.

> »Ich fordere es jedoch *für die Gruppe*, das heißt vom Standpunkt der gemeinsamen Praxis aus, aber ich fordere es auch *von der Gruppe*, denn sie verteilt die Funktionen.« (Ebd., 479)

In den Erwartungen, die ich an den Mitspieler stelle, in den Forderungen, die ich an ihn oder an die Organisation richte, drückt sich die Macht der gemeinsamen Praxis aus.

> »Alle diese abstrakten Momente der konkreten Forderung sind jedoch zusammen in meiner Handlungsweise gegeben, der Art, meine Funktion in meiner Handlung zu verwirklichen und meine Handlungsweise auf meine Machtbefugnisse zu stützen.« (Ebd., 479)

Zwar können die Rechte und Pflichten der einen gegen die anderen unterschiedlich akzentuiert sein, in den Vordergrund rücken oder in den Hintergrund treten. Doch wenn sie nicht aufeinander bezogen sind, droht die Integrationskraft der Gruppe verloren zu gehen.

Die Spannung zwischen Individuum und Kollektiv besteht darin, daß es zugleich die Individuen sind, die die Gruppe erst zur Gruppe *machen*, und die Gruppe ihrerseits nur *durch* die Individuen *handelt*. Das eine ist ohne das andere nicht zu haben. Oder in Sartres technischen Worten:

> »Das Individuum als organische Praxis befindet sich *diesseits* des gemeinsamen Individuums [i.e.: Kollektivs], insofern es dieses durch den Eid [i.e.: die Verpflichtung auf ein gemeinsames Ziel] gründet, und *jenseits* von ihm, insofern es sich zu dessen praktischer Spezifizierung macht.« (Ebd., 483)

Auf der Handlungsebene äußert sich diese Dialektik als eine zwischen Routine und Initiative, zwischen Gewohnheit (*hexis*) und erfindungsreicher Handlung in einer je konkreten Situation. Was jeweils zu tun ist, welcher Paß wohin zu spielen ist, bestimmt sich demnach *ausgehend von* der individuellen Absicht, aber *im Horizont* des gemeinsamen Ziels, das die individuellen Handlungspläne übersteigt und determiniert. Einerseits haben die einzelnen Spielhandlungen nur Sinn im Hinblick auf die Handlungen der Mitspieler; andererseits ist diese Angewiesenheit auf die Organisation des Ganzen keine funktionale Reduktion der Einzelhandlung auf vorbestimmte repetitive Muster.

> »Jene Bewegung, jene Ballabgabe, jene Finte können wir ja nicht von der Funktion selbst ableiten: diese definiert nur die abstrakte Möglichkeit *gewisser* Finten, *gewisser* Handlungen in einer zugleich begrenzten und unbestimmten Situation. Die Aktion ist unreduzierbar; [...] auf keinen Fall kann man sie auf diese Regeln zurückführen, ja nicht einmal von ihnen her verstehen, wenn man nicht gleichzeitig die Gesamtheit des Feldes sehen kann. Der Charakter jener besonderen Handlung ist also widersprüchlich.« (Ebd., 486f.)

Jeder Spieler hat eine Spielhandlung zu erfinden, die regelgerecht sein muß, aber durch die Regeln und die Funktion *in* der Mannschaft nicht hinreichend definiert ist. Es ist geradezu unausweichlich, über die engen Grenzen der Funktion hinauszugehen, wenn die jeweilige Aufgabe erfüllt werden soll.

> »Jener zum Beispiel ist *ein guter Tormann*: er *ist es*, weil er mehrfach seine Mannschaft durch individuelle Handlungen, das heißt durch eine Überschreitung seiner Machtbefugnisse in einer schöpferischen Praktik gerettet hat [...]; das Individuum überschreitet sein gemeinsames Sein um es zu verwirklichen.« (Ebd., 490)[4]

Denn der Sinn dieser Handlung, d. h. jener Parade oder dieses Passes, läßt sich erst aus dem Bezug auf das Ganze der Mannschaft und den Kontext des Spiels bzw. eines Spielzugs ablesen. Genau genommen gewinnt eine solche Handlung erst nachträglich ihren Sinn, wenn man weiß, welche Spieler den Ball wie aufgenommen haben und welchen Hindernissen sie dabei zu begegnen hatten. Der widersprüchliche Charakter des individuellen Handelns im Mannschaftssport löst sich auf (d. h. sie muß nicht – wie Sartre

---

[4] Jenseits dieser situationsangemessenen *schöpferischen Praktik*, die aus einem bekannten Repertoire schöpft, wären jene von Gilles Deleuze so genannten *schöpferischen Spieler* zu unterscheiden, die das Spiel als ganzes um Möglichkeiten erweitern, die die üblichen Spielpraktiken bis zu dieser Erfindung nicht vorgesehen hatten. Deleuze macht diese etwa für das Tennis an Spielern wie J. McEnroe und B. Borg fest (vgl. Deleuze 2009, Stichwort ›Tennis‹).

in einer uns heute fremden Terminologie sagt – als *Entfremdung* angesehen werden), wenn man dieses Handeln nicht mehr individualistisch reduziert. »Meine Aktion entwickelt sich auf Grund einer *gemeinsamen Macht* auf ein *gemeinsames Ziel* hin.« (Ebd., 487) Die gemeinsame Macht aktualisiert sich zwar im individuellen Handeln, doch dieses erscheint nur als sinnvoll im Lichte des gemeinsamen Ziels. Gut dialektisch gesprochen, nennt Sartre die individuelle Praxis daher eine »*Vermittlung, die sich ausschaltet*« (ebd.).

Wenn man nun, wie Sartre es tut, diesen Vermittlungszusammenhang den »Mannschaftsgeist« (ebd., 489) nennt, so nähern wir uns der Frage nach dem sozialen Kitt, den der Sport bereitzustellen vermag. Damit wird der Handlungs- und Auslegungshorizont der Sportgruppe objektiviert (und gewissermaßen entdynamisiert). »Handeln und Verstehen sind ein und dasselbe. Indem ich mein Ziel verstehe, verstehe ich auch das des Anderen, und ich verstehe sie alle beide – und die aller Anderen – vom gemeinsamen Ziel her.« (Ebd., 495) Teamgeist ist der Name für diesen totalisierenden Zusammenhang (statt ein ideologischer Name zur Förderung des Absatzes eines Spielballs zur Fußball-WM). Meine Beziehung zu den Muskeln eines Teammitglieds gestaltet sich dann – so Sartre – nicht so, daß ich ihren Träger als einen stärkeren Menschen als mich selbst ansehe, sondern als eine »praktische Verstärkung unserer gemeinsamen Verteidigung« (ebd.). Der Mannschaftsgeist prägt also nicht nur die Sinngebung für das je individuelle Handeln, sondern auch noch Wahrnehmung und lebensweltliches Verstehen. Der Muskelmann *ist* ein anderer je nachdem, für welche Mannschaft er aufläuft.[5]

Will man diese kursorische Rekonstruktion für eine hilfreiche semantische Analyse des Mannschaftssports ansehen, so stellt sich die Frage, ob man das soziale Band, das Sartre hier in Anschlag bringt, Kameradschaft, Brüderlichkeit oder Solidarität nennen soll. Es scheint doch von dem mit all diesen Ausdrücken Bezeichneten allzu weit entfernt. Ich würde diese Frage verneinen. Zwar ließe

---

[5] Damit rückt die Bedeutung von Sartres eingangs erwähnter Bemerkung, das Fußballspiel verkompliziere sich durch die Anwesenheit des Gegners, wieder in den Blick. Denn trivialerweise gibt es Wettkampf nur unter Bedingungen der Konkurrenz. Jeder solidarische Zirkel wählt Anschlußmöglichkeiten gemäß der Unterscheidung zwischen *wir* und *sie* aus und macht Solidarität dadurch per se partikular. Diese Grundbestimmung der inneren Funktionalität der Solidarität ist auch für jede politische Solidarität (gegen Menschheitsverbrüderungsabsichten) in Anschlag zu bringen. Ich komme abschließend darauf zurück.

sich, wenn wir uns weiter für Sartre interessieren wollten, hinzufügen, daß er sehr wohl der Ansicht ist, es handele sich dabei um ein »Brüderlichkeitsverhältnis« (Sartre 1960, 495). Doch zum einen wären die Voraussetzungen dieses Begriffs der Brüderlichkeit zu klären; zum anderen analogisiert Sartre die Fußballmannschaft stets mit dem bewaffneten Rebellenkommando. Die beiden fragwürdigen Aspekte zu diskutieren, würde hier zu weit führen. – Ich will daher nur einen eingeschränkten Gebrauch von Sartres Theorie machen, und verstehe sie als den Versuch des Nachweises, daß Mannschaftssport Solidarität (in einem weiten Sinne) erzeugt, ohne sie normativ zu begründen.[6] In Sartres resümierendem Satz: »Die Freiheit als gemeinsame Praxis hat also zunächst das [...] Sozialitätsband erfunden« (Sartre 1960, 495), greift der Terminus »Sozialitätsband« (*lien social*) den Gedanken Durkheims auf, daß wir das *lien social* als *organische Solidarität* verstehen sollen. *Solidarität* ist dann aber nicht eine moralisch geforderte Norm, sondern die Beschreibung einer sozialen Praxisform. Man kann, so könnte man pointiert sagen, Mannschaftssport nicht anders als solidarisch betreiben. Was keineswegs besagt, daß man im Sport oder gar jenseits des Sports überhaupt solidarisch sein *soll*.

III. Analogie und Auseinandertreten von Sport und Gesellschaft

Solidarität läßt sich – so das vorläufige Ergebnis der Überlegungen – auf der Basis individualethischer Prinzipien nicht begründen. Wir sollen *zusammen füreinander* einstehen, nicht wechselseitig als Einzelne, sondern einer für alle und alle für einen. Tritt man vom Einzelnen an die Begründungsaufgabe heran, läßt sich nicht klären, warum diese, seine Freiheiten überformenden Pflichten übernommen werden sollten; beginnt man umgekehrt bei der Einheit einer Gemeinschaft, endet man in fragwürdigen Substantialisierungen. Ein erfolgversprechender Begründungsversuch hätte also die Aufgabe, das subjektivistische Vorurteil hinter sich zu lassen und müßte in einer Art kollektiver Subjektivität gründen. Sollen damit aber nicht naturwüchsige Gemeinschaften unterstellt werden, die das

---

[6] Aus dieser Funktionalisierung von Sartres Theorie der Gruppe und der kritischen Diskussion von Schelers Deutung der Solidarität ergibt sich eine Nähe zu sportphilosophischen Ansätzen, die – mit anderem theoretischen Rüstzeug – sich gegen eine wertethische Indienstnahme des Sports wehren, weil sie dessen ideologische Verwertung wittern (vgl. Franke 1999).

Individuum und seine Freiheiten in Dienst nehmen, müßte man von vornherein von einem Begriff *kollektiven Handelns* ausgehen. Auch hier wird man darauf achten müssen, nicht von einem subjektivistischen Vorurteil auszugehen, das stets verhindert, überhaupt bei Begriffen des Gruppenhandelns anzukommen. Man wird kollektives Handeln wohl als einen Zusammenhang verstehen müssen, aus dem die Subjekte emergent hervorgehen, statt ihm voranzugehen.[7] Dazu stehen (insbes. hinsichtlich sportlicher Praxen) zahlreiche Vorschläge im Raum, die an verschiedene Praxistheorien, eine Phänomenologie geteilter Leiblichkeit oder an zeitgenössische Theorien des Performativen anschließen (Alkemeyer 2008; Gugutzer 2004; Schürmann 2010, 2011; Seel 1993; Gumbrecht 2005; vgl. dazu Bedorf 2007a). Exemplarisch habe ich hierfür Sartres Gruppentheorie ausgewählt. Hier verwirklicht sich – wie gesehen – die *gemeinsame Macht* auf ein *gemeinsames Ziel* hin.

Verzichtet man – notgedrungen – auf moralische Begründungen dafür, warum wir solidarisch sein sollten, so stellt sich die Frage, was uns überhaupt noch dazu motivieren sollte, uns solidarisch zu verhalten. Eine Alternative könnte darin bestehen, Solidarität nicht länger als ein Begründungsproblem zu behandeln, sondern als Produkt einer gemeinschaftlichen Praxis, in der ein *Wir* (temporär und kontingent) sich auf ein gemeinsames Ziel verpflichtet, dessen Instrument die Verbindlichkeit stiftende Solidarität ist. Um dieses Ziel verfolgen zu können, müssen Einzelinteressen hintan stehen, müssen Kontrolle und Zwänge nach innen in Kauf genommen werden. Der gewöhnliche Nutzenmaximierer kann nicht solidarisch sein.

Aber hatte ich nicht eingangs gesagt, daß Eigeninteresse als motivationaler Hintergrund der Solidarität ausscheidet? Wie soll nun das übereinkommen mit einem Begriff der Solidarität, der Interessen bündelt, kollektive zwar, aber doch Interessen? Solidarität als *kontingente kollektive Praxis* zu verstehen, würde bedeuten, daß, indem wir diese Interessen als die unsrigen setzen, wir erst zu denjenigen werden, die wir noch nicht sind. Solidarität hätte, in

---

[7] Man könnte hinzufügen – was weiterzuverfolgen hier nicht der Ort ist –, daß diese Emergenz der Subjekte die sozial*philosophische* Seite des Prozesses des Solidarisch-Werdens ist; ihr entspricht die sozial*psychologische*, derzufolge sich Individuen im wiederholten solidarischen Einsatz in ihren normativen Überzeugungen, Argumentationsmustern, politischen Mitteln und ihrem Charakter verändern werden – also auch auf dieser Ebene nicht die bleiben, die sie einmal waren (vgl. Kolers 2011, 15).

dieser Perspektive, Entwurfscharakter, um es in der Terminologie Heideggers zu sagen. In einem solchen Verständnis solidarischer Praxis schließen sich weder vereinzelte Personen instrumentell zu einem schlagkräftigen Verband zusammen, um ihre (vorab bestehenden) Einzelinteressen zu fördern, noch nimmt eine naturwüchsige Gemeinschaft ihre Mitglieder herrisch in Dienst, sondern Gemeinschaft und Subjekte konstituieren sich in der Praxis wechselseitig.

Wollte man am Solidaritätsbegriff festhalten, müßte das Problem gelöst werden, wie die Legitimität von Hilfs- und Beistandsforderungen und -erwartungen sichergestellt werden kann. Wir können dafür strukturell den Begriff einer kämpferischen Solidarität aufgreifen, wie sie sich in der Arbeiterbewegung des 19. Jahrhunderts entfaltet hat. Sie hat zwei Seiten: Sie weist *nach innen* als Bezug auf ein gemeinsames Ziel, indem die »Solidarität der Interessen« (Lassalle, zit. nach Wildt 1996, 1007) von gemeinsamen Interessen ausgeht (d. h. die gemeinsame Klassenlage). Insofern es sich dabei um partikulare, gruppenbezogene Ziele handelt (im Sinne des Marxismus: zumindest vorläufig), geht das nicht ohne Widerstände anderer ab. Daher grenzt sie außerdem *nach außen* ab gegen Andere. Andere sind in diesem Fall andere Kollektive, Gruppen oder eben Klassen.

Das wäre die *deskriptive* Seite. Zwar hat der Marxismus keine normative Theorie der Solidarität entwickelt. Dennoch läßt sich diese Zweipoligkeit auch *normativ* aufschlüsseln. *Nach innen* verpflichtet die Solidarität auf gemeinsame Werte oder politische Ziele und schafft so eine Kontrollfunktion hinsichtlich der Mitglieder des Kollektivs. Unsolidarisches Handeln wird als Abweichung bestraft, von bloßer Mißbilligung über den Parteiausschluß bis zum Todesurteil. So wird schließlich Solidarität »tendenziell gleichbedeutend mit Disziplin« (Wildt 1996, 1007), ein Kampfbegriff der Arbeiterbewegung, der zusammenschmieden soll, was im Kampf nicht auseinanderlaufen darf. Der *mobilisierende Gesinnungsbegriff* der Brüderlichkeit wandelt sich so im Übergang zum *Disziplinierungsbegriff* der Solidarität zu einem Instrument der Verwirklichung politischer Ziele, die Einheit verlangen, wo Zerstreuung droht.[8] *Nach außen*

---

[8] Georg Simmel zeigt anhand der Solidarität mit den Armen in der öffentlichen Wohlfahrtspflege, daß dies auch für Gesellschaften gilt, die nicht auf eine Nivellierung der differenzierten Statuspositionen gehen. Solidarität dient hier gerade dazu, »gewisse extreme Erscheinungen der sozialen Differenziertheit so weit abzumildern, daß jene Struktur weiter auf

erzeugt die Solidarität eine normative Hegemonie, die es erlaubt, sich auf der richtigen Seite der Geschichte zu wähnen und den politischen Gegner identifizieren zu können.

Charakteristisch ist für diese Form der politisch begründeten Solidarität die Ausrichtung auf ein gemeinsames Ziel, wodurch sie instrumentell in den Dienst einer Sache gestellt wird. Dabei wird man zwei Ebenen unterscheiden müssen. Denn auf der Ebene der *Handlungsträger* kommt die Instrumentalität nur eingeschränkt zum Tragen. Jeder Akteur wird damit rechnen müssen, daß solidarisches Handeln nicht ohne weiteres seine individuellen Ziele verwirklichen hilft. Im Gegenteil bringt es Kosten mit sich, weil der Akteur auch gegen seine eigenen Interessen wird handeln müssen. Ja, aufgrund des Zwangscharakters der Solidarität wird er sich genötigt sehen, Einschränkungen seiner Freiheit hinzunehmen, die sich mit rationaler Interessenverfolgung nicht in Einklang bringen lassen. Auf der Ebene des *Kollektivs* jedoch hat die Solidarität die instrumentelle Funktion, nicht individuelle, sondern eben gemeinsame Ziele zu verwirklichen. Ob sich die individuellen Interessen mit den präsumtiven, kollektiven stets in Kongruenz bringen lassen, ist in dieser Tradition immer strittig gewesen. Man wird davon ausgehen dürfen, daß der dauerhafte Verpflichtungs- und Bindungscharakter der Solidarität sich minimal zumindest den nur »incompletely shared interests« der Einzelsubjekte verdankt (Kolers 2011, 14).

Der Partikularismus – so wird man resümieren können – ist ein Kennzeichen *aller* Solidaritäts-Formen. Ausdehnungen in eine internationale Solidarität oder eine universale Brüderlichkeit (Menschheitsverbrüderung) haben sich stets als empirisch brüchig (mangelnde Bindungskraft) und theoretisch unhaltbar erwiesen. Man kann dies in den Worten Richard Rortys auch lakonisch als Motivationsproblem formulieren: »Das kommt daher, daß die Begründung ›weil er ein Mensch ist‹ eine schwache, nicht überzeugende Begründung für eine großzügige Handlung liefert.« (Rorty 1989, 308) Und doch blendet die politische Solidarität den universalistischen Zug keineswegs aus. Georg Lukács hat dies wie folgt ausgedrückt: »Jene Solidarität, die von den größten Denkern der Bourgeoisie als ein unerreichbares Ideal der Gesellschaft propagiert worden war, ist als Wirklichkeit im Klassenbewußtsein, in den Klasseninteressen des Proletariats lebendig vorhanden. Die weltge-

---

dieser ruhen kann« (Simmel 1907, 518). Es geht also um die Kohäsion des Ganzen, weniger um eine angestrebte Gleichheit.

schichtliche Berufung des Proletariats offenbart sich eben darin, daß die Erfüllung seiner Klasseninteressen die gesellschaftliche Erlösung der Menschheit mit sich bringt.« (Lukács 1968, 91)

Wir haben keine Möglichkeit (und vermutlich auch keine Neigung) an Vokabular und Gehalt der sozialistischen Erlösungsphantasie anzuschließen. Doch der normative Überschuß bleibt als struktureller Rest dem Solidaritätsbegriff erhalten. Dann wäre es womöglich einen Versuch wert, Solidarität als ein Set *universaler Normen in partikularem Gebrauch* zu formulieren: Sie ist zugleich ein Vorgriff auf andere Verhältnisse, indem sie hier und jetzt mit dem Motiv des *Wie-es-wäre-wenn* spielt. Im erwähnten Lukács-Zitat hieß es, daß die solidarische Erfüllung der proletarischen Klasseninteressen »die gesellschaftliche Erlösung der Menschheit mit sich bringt.« Wäre Solidarität bloß ein politisches Instrument *für uns*, so ließe sie sich von einer partikulären Gleichschaltung nicht unterscheiden. Sie weist aber über die Partikularität hinaus, indem sie unterstellt, daß das solidarische Einstehen für einander für mehr als nur für die Mitglieder der Gruppe gelten *können* muß. Daraus läßt sich ein Kriterium gewinnen, wie sich solidarische Praxen von bloßen Interessengemeinschaften unterscheiden lassen.

Ein solcher Begriff von Solidarität teilt mit dem Liberalismus die Überzeugung, daß es eine allumfassende *Bürger-* oder gar *Menschheits*-Solidarität nicht geben kann. Sie wäre bloß leerer Appell. Ohne die Einschränkung auf die Partikularität eines kontingenten Kollektivs verlöre sie ihren Gehalt. Und zugleich wird damit weder der Substantialismus einer vermeintlich natürlichen Brüderlichkeit[9] oder eines gemeinsamen Gefühls noch die Nutzlosigkeit aller Suche nach gemeinsamen Banden vertreten, die der liberale Ausgangspunkt bei der Rechtsperson nahelegt. Solidarität muß man weder naturalistisch letztbegründen, noch liberalistisch zur Ideologie erklären, wenn man sie als eine kontingente kollektive Praxis begreift.

Damit scheint sich aber – wenn man abschließend den Blick auf das Verhältnis von Sport und Zivilgesellschaft zurückwendet – sowohl eine Analogie als auch einen Bruch zwischen beiden sozialen Feldern aufzutun. Die Analogie besteht in der funktionalen Verwiesenheit aufeinander in Mannschaftssportarten; sie endet dort, wo

---

[9] Für eine Fassung des Brüderlichkeitsbegriffs, der diesen Gefahren entgeht, vgl. Bedorf 2005.

die Motivation zum Gemeinsamen in Frage steht.[10] Sowohl Mannschaftssportarten als auch Formen sozialer Solidarität lassen sich aus der Perspektive einer Handlungstheorie individualisierter Subjekte nicht verstehen, ja genau genommen, nicht einmal beschreiben (ähnlich Kolers 2011). Wo elf Nutzenmaximierer mit je individuellen Handlungsplänen auf dem Platz stehen, wird kein Spiel zu Stande kommen (was nicht heißt, daß sie elf Freunde sein müssen).

Von Sartre konnten wir lernen, wie sich die Freiheit nur aus einer gemeinsamen Praxis her in ihren Möglichkeiten und Grenzen bestimmt. Das gilt analog von partikularen Formen der Solidarität. Doch treten Sport und gesellschaftliche Solidarität dort auseinander, wo es um die Gründe für das Gemeinsam-Füreinander geht. Im Sport bedarf es dafür keines zusätzlichen normativen Impulses. Denn das Spiel selbst erfordert funktional eine gemeinsame Praxis. Das ist der Grund dafür, warum aus einer Ansammlung von *Galaktischen* nicht ohne Weiteres eine *galaktische Mannschaft* wird. Im Raum des Politischen hingegen *schafft* Solidarität erst ein politisches Kollektiv, das handlungsfähig wird, insofern es aus einer Praxis der Solidarität hervorgeht. Diese Gruppe, die aus einer kontingenten kollektiven Praxis hervorgebracht wird, gibt es außerhalb dieser Praxis nicht. Politische Kollektivsubjekte sind eine *bodenlose* Praxisform (Bedorf 2007). Insofern ein *Wir* sich *als* Arbeiter, *als* Prekariat, *als* Frauen, *als* demokratisches Subjekt auf dem Kairoer Tahrir-Platz, oder was der fragilen politischen Subjekte mehr sein mögen, versteht, gibt ein politisches Ziel dem Kollektiv eine Orientierung und verpflichtet es zu einer begrenzten, internen Solidarität. Ohne das jeweilige normative Ziel wäre Solidarität weder notwendig, noch möglich. Im Unterschied zu den Taktiken des Sports wäre die Politik als ein Ort strategischer Kollektivierung aufzufassen (Bedorf 2011a).

Der Sport hingegen muß diese, die Gruppen transzendierenden Ziele nicht erst setzen, sie sind ihm immanent. Die *fungierende* Solidarität in einer Mannschaft ist das funktionale Erfordernis des immanenten Ziels des Gewinnen-wollens. Ziel und Zweck *strategischer* Solidarität sind hingegen kontingent und Gegenstand der Auseinandersetzung im öffentlichen Raum. Sport ist eine gemein-

---

[10] Das Resultat dieser Überlegungen widerspricht damit der Auffassung einer weitergehenden Analogie von Sport und Gesellschaft, etwa in dem Sinne, daß die Ethik im Sport dieselbe sei »wie anderswo« (Mieth 1997, 183).

same Praxis mit einem gemeinsamen Ziel, das Politische hingegen ist eine gemeinsame Praxis mit einem gemeinsamen Ziel – unter der Bedingung aber, daß das Ziel selbst kontrovers ist.

Literatur

Adorno, Th. W. (1966). Negative Dialektik (Gesammelte Werke, Bd. 6). Frankfurt a.M.: Suhrkamp 1997.

Alkemeyer, Th. (2008). Sport als soziale Praxis. In K. Weis. & R. Gugutzer (Hrsg.), Handbuch Sportsoziologie (S. 220-229). Schorndorf: Hofmann.

Bayertz, K. (1998). Begriff und Problem der Solidarität. In K. Bayertz (Hrsg.), Solidarität. Begriff und Problem (S. 11-53). Frankfurt a.M.: Suhrkamp.

Bedorf, Th. (2005). Andro-fraternozentrismus – Von der Brüderlichkeit zur Solidarität und zurück. In Th. Bedorf. & A. Cremonini (Hrsg.), Verfehlte Begegnung. Levinas und Sartre als philosophische Zeitgenossen (S. 223-257). München: Fink.

Bedorf, Th. (2007). Bodenlos. Der Kampf um den Sinn im Politischen. *Deutsche Zeitschrift für Philosophie* 55, 689-715.

Bedorf, Th. (2007a). Rez. zu H.-U. Gumbrecht, Lob des Sports. *Leipziger Sportwissenschaftliche Beiträge* 48 (1), 164-168.

Bedorf, Th. (2011). Politik, Recht oder Moral? Zur Frage nach der Begründung von Solidarität. In H. Busche (Hrsg.), Solidarität. Ein Prinzip des Rechts und der Ethik (S. 107-125). Würzburg: Königshausen & Neumann.

Bedorf, Th. (2011a). Gabe, Verkennung und provisorische Strategien. In A. Hetzel, D. Quadflieg & H. Salaverría (Hrsg.), Alterität und Anerkennung (S. 63-75). Baden-Baden: Nomos.

Deleuze, G. (2009). Abecedaire – Gilles Deleuze von A-Z. DVD. Berlin: absolut Medien.

Franke, E. (1999). Gerechtigkeit und Fair play – oder wie der Wettkampfsport zum Modell wird. In R. Mokrosch & A. Regenbogen (Hrsg.), Was heißt Gerechtigkeit? Ethische Perspektiven zur Erziehung, Politik und Religion (S. 196-214). Donauwörth: Auer.

Grüny, Chr. (2012). Soma und Sensorium. Dimensionen des Körpers bei Adorno. In E. Alloa et al. (Hrsg.), Leiblichkeit. Begriff, Geschichte und Aktualität eines Konzepts (S. 245-259). Tübingen: Mohr Siebeck.

Gugutzer, R. (2004). Soziologie des Körpers. Bielefeld: transcript.

Gumbrecht, H.-U. (2005). Lob des Sports. Frankfurt a.M.: Suhrkamp.

Kant, I. (1785). Grundlegung zur Metaphysik der Sitten. In I. Kant, Gesammelte Schriften. Hg. von d. Preußischen Akademie der Wissenschaften. Bd. IV. Berlin: Reimer 1903.

Kolers, A. H. (2011). Dynamics of solidarity. *The journal of political philosophy*. Onl.-Vorab-Publ.: DOI: 10.1111/j.1467-9760.2010.00391.x

Kühne, Th. (2006). Kameradschaft. Die Soldaten des nationalsozialistischen Krieges und das 20. Jahrhundert. Göttingen: Vandenhoeck & Ruprecht.

Lukács, G. (1968). Die Rolle der Moral in der kommunistischen Produktion. In G. Lukács, Werke, Bd. 2 (S. 90-94). Neuwied, Berlin: Luchterhand.

Menke, Chr. (2004). Spiegelungen der Gleichheit. Politische Philosophie nach Adorno und Derrida. Frankfurt a.M.: Suhrkamp.

Mieth. D. (1997). Jenseits aller Moral – Ersatzreligion Sport. *Sportwissenschaft* 27, 180-185.

Mill, J. St. (1863). Der Utilitarismus. Stuttgart: Reclam 1976.

Renaud, H. (1842). Solidarité. Vue synthétique sur la doctrine de Ch. Fourier. Paris: Dupont [7]1898.

Röttgers, K. (2011). Fraternité und Solidarität in politischer Theorie und Praxis – Begriffsgeschichtliche Beobachtungen. In H. Busche (Hrsg.), Solidarität. Ein Prinzip des Rechts und der Ethik (S. 19-53). Würzburg: Königshausen & Neumann.

Rorty, R. (1989). Kontingenz, Ironie und Solidarität. Frankfurt a.M.: Suhrkamp [2]1993.

Sartre, J.-P. (1960). Kritik der dialektischen Vernunft, I. Band: Theorie der gesellschaftlichen Praxis. Übers. v. Tr. König. Reinbek: Rowohlt 1980.

Scheler, M. (1913). Der Formalismus in der Ethik und die materiale Wertethik. In M. Scheler, Gesammelte Werke, Bd. 2. Bern: Francke 1966.

Schürmann, V. (2010). Bewegungsvollzüge verstehen. Bausteine einer Hermeneutik des Sports. *Zeitschrift für Kulturphilosophie* 4, 55-64.

Schürmann, V. (2011). Sportwissenschaftlich gebildete Sportphilosophie. Ein Plädoyer. *Philosophische Rundschau* 58, 203-225.

Seel, M. (1993). Die Zelebration des Unvermögens. Aspekte einer Ästhetik des Sports. In M. Seel, Ethisch-ästhetische Studien (S. 188-200). Frankfurt a.M.: Suhrkamp 1996.

Simmel, G. (1907). Soziologie. Untersuchungen über die Formen der Vergesellschaftung (Gesamtausgabe, Bd. 11). Hg. von O. Rammstedt. Frankfurt a.M.: Suhrkamp [2]1995.

Steinbüchel, Th. (1921). Der Sozialismus als sittliche Idee. Ein Beitrag zur christlichen Sozialethik. Düsseldorf: L. Schwann.

Wildt, A. (1996). ›Solidarität‹. In J. Ritter & K. Gründer (Hrsg.), Historisches Wörterbuch der Philosophie, Bd. 9 (Sp. 1004-1115). Darmstadt: WBG.

Wildt, A. (1998). Solidarität – Begriffsgeschichte und Definition heute. In K. Bayertz (Hrsg.), Solidarität. Begriff und Problem (S. 202-216). Frankfurt a.M.: Suhrkamp.

Leistungssport und Zivilgesellschaft in Deutschland.
Grundsätzliche Fragen und aktuelle Probleme

Robert Prohl

Im Unterschied zu einer totalitären Gesellschaftsform zeichnet sich *Zivilgesellschaft* durch *Öffentlichkeit* aus, die eine Trennung zwischen staatlichem, wirtschaftlichem und privatem Sektor gewährleisten soll. Diese *Öffentlichkeit* dient als Schutz des Bürgers vor nicht legitimierten Übergriffen des Staates bzw. seiner Auslieferung an die Gesetze des Marktes. Sie wird durch vielfältige Formen der Selbstorganisation und Selbstverwaltung (Vereine, Stiftungen, soziale Bewegungen usw.) gestaltet, die auch für die gesamtgesellschaftliche Entwicklung Verantwortung übernehmen (vgl. bereits de Tocqueville 1835/1840; aktuell Adloff 2005 sowie Krüger in diesem Band). In der Bundesrepublik Deutschland soll der autonome Sport ein solcher subsidiär organisierter, öffentlicher Bereich der Zivilgesellschaft sein. Insbesondere der Breitensport als sog. *Dritter Sektor* gilt in Deutschland als bedeutender Bereich aktiven bürgerschaftlichen Engagements, in den hohe gesellschaftspolitische, insbesondere sozialintegrative Erwartungen gesetzt werden (vgl. Braun 2003).

Einleitung

Das Feld des Leistungssports, und hier insbesondere des sog. »Spitzensports«[1], ist hinsichtlich seiner zivilgesellschaftlichen Funktion bisher vergleichsweise unreflektiert geblieben. Die wenigen vorliegenden sozialwissenschaftlichen Analysen – z.B. im Kontext der *Eliteschulen des Sports* – haben allerdings zu ungewöhnlich heftigen Kontroversen geführt (vgl. Prohl & Emrich 2009, Hummel & Brand 2010). Diese Empfindlichkeit legt die These nahe, dass es sich dabei um die Spitze eines ›Eisberges‹ handelt, in den nicht nur

---

[1] Da in den Sportorganisationen durchgängig der Begriff *Leistungssport* Verwendung findet, wird im Folgenden nicht eigens zwischen *Leistungs-* und *Spitzensport* unterschieden, sondern durchgängig der Begriff *Leistungssport* gebraucht (zur Differenzierung s. Emrich 2003, 491f.).

divergierende Sportverständnisse, sondern weitergehend auch divergierende Gesellschaftsmodelle eingeschmolzen sind, die gerade mit Blick auf das Thema *Zivilgesellschaft* eine besondere Brisanz aufweisen (vgl. dazu Prohl 2011).

So könnte bereits die Beobachtung zum Nachdenken anregen, dass der Leistungssport in Deutschland unter totalitären Staatsformen, also sowohl im Nationalsozialismus als auch in der DDR, besondere (staatliche) Zuwendung genoss und dauerhaft großzügig gefördert wurde. Die Gründe hierfür sind historisch belegt (z.B. Balbier 2006) und bis heute international präsent (China, Nord-Korea): Es ging und geht zum einen um nationale Repräsentation durch (siegreiche) Leistungssportler und zum anderen um den symbolischen Nachweis der Überlegenheit einer Gesellschaftsform/Ideologie durch sportliche Erfolge, meistens in Form von »Medaillen« (vgl. bereits Heinilä 1982).

Liegen die Bedeutung und Funktion des Leistungssports in totalitären Gesellschaftsformen auf der Hand, so ist das Verhältnis zwischen Leistungssport und Zivilgesellschaft, wie erwähnt, weitgehend ungeklärt. Dieses brisante Problemfeld soll im vorliegenden Beitrag aufgegriffen und in drei Schritten auf die Fragen gemünzt werden, welche Merkmale einen zivilgesellschaftlichen Leistungssport kennzeichnen und welchen zivilgesellschaftlichen Status der Leistungssport in Deutschland innehat.[2]

Dazu wird im ersten Schritt (1) die Bedeutung oder besser: werden die Bedeutungen des Begriffs *Zivilgesellschaft* erörtert, um Kriterien für zivilgesellschaftliche Prinzipien zu gewinnen, an denen im zweiten Schritt (2) die Praxen des Gesellschafts- und Öffentlichkeitsbereichs *Leistungssport* gemessen werden können. Dem schließt sich im dritten Schritt (3) eine kritische Reflexion aktueller Entwicklungen des Leistungssports seit der Wiedervereinigung Deutschlands an. Eine provokant gehaltene abschließende Einschätzung (4) wirft offene Fragen auf, die über den vorliegenden

---

[2] Es werden allein die Verhältnisse in Deutschland in den Blick genommen, weil sie zum einen unter forschungspragmatischen Gesichtspunkten durch Dokumente gut belegbar sind, und zum anderen das Zusammenschmelzen der Sportsysteme der DDR und der BRD seit der Wiedervereinigung die zivilgesellschaftlichen Reibungspunkte des Leistungssports ggf. deutlicher hervortreten lässt als dies in anderen Staaten der Fall ist.

Beitrag hinausweisen und zumindest in der Sportwissenschaft[3] eine möglichst (fach-)öffentliche Diskussion der zivilgesellschaftlichen Bedeutung des Leistungs- bzw. Spitzensports in Deutschland initiieren sollen.

1 Bedeutung(en) von Zivilgesellschaft

Obwohl seit geraumer Zeit in aller Munde, ist der Begriff der *Zivilgesellschaft* keineswegs so eindeutig bestimmt, wie es vielerorts den Anschein erweckt (vgl. Colas 2004, 25). Dies macht ihn für die öffentliche Diskussion vermutlich so attraktiv, für den wissenschaftlichen Gebrauch allerdings ambivalent. Aus diesem Grund sind zunächst analytische Vorarbeiten zu leisten, wobei in erster Näherung zwei ideengeschichtliche Entwicklungslinien zurückverfolgt werden können (vgl. Adloff 2005 im Anschluss an Taylor 1991):

- Der sog. L-Strang geht auf John Locke (1690) zurück und markiert die vorrangig ökonomische Sphäre einer vorpolitischen Öffentlichkeit, die sich selbst organisiert und ihren eigenen (Markt-)Gesetzen folgt. Der L-Strang bietet somit die Grundlage für die kapitalistische Wirtschaftsform, die den Bürger als *bourgeois* hervorbringt. In diese Entwicklungslinie wird auch der *Gesellschaftsvertrag* von Jean Jacques Rousseau (1762) eingeordnet, wonach »der Staat [...] im angenommenen Gemeinwillen der Gesellschaft (verschwindet)« (Adloff 2005, 29).
- Der sog. M-Strang wird auf Montesquieu (1748) zurückgeführt. Hier wird *Zivilgesellschaft* als intermediäre Sphäre zwischen Staat und Bürger verstanden, in der partikuläre Interessen gebündelt und ausgehandelt werden können. Die daraus resultierende Öffentlichkeit wird nicht nur ökonomisch definiert, sondern auch und vor allem »als eine vermittelnde Sphäre von großer politischer Bedeutung angelegt, soll sie doch den absolutistischen Herrscher daran hindern, despotisch zu regieren« (Adloff 2005, 26). Auf diese Weise sollte den zentralistischen Tendenzen der Monarchie des *ancien régime* in Frankreich entgegengewirkt und der *citoyen* ins Leben gerufen werden.

Diese Linie wurde später von Alexis de Tocqueville (1835/40) aufgegriffen und im modernen Sinne einer Zivilgesellschaft fortgeführt

---

[3] Wie w.u. in Abschnitt 3 zu zeigen sein wird, ist in absehbarer Zeit nicht zu erwarten, dass politische Entscheidungsträger bzw. Sportorganisationen in Deutschland eine solche Diskussion konstruktiv führen werden.

(vgl. Arenhövel 2000, 59). Tocqueville erkannte in den bürgerschaftlichen Assoziationen wie z. B. Vereinen und Verbänden das (zivil)gesellschaftliche Rückgrat der jungen und damit noch überschaubaren amerikanischen Demokratie im 19. Jahrhundert. In gänzlich anderem, revolutionären Kontext gelangte Gramsci zu Beginn des 20. Jahrhunderts in Europa zu einer vergleichbaren Einschätzung, indem er die Stabilität des westlichen Kapitalismus gegenüber gesellschaftlichen (kommunistischen) Umstürzen darauf zurückführte, »dass er nicht nur eine ökonomische, sondern auch eine kulturelle Hegemonie innehatte« (Adloff 2005, 41). Die Auseinandersetzung um die kulturelle Vorherrschaft wird nach Gramsci auf dem Boden der Zivilgesellschaft, also wesentlich auch im Rahmen nicht-staatlicher Organisationen, ausgetragen.

Während Gramsci den Begriff der *Zivilgesellschaft* als Stabilitätsfaktor der Demokratie (und des Kapitalismus) deskriptiv zur Beschreibung bestehender gesellschaftlicher Verhältnisse verwendete, betonte Dewey (1927) in normativer Absicht die Bedeutung der (zivil)gesellschaftlichen Öffentlichkeit für das Funktionieren einer Demokratie. Dabei ist die Öffentlichkeit das Medium der gemeinsamen und demokratischen Suche nach interaktiven Problemlösungen.[4] Öffentlichkeit entsteht nach Dewey immer dann, wenn Interaktionen zwischen mindestens zwei Partnern bzw. Parteien auch Auswirkungen auf unbeteiligte Dritte haben. Solche indirekten Handlungsfolgen sind also der Gegenstand der zivilgesellschaftlichen Kommunikation im Rahmen der *Great Community*. Diese Form des kommunikativen Problemlösens und der praxisorientierten kollektiven Folgenabschätzung solle verhindern, dass gegen die Interessen von unbeteiligten Dritten verstoßen bzw. Bürger für die Zwecke anderer (z.B. auch des Staates) instrumentalisiert werden.

In diesem Sinne ist auch der Öffentlichkeitsbegriff von Plessner (1924) zu verstehen. Das Anliegen dieser zivilgesellschaftlich anschlussfähigen Öffentlichkeit besteht im Kern darin, die Würde der Person gegen den Zugriff eines sozialen Radikalismus zu schützen, der nur Entweder-Oder-Alternativen kennt und nichts Drittes gestattet. Die jeweiligen Seiten einer Alternative werden dann als radikal bezeichnet, wenn sie de facto und de jure nur als sich gegenseitig ausschließend aufgefasst werden, ohne zu berücksichtigen, dass diese Seiten einander auch bedürfen und zum Wohl der Person auszumitteln sind.

---

[4] Ausführlich zu Dewey und Plessner siehe Krüger in diesem Band.

Die skizzierten Entwicklungslinien und Diskursstränge zusammenfassend, differenzieren Gosewinkel & Reichardt (2004) zwei aktuelle Bedeutungsdimensionen des Begriffs *Zivilgesellschaft*, die im Folgenden als analytische Folie für die Diskussion zivilgesellschaftlicher Merkmale des Leistungs- bzw. Spitzensports dienen sollen:
- Die gegenwärtig populärste Deutung folgt dem M-Strang und versteht *Zivilgesellschaft* als intermediären gesellschaftlichen Sektor zwischen dem familiär-privaten Bereich, der Wirtschaft und dem Staat,[5] der von Gosewinkel & Reichardt (2004, 1) als »räumliches Modell« der Zivilgesellschaft bezeichnet wird und somit einer sozialen *Bereichslogik* folgt. Darunter sind z.B. die diversen Non-Governmental und Non-Profit-Organisationen zu subsumieren, zu denen auch der organisierte Sport gehört.
- Davon abzugrenzen ist das Verständnis der *Zivilgesellschaft* als einer sozialen *Handlungslogik*, das an die Öffentlichkeitskonzepte von Dewey und Plessner anknüpft. Dabei soll ein zivilgesellschaftliches Menschenbild als Grundlage dienen, um moralische Werte wie Toleranz, Menschenwürde, Gewaltlosigkeit, Gemeinwohl und Legalität zu fördern. Damit wird auch eine Entwicklung der Gesellschaft insgesamt in Richtung zunehmender Humanisierung und Demokratisierung angestrebt.

In beiden Strömungen der Konzeptualisierung dominieren normative Grundannahmen, die in der Forderung nach *zivilen* Handlungsweisen bzw. moralischen Standards in zivilgesellschaftlichen Organisationen ihren Ausdruck finden. Insofern trägt der Begriff immer auch utopische Züge im Sinne einer idealen Gesellschaft: »Zivilgesellschaft in Reinform ist niemals identisch mit real existierenden Gesellschaften.« (Adloff 2005, 91) Aus diesem Grund ist es unter wissenschaftlichen Gesichtspunkten entscheidend, auch die deskriptive Bedeutung des Konzepts als gesellschaftliches Deutungsmuster in den Blick zu nehmen, um die historische Entwicklung und die Semantik ihrer aktuellen Erscheinungsformen zu analysieren.

Angesichts dieses utopischen Charakters wird *Zivilgesellschaft* dabei nicht als ein absolut zu verwirklichender Wertbegriff, sondern vielmehr als ein Richtungsbegriff aufgefasst, der als Bewertungsmaßstab für die Entwicklung des Leistungssports in Deutschland in zweierlei Hinsicht dient:

---

[5] Trotzdem hat sich der Begriff *3. Sektor* eingebürgert, obwohl es sich bei der *Zivilgesellschaft* eigentlich um einen *vierten Sektor* handelt.

- Unter einem *vergleichenden Aspekt* gesellschaftlicher Entwicklungen soll einerseits die Distanz zu totalitären Erscheinungsformen des Leistungssports markiert werden, wie sie bspw. in jüngerer Vergangenheit aus der DDR bekannt sind.
- Unter einem *analytischen Aspekt* sollen nicht-intendierte bzw. nicht (öffentlich) wahrgenommene Folgen gesellschaftlicher Handlungsweisen im Feld des Leistungssports aufgezeigt werden, die Rückschlüsse darüber zulassen, in welchem Ausmaß der individuelle Athlet für die Zwecke der Sportorganisation bzw. des Staates instrumentalisiert und somit in seiner Menschenwürde tangiert wird.

Dabei wird von folgender These ausgegangen: Je ausgeprägter die zivilgesellschaftlichen Merkmale, desto weniger totalitär bzw. instrumentalisierend ist die jeweilige Entwicklungsrichtung des Leistungssports (und vice versa). Unter dieser Prämisse werden im folgenden, zweiten Abschnitt solche Merkmale des Leistungssports herausgearbeitet, die mit dem Leitbild einer Zivilgesellschaft (in Abgrenzung zu einer totalitären Gesellschaftsform) verträglich sind.

2 Zivilgesellschaftlicher Leistungssport – Merkmale und Abgrenzungen

Der Image-Broschüre auf der Homepage des Deutschen Olympischen Sportbundes ist zu entnehmen, dass der Sport in Deutschland als gesellschaftlicher (*dritter*) Sektor zwischen Staat, Markt und Privatsphäre organisiert ist, der sich auf die Bereichslogik einer Zivilgesellschaft verpflichtet. Dort heißt es: »Der Deutsche Olympische Sportbund (DOSB), die regierungsunabhängige Dachorganisation des deutschen Sports wurde am 20. Mai 2006 gegründet durch Zusammenschluss des Deutschen Sportbundes und des Nationalen Olympischen Komitees für Deutschland. Der DOSB steht für Leistung, Gesundheit, Lebensfreude und Wertevermittlung«.

Die Regierungsunabhängigkeit soll durch die Merkmale der Eigenweltlichkeit des Sports und der Subsidiarität seiner Organisation gewährleistet werden. Diesem zivilgesellschaftlichen Selbstverständnis entsprechend ist die Handlungslogik an den Merkmalen der Freiwilligkeit und Selbstverpflichtung der Akteure (Ehrenamtlichkeit) einerseits und deren gesellschaftlicher Partizipation und Mündigkeit andererseits orientiert. Zusammengefasst versteht sich der organisierte Sport in Deutschland als ein zivilgesellschaftlicher Sektor, der dem Gemeinwohl und der individuellen Persönlichkeitsentwicklung dienen soll.

Bezogen auf den Kinder-, Jugend- und Breitensport werden diese zivilgesellschaftlichen Ambitionen durch eine Vielzahl von Aktivitäten und Aktionen stets aufs Neue bestätigt (z.B. Integration von Migranten, freiwilliges soziales Jahr, Bildungswerk). Im vorliegenden Zusammenhang stellt sich nun die Frage, ob dieses Selbstverständnis auch für das Feld des Leistungssports zutrifft. Dazu sollen zunächst die Merkmale eines zivilgesellschaftlich anschlussfähigen Leistungssports in Abgrenzung zu dem eines totalitären Sportsystems herausgearbeitet werden.

Wie am Beispiel der DDR unschwer zu zeigen ist, kommt insbesondere dem olympischen Leistungssport in totalitären Gesellschaftssystemen die *Funktion* der Repräsentation des Staates und damit verbunden der herrschenden Ideologie zu. Ein zivilgesellschaftlich anschlussfähiger Leistungs- bzw. Spitzensport, der als staatsunabhängiger sozialer Raum zu denken ist, kann mit Gebauer (1972) hingegen in den Begriffen *Aktion* (des Athleten) und *Präsentation* (vor einem Publikum) gefasst werden. Anders als in totalitären Gesellschaftssystemen weist die Symbolik des Sports im zivilgesellschaftlichen Sinne nicht über diesen hinaus. Dieses Sportverständnis, das Stygermeer (1999, 75) in der Formulierung »Repräsentation leiblicher Individualität« umreißt, korrespondiert auch mit dessen Ursprüngen, denn historisch betrachtet hatte *Sport*, wie er sich im England des 18./19. Jahrhunderts herausbildete, »everything to do with ›civil society‹ and nothing with the state« (Allison 2000, 352).

Daraus ergeben sich Konsequenzen für die *Bedeutung des sportlichen Wettkampfs*, die in totalitären Gesellschaftssystemen instrumentell ausgelegt wird. Dort geht es primär um den Gewinn einer möglichst großen Anzahl von Medaillen, um in der Nationenwertung (»Medaillenspiegel«) möglichst weit oben platziert zu sein (vgl. Hartmann, 1997). Die zivilgesellschaftliche Bedeutung des Wettkampfs, dessen Symbolik, wie oben gezeigt, nicht über diesen hinausweist, hat Seel (1996) in der Formulierung »Zelebration des Unvermögens« auf dessen ästhetischen Kern komprimiert, womit sowohl die Perspektive der Athleten als auch die des Publikums erfasst ist. Der Gewinn einer *Medaille* symbolisiert dabei nicht die Überlegenheit eines Gesellschaftssystems bzw. einer Ideologie, sondern einen gelungenen Wettkampf. Eine Medaille ist demnach genau so viel wert, wie der Wettkampf, dessen Ausgang sie symbolisiert: »It is not the medals themselves that create a sense of belonging, but merely the stories related to some of the outstanding performances.« (van Hilvoorde et al. 2010, 99)

Schließlich unterscheiden sich auch die Organisationsformen der Sportsysteme, speziell der Förderung von Talenten, fundamental. Während in totalitären Gesellschaftssystemen eine staatlich straff gelenkte, zentralistische Organisationsform vorherrscht, wird ein zivilgesellschaftlicher Leistungssport so weit wie möglich subsidiär und dezentral, also z.B. in Sportvereinen, organisiert. Abb. 1 fasst diese idealtypisch vorgenommenen Merkmalszuschreibungen zusammen.

	Ziviler Leistungssport ←――――→	Totalitärer Leistungssport
Funktion	Selbstverwirklichung in Aktion & präsentatives Interesse (Gebauer 1972)	Re-Präsentation eines Staates/einer Ideologie
Bedeutung des Wettkampfs	Ästhetisch: "Zelebration des Unvermögens" (Seel, 1995)	Instrumentell: "Produktion von Medaillen" (Hartmann, 1997)
Organisation	Subsidiär (dezentral)	Staatlich (zentralistisch)

Abb. 1: Idealtypischer Vergleich zwischen einem zivilen Modell des (olympischen) Leistungssports und dessen totalitären Gegenmodell

Den gegensätzlichen Merkmalen entsprechend, unterscheiden sich auch die Funktion und der Wert des individuellen Athleten, d.h., das Menschbild des Leistungssports. Für eine Zivilgesellschaft ist das Menschenbild leitend, das in der Bundesrepublik Deutschland in Artikel 1, Grundgesetz festgeschrieben ist: »Die Würde des Menschen ist unantastbar. Sie zu achten und zu schützen ist Verpflichtung aller staatlichen Gewalt.« Die Menschenwürde wird mit der sog. »Objektformel« (Dürig 1958) bestimmt, die auf die *Grundlegung der Metaphysik der Sitten* von Kant (1785) zurückgeht. Dort unterscheidet Kant den Begriff der *Würde* vom Begriff des *Preises*: »Im Reich der Zwecke hat alles entweder einen *Preis* oder eine *Würde*. Was einen Preis hat, an dessen Stelle kann auch etwas anderes, als *Äquivalent*, gesetzt werden; was dagegen über allen Preis erhaben ist, mithin kein Äquivalent verstattet, das hat eine Würde.« (ebd., 68 [= BA 77])

Die Unterscheidung von *Würde* und *Preis* ist also die Unterscheidung eines absoluten und unbedingten Wertes von einem relativen und bedingten Wert. Im Unterschied zu Sachen haben Personen einen absoluten Wert: Sie dürfen niemals bloß als Mittel zu einem ihnen fremden Zweck gebraucht werden. Wenn ein Mensch so instrumentalisiert wird, dass ihm kein Selbstzweck mehr zukommt, wird eben darin nach Kant die im Einzelnen personifizierte Menschheit, das Wesen des Menschen, missachtet. Das Gebot der Unantastbarkeit der Würde, d.h. des unbedingten Wertes der Person begründet schließlich die epochale Formulierung der *Zweck-an-sich-Formel* des kategorischen Imperativs: »Handle so, dass du die Menschheit sowohl in deiner Person, als in der Person eines jeden anderen jederzeit zugleich als Zweck, niemals bloß als Mittel brauchst«.

Gegen eben diesen kategorischen Imperativ wird in totalitären Gesellschaftsformen systematisch verstoßen. In der Handlungslogik totalitärer Sportsysteme stellt der Athlet ein *bloßes Mittel* dar zum Zweck der Maximierung des symbolischen Kapitals des Staates bzw. der herrschenden Ideologie in Gestalt der Akkumulation von *Medaillen*. Die Folgen eines solchen instrumentellen Menschenbildes des Leistungssports sind z.B. aus der DDR (»Diplomaten im Trainingsanzug«) hinlänglich bekannt (dazu u.a. Hartmann 1997), wobei ausdrücklich betont werden muss, dass hier nicht etwa eine Instrumentalisierung des Sports betrieben wurde, sondern eine Instrumentalisierung der Sportler als Personen. Retrospektiv fasst dies ein Absolvent einer Kinder- und Jugendsportschule in folgender Interviewaussage prägnant zusammen: »dass es im eigentlichen Sinne gar nicht um uns ging« (vgl. Prohl 1996).

Der Leistungssport einer Zivilgesellschaft ist hingegen dem kategorischen Imperativ verpflichtet, so dass der Athlet der Zweck aller Bestrebungen in der Handlungslogik des Sportsystems zu sein hat. Die *Medaille* als Symbol eines gelungenen sportlichen Wettkampfs ist dann die erwünschte Folge eines Trainings- und Bildungsprozesses, der stets in den individuellen Lebenszusammenhang des Athleten eingebettet ist. Selbst wenn der angestrebte sportliche Erfolg ausbleibt, sollte der Wettkampf als »Zelebration des Unvermögens« (Seel 1996) und im weiteren Sinne auch die sportliche Biografie einen Sinn und somit auch einen Wert in sich gehabt haben. Diese ästhetische Deutung des sportlichen Wettkampfs ist in Weise & Prohl (2009) ausführlicher begründet und mit der rhetorischen Figur *mündiger Ästhet* als Leitidee des Menschenbildes eines zivilgesellschaftlichen Leistungssports in die sportwissenschaftliche Diskussion eingebracht worden (vgl. auch Prohl & Emrich 2009, Prohl 2011).[6]

Der soziale Raum des *Wettkampfsports* (als Fundament des Leistungssports und somit auch des sog. *Spitzensports*) wird in dieser zivilgesellschaftlichen Interpretation als *Institution* verstanden. Eine *Institution* ist in allgemeiner Auslegung ein soziales Gebilde, welches das Handeln von Menschen normativ leitet, indem es die Willkür des individuellen Handelns beschränkt und einen gemeinsamen Handlungsrahmen sowie mit ihm verbundene Verpflichtungen definiert. Dabei ist jede *Institution* als soziales Konstrukt sowohl durch *konstitutive*, d.h. soziale Wirklichkeit herstellende, als auch durch *regulative*, d.h. die Abläufe der konstituierten sozialen Wirklichkeit steuernde Prinzipien charakterisiert (Searle 1995, 27-29).

Bezogen auf den Wettkampfsport lautet ein wesentliches, wenn nicht das entscheidende konstitutive Prinzip: *Sportlicher Wettkampf ist organisierte Unsicherheit.* Dies bedeutet, dass im Rahmen dieser Institution der Bewegungskultur Menschen geregelt versuchen, sich gegenseitig am Erfolg ihrer Bewegungshandlungen zu hindern. Dabei wird das Ziel des Handelns (allgemein gesprochen: der Sieg) eines jeden Menschen, der sich dieser Institution anheimgibt und die Rolle des *Athleten* einnimmt, vorsätzlich der Unsicherheit ausgesetzt. Der Lohn für diese absichtlich herbeigeführte Verunsicherung der Zielerreichung besteht darin, dass die Mittel der Zielverfolgung (allgemein gesprochen: Bewegungen) eben dadurch an Wert gewinnen. Im sportlichen Wettkampf herrscht mithin das Primat der Mittel gegenüber dem Ziel (vgl. Stygermeer 1999, 92-102).

Das konstitutive Prinzip der zivilgesellschaftlichen Institution *Wettkampfsport* besagt also, dass hier Bewegungshandlungen zum Zweck einer Leistungserbringung vollzogen werden, bei denen die Mittel der Zweckerfüllung nicht gleichgültig sind. Eben darin liegt das ästhetische Erfahrungspotenzial primär der Sportler, sekundär auch der Zuschauer, das Seel (1996) treffend als die »Zelebration

---

[6] Da diese Leitidee auch zu Missverständnissen geführt hat (z.B. Hummel 2010), sei an dieser Stelle ausdrücklich angemerkt, dass der *Mündige Ästhet* keineswegs als Gegenbegriff zum *Mündigen Athleten* von Hans Lenk gemeint ist, sondern das darin enthaltene ethische Leitbild in ästhetischer Hinsicht ausdifferenziert. Wie die folgenden Ausführungen zeigen, steht eine solche ästhetische Deutung sportlichen Handelns der Position von Hans Lenk durchaus nahe (vgl. u.a. *Die achte Kunst* von 1985).

des Unvermögens« bezeichnet. In der Art und Weise, d.h. in der Qualität des Umgangs mit dieser Grundsituation liegt der Kern der Identität des Sportlers als Sportler, der gegebenenfalls auch die gesellschaftliche Ebene affiziert und von dort wiederum auf diese zurückwirkt.[7]

Das ästhetische Potenzial des konstitutiven Prinzips der *organisierten Unsicherheit* leitet über zum regulativen Prinzip des Wettkampfsports: *Fairness ist ästhetische Moral.* Diese zunächst etwas ungewohnt erscheinende Perspektive auf den Begriff der *Fairness* als einem Prinzip, das die Sicherung des ästhetischen Erfahrungspotenzials des Wettkampfsports regelt, liegt bereits in der ursprünglichen Bedeutung des Wortes *fair* (altenglisch: klar, schön) begründet. Um die Unsicherheit des Wettkampfs genießen zu können, bedarf es (mindestens) eines Widersachers, dessen Widerstand man sich paradoxerweise *freiwillig* zumuten *muss*, damit dieser zu einem sportlichen Gegner und gleichzeitig für die Dauer des Wettkampfs zu einem (ästhetischen) Partner werden kann. Hier zeigt sich nun die moralische Dimension der Fairness, denn Mündigkeit ist die Voraussetzung, um durch die bewusste Einhaltung der Regeln das ästhetische Erfahrungspotenzial des Wettkämpfens für beide Parteien zu sichern: »Diese Inszenierung muss scheitern, wenn der Vollzug des Wettkampfs erst gar nicht als Vollzug gewahrt werden soll, weil er sowieso nur als nützliches Mittel für einen anderen Zweck eingesetzt wird. ›Wo immer man Nutzen und Notwendigkeit herbei zwingt, da beginnt der Missbrauch‹ (Krockow).« (Schürmann 2010, 63)

Indem sie die Mittel ihres Handelns zum Zweck erheben, symbolisieren die Akteure der zivilgesellschaftlichen Institution *Wettkampfsport* in freiwilliger Entscheidung eben jenes anthropologische *Sisyphus-Moment*, das der menschlichen Existenz eigentlich schicksalhaft auferlegt ist: Der Sieg ist nie von Dauer, so dass stets die Niederlage droht. In der Sprache des Sports formuliert: Es gibt immer ein nächstes Mal, nach dem Spiel ist vor dem Spiel; das nächste Spiel ist immer das schwerste.[8] Das stete Ringen um den

---

[7] So äußert Gunter Gebauer (1998) die These, dass Wettkampfstile oft national geprägt und das Produkt eines Sportsystems seien, die sich in vielen Jahren herausgebildet haben und sich auf einen breiten Konsens aller Beteiligten stützen. Dass dieser auch veränderbar ist, zeigt aktuell das Beispiel der deutschen Fußball-Nationalmannschaft.

[8] Ausführlicher zur anthropologischen Bedeutung der spezifischen Zeitlichkeit des sportlichen Wettkampfs s. Prohl (2002); vgl. auch Herzog (2002).

immer wieder aufs Neue verunsicherten Erfolg ist im zivilgesellschaftlichen, auf Selbstverwirklichung und Präsentation (s. Abb. 1) ausgelegten Leistungssport jedoch nicht *wirklich ernst*, sondern wird in einem sozial geschützten und normierten Raum vollzogen, der die Notdurft der Unsicherheit und Endlichkeit menschlicher Existenz in einem spezifisch ästhetischen Sinne kultiviert.

Das geflügelte Wort des Albert Camus, »Man muss sich Sisyphus als einen glücklichen Menschen vorstellen«, ist für den *Wettkampfsportler einer Zivilgesellschaft* also geradezu geprägt: Während Sisyphus – metaphorisch gesprochen – der Strafe der Götter nicht entgehen kann und somit keine andere Wahl hat, sucht der Sportler die Unsicherheit des Wettkampfs in mündiger Entscheidung immer wieder absichtlich und freiwillig auf. In eben diesem Sinne wird der *faire Wettkämpfer* in der w.o. eingeführten rhetorischen Figur zum *mündigen Ästheten*.

An diese Überlegungen anknüpfend, sollen nun aktuelle Entwicklungen des Leistungssports in Deutschland erörtert und kritisch daraufhin hinterfragt werden, inwieweit in ihnen zivilgesellschaftliche Merkmale (in Abgrenzung zu totalitären) erkannt werden können.

3 Aktuelle Entwicklungen des Leistungs- bzw. Spitzensports in Deutschland

Wie im vorherigen Abschnitt gezeigt, sind die idealtypischen Merkmale des Leistungssports in einem totalitären Gesellschaftssystem unausweichlich mit einem instrumentellen Menschenbild verknüpft. Im Umkehrschluss soll in diesem Abschnitt von der Prämisse ausgegangen werden, dass die zivilgesellschaftliche Ausrichtung einer Sportorganisation desto ausgeprägter ist, je weniger sie die Athleten instrumentalisiert. Unter dieser Prämisse werden nachfolgend aktuelle Entwicklungen hinsichtlich der *Funktion* und der *Organisation* des Leistungssports in Deutschland erörtert und daraufhin geprüft, inwieweit sie mit den Merkmalen eines zivilgesellschaftlichen Leistungssports zu vereinbaren sind.

(1) Zur Funktion des Leistungs- bzw. Spitzensports in Deutschland

Im Zusammenhang mit der Frage nach der zivilgesellschaftlichen vs. totalitären Ausrichtung des Leistungssports in Deutschland ist zuvorderst die hohe Bedeutung zu diskutieren, die dem Gewinn möglichst vieler *Medaillen* beigemessen wird. Dies lässt sich bereits durch einen Blick in die Tagespresse leicht belegen. So wird, als eines von vielen Beispielen, der Generaldirektor des DOSB, Michael Vesper, in der *Frankfurter Allgemeinen Zeitung* vom 04.04. 2008 mit folgender Aussage zitiert: »Geld gibt's in Deutschland nur im Austausch gegen die härteste Währung: Medaillen.«

Dementsprechend werden seit 2007 im formalen Rahmen von sog. *Zielvereinbarungen* zwischen dem Bundesministerium des Innern (BMI), dem DOSB und den jeweiligen Spitzenverbänden die Anzahl der erwarteten Medaillengewinne bei internationalen Großereignissen verbindlich, jedoch unter Geheimhaltung vor Parlament und Öffentlichkeit, festgeschrieben. Dabei sollen laut einem internen Papier zu den Richtlinien der Verbandsförderung »vorrangig Sportarten/Disziplinen mit Projektmitteln gefördert werden, denen eine Stabilisierung vorhandener bzw. die Entwicklung zusätzlicher Medaillenpotentiale zugeschrieben wird« (DOSB, 2007, S. 4).

Wie der in Abb. 2 dokumentierte Auszug aus einer solchen geheim gehaltenen Zielvereinbarung den »Bob- und Schlittenverband für Deutschland« (BSD) betreffend zeigt, wird der sportliche Erfolg der Olympiamannschaft in Form exakt bezifferter Medaillengewinne direkt und ohne jeden Vorbehalt mit dem *Ansehen Deutschlands in der Welt* in Verbindung gebracht. Neben der Geheimhaltung ist hier also auch die *Re-Präsentation* des Staates als typisches Merkmal eines totalitären Sportsystems gegeben (s. Abb. 1).

Ziel Nr. 1 Zielvereinbarung Leistungsziel

Der BSD leistet einen erheblichen Beitrag zum sportlichen Erfolg der deutschen Olympiamannschaft (Platz 1 in Vancouver) und trägt somit zum Ansehen Deutschlands in der Welt bei.

Ziel-Kriterien (Kriterien für die Bewertung der Zielerreichung)

Neun (9) Medaillen bei den Olympischen Winterspielen 2010 in Vancouver in den Sportarten Bob, Rennrodel und Skeleton (Damen und Herren).

- Vier (4) Medaillen Bob, davon zwei (2) Goldmedaillen.
- Vier (4) Medaillen Rennrodel, davon zwei (2) Goldmedaillen.
- Eine (1) Medaille Skeleton.

Abb. 2: Transkribierter Auszug aus der geheimen Zielvereinbarung zwischen BMI, DOSB und BSD (Quelle: www.jensweinreich.de; Abruf am 12.05. 2010)

Der damit einhergehenden Produktionsmentalität leistungssportlicher Erfolge[9] entspricht eine Überbetonung der Arbeitsstrukturen sportlichen Trainings. Als exemplarischer Beleg mag die Reaktion der Entscheidungs- und Verantwortungsträger des DOSB auf die folgende Interviewpassage dienen. Darin kommentiert der damalige Vizepräsident für Leistungssport des Deutschen Leichtathletik-Verbandes (DLV) die überraschenden Erfolge der DLV-Athleten bei den Leichtathletik-Weltmeisterschaften in Berlin 2009 auf SPIEGEL-ONLINE vom 23.08.2009 wie folgt: »Wir haben ein Modell entwickelt, das geeignet ist, Leistungssport in offenen Gesellschaften zu organisieren [...]: Medaillen sind nicht unser primäres Ziel, sondern erwünschte Nebenwirkung einer ästhetischen Grundhaltung.«

Trotz der damit einhergehenden sportlichen Erfolge provozierte diese Äußerung umgehend eine Reihe von heftigen Kommentaren und scharfen Entgegnungen von Seiten der Entscheidungs- und Funktionsträger des Leistungssports, wie z.B. die *Hamburger Erklärung der Bundestrainer-Konferenz des DOSB* vom 01.10.2009. Dort heißt es: »Das Erreichen von Medaillen, Finalplätzen und persönlichen Bestleistungen ist nicht Nebenprodukt eines ›ästhetischen Sports‹ oder der Freude an Bewegung, sondern das Ergebnis einer klaren Zielstellung, eines konsequenten Planungsprozesses und seiner Umsetzung im Leistungsaufbau durch Training, das sich am Weltstandard orientiert« (Online unter: www.dosb.de/de/leistungssport/spitzensport-news/detail/news; Abruf am 20.12.2011). Der Präsident des DOSB, Thomas Bach, wird aus seinem Grußwort zur gleichen Konferenz wie folgt zitiert: »›Das ist für die Sommersportarten ein ermutigendes Zeichen in Richtung London 2012‹, sagte Thomas Bach, der sich dagegen verwahrte, dass diese Erfolge als ›zufälliges Abfallprodukt einer Spaßgesellschaft‹ heruntergeredet werden. Vielmehr hätten Athleten Freude an der Leistung und Lust auf Erfolg, brauchten dazu aber das große Engagement der Trainerinnen und Trainer sowie neueste wissenschaftliche Erkenntnis als Begleitung.« (aus: DOSB-Presse vom 06. Oktober 2009)

In Anlehnung an das Konzept der zivilgesellschaftlichen Öffentlichkeit von Plessner (1924; s.o.) kann hier durchaus von der Radi-

---

[9] Auf die mit dieser Produktionsmetapher verbundenen *Tonnenideologie* des sportlichen Trainings kann im vorliegenden Rahmen nicht explizit eingegangen werden. Dem interessierten Leser sei die Lektüre der Untersuchung von Emrich & Güllich (2005) empfohlen und zusätzlich auf die dadurch ausgelöste Kontroverse mit den Funktionären des bundesdeutschen Spitzensports verwiesen (dazu Emrich et al., 2008).

kalisierung des Leistungssports gesprochen werden, deren Handlungslogik dessen Arbeitsstrukturen verabsolutiert, die ästhetische Komponente hingegen gezielt desavouiert und folglich zumindest latent in der Gefahr steht, den Athleten als *Produktionsmittel* für sportliche Erfolge zu instrumentalisieren und damit dessen Würde als Person zu verletzen.

Die totalitäre Funktion der Akkumulation von *Medaillen* durch sportliche Wettkämpfe zum Zweck der Re-Präsentation des Staates, verbunden mit deren Produktion durch Radikalisierung von Arbeitsstrukturen des Trainings, haben entsprechende Konsequenzen für die Organisation des Leistungssports in Deutschland, von denen im Folgenden die Rede sein soll.

(2) Zur Organisation des Leistungssports in Deutschland
Wie das (neo)funktionalistische Prinzip „form follows function" (vgl. Mitrany 1976) vermuten lässt, schlägt sich die unter (1) erörterte anti-zivilgesellschaftliche Funktionszuschreibung und Handlungslogik auch in der Organisationstruktur des Leistungssports nieder. Dabei fallen insbesondere die sog. „Eliteschulen des Sports" (EdS) ins Auge, die nach der Wiedervereinigung als Nachfolgeeinrichtung der „Kinder- und Jugendsportschulen" (KJS) der DDR noch durchaus umstritten waren. So besteht nach damaliger Auffassung der Befürworter solcher Spezialschulen des Sports, wie z.B. Brettschneider, Drenkow, Heim & Hummel (1993) eine wesentliche Aufgabe der Schule darin, jugendliche Nachwuchstalente »im Sport [...], einem nicht unproblematischen gesellschaftlichen Bereich [...], zu selbstbestimmtem und solidarischem Handeln zu befähigen« (ebd., 381f.). Weiter forderten die Autoren, die Schule müsse gegenüber zu hohen Anforderungen durch den Sport als *Korrektiv* fungieren. In vergleichbarem Tenor betonten auch Cachay & Gahai (1989) seinerzeit die pädagogische Bedeutung der Schule im Rahmen der Talentförderung: »Somit scheint eine systemische Einbindung der Talentförderung in den Rahmen einer relativ unabhängigen, selbstreferentiellen pädagogischen Institution ein bedeutsames Moment einer pädagogischen Legitimation sportbetonter Schulen zu sein.« (ebd., 26f.)

Solcherart nach der Wiedervereinigung des deutschen Sports in den 1990er Jahren gegenüber den KJS der DDR pädagogisch legitimiert und politisch hoffähig gemacht, zählen die EdS seit der Jahrtausendwende zum unhinterfragten Kernbestand der leistungssportlichen Nachwuchsförderung. Allerdings haben sie inzwischen einen der KJS durchaus vergleichbaren *Leistungsauftrag* zu erfüllen:[10] »Die Bedeutung der Eliteschulen des Sports für die Qualifizierung der Nationalmannschaften drückt sich im Anteil der nominierten Schüler und Schülerinnen am Gesamtkader bzw. an der Nationalmannschaft und deren Erfolgen im internationalen Spitzensport (Olympische Spiele, Welt-, Europameisterschaften) aus« (DOSB 2010, S. 5).

Den vorläufigen Höhepunkt dieser der Handlungslogik der Medaillenproduktion verpflichteten pädagogischen Profilierung stellt das sog. *Inklusionsmodell* dar, das seit 2008 an den Eliteschulen des Sports des Landes Brandenburg implementiert wird: »Die Absicht besteht darin, eine höhere Qualität des Trainings zu erreichen, Reibungsverluste zu vermeiden und sportliche wie schulische Entwicklung der jungen Athleten praktisch aus einer Hand zu garantieren« (Hummel in DOSB-Presse Nr. 47/2010, 21). Zu diesem Zweck werden »leistungssportliche Inhalte [...] vollständig in die Schule und das schulische Unterrichtsgeschehen einbezogen. Das leistungssportliche Training findet also vollständig im Kontext der Institution Schule statt, leistungssportliches Trainieren und Wettkämpfen werden somit Teil des schulpädagogischen Gesamtprozesses. Zugespitzt formuliert: Leistungssportliches Training wird als eine besondere Qualität von spezialbildendem Unterricht verstanden« (ebd., 19).

Dabei wird die Instrumentalisierung der jungen Athleten auf der Ebene der Sportorganisation nicht nur billigend in Kauf genommen, sondern sogar als durchaus legitim erachtet. Diese Deutung legt zumindest eine Äußerung von Hummel & Brand (2010, 38) nahe, die zur Rechtfertigung der gegenwärtigen Praxis der Eliteschulen des Sports dienen soll: »Auf überindividueller gesellschaftlicher Ebene entfalten sich die Mittel-Zweck-Relationen stringenter und zumindest graduell unterschiedlich zur individuellen Ebene. Die Gesellschaft richtet Institutionen ein, schafft Bildungsorganisationen als Mittel zur Realisierung gesellschaftlicher Zwecke. Diese Zwecke können durchaus im Erreichen sportlicher Höchstleistungen gesehen werden«. Es bleibt festzustellen, dass ein solches Ausmaß der Zentralisierung und Totalisierung des Leistungssports im Rahmen der Schule nicht einmal in den KJS erreicht worden ist, in denen zumindest in formaler Hinsicht noch zwischen Unterricht und Training differenziert wurde.

---

[10] Kritisch dazu Prohl & Emrich (2009); Prohl & Stiller (2011).

Zu der Organisationsstruktur des *Inklusionsmodells* der Eliteschulen passfähig ist schließlich die zunehmende staatliche Förderung von Leistungssportlern im Anschluss an die Schule. Dieses Modell der *dualen Karriere* hat dazu geführt, dass der *Sportsoldat* (resp. *-zöllner* oder *-polizist*) insbesondere in den olympischen Wintersportarten keineswegs mehr die Ausnahme, sondern vielmehr die Regel darstellt. Auch hier steht die staatliche Re-Präsentation durch sportliche Erfolge eindeutig im Zentrum, wovon unter vielen anderen Beispielen folgender Auszug aus dem Informationsorgan DOSB-Presse (51/52, 2009, S. 23) zeugt: »›Wir machen alles mit, solange das Ziel, Medaillen für Deutschland zu gewinnen, nicht aus den Augen verloren wird‹. Mit dieser Formel skizziert Andreas Hahn, der Dezernent für Spitzensport beim Streitkräfteamt, den grundsätzlichen Rahmen für *Duale Karriere* für Leistungssportler unter dem Dach der Bundeswehr. Dabei macht der Diplomsportlehrer kein Hehl daraus, welche der beiden Komponenten für sein Ministerium oberste Priorität genießt: die Sportarten und Disziplinen, der Sport und das Training.«

Die Repräsentanten des Leistungssports stehen dieser Form der staatlichen Alimentierung, die eine zunehmende Militarisierung besonders des olympischen Wintersports bewirkt, keineswegs kritisch gegenüber. Davon zeugt unter vielen anderen Beispielen ein Artikel aus der Frankfurter Allgemeinen Zeitung vom 21.10.2011 unter der Überschrift »Sportförderung in der Bundeswehr: Der Armee-Klub«. Dort wird der Präsident des DOSB, Thomas Bach, wie folgt zitiert: »Die Bundeswehr sei ›unverzichtbarer Bestandteil aller Planungen im Leistungssport‹ [...]. Ohne die Förderung durch das Militär wären Platz zwei in der Medaillenwertung von Vancouver und Platz fünf in Peking mit 16 Goldmedaillen unerreichbar gewesen«. Sein Generalsekretär Michael Vesper assistiert an gleicher Stelle: »Nicht die Armee würde zugrunde gehen, wenn wir keine Sportförderung der Bundeswehr mehr hätten: Der Sport, wie wir ihn jetzt kennen, würde zugrunde gehen«.

4 Abschließende Einschätzung und offene Fragen

Zielvereinbarungen im Sinne eines staatlichen Leistungsauftrags, *Sportsoldaten* als staatsabhängige Existenzen, *Eliteschulen* als Trainingszentren zur *Produktion* von Medaillen – dies alles für das *Ansehen Deutschlands in der Welt*: Auch ohne kurzschlüssige Vergleiche mit vergangenen bzw. gegenwärtigen Sportssystemen in totalitären Staaten muss abschließend festgestellt werden, dass eine zivilgesellschaftliche Orientierung des Leistungssports in Deutschland kaum mehr erkennbar ist. Die Entwicklung ist vielmehr durch eine zunehmende Zentralisierung der Organisationsstrukturen geprägt, in deren Handlungslogik die Instrumentalisierung der Athleten latent angelegt ist. Kurzum: »Der deutsche Sport hat sich trotz schwerer Hypotheken vom Medaillen- und Rekordwahn nicht emanzipieren können«. Kritische Stimmen aus der deutschen Leistungssportszene, die im Leistungssport zivilgesellschaftliche Merkmale gewahrt wissen wollen, wie die eben zitierte von Ines Geipel (2011), finden in der Öffentlichkeit kaum Gehör, werden marginalisiert und allenfalls mit *Ethik-Preisen* abgespeist.

Gleichwohl ist Deutschland mitnichten ein totalitärer Staat, der es nötig hätte, sich mittels *Medaillen* in der Weltöffentlichkeit zu profilieren. Es stellt sich also abschließend die Frage, welchen Sinn ein solchermaßen totalisiertes (Leistungs-)Sportsystem innerhalb einer demokratischen Gesellschaft erfüllt. Diese Frage ist keineswegs trivial und wahrlich nicht leicht zu beantworten. Sehnt sich hier ein kollektiver *autoritärer Charakter* nach *alter Größe*? Wird auf dem Feld des Sports ein latenter Chauvinismus ausgelebt, der die Instrumentalisierung von Menschen, sobald sie die gesellschaftliche Rolle des *Athleten* einnehmen, durchaus in Kauf nimmt? Manche der in diesem Beitrag zitierten Verlautbarungen aus der jüngeren Vergangenheit scheinen geeignet, diesen Verdacht zu nähren. Dagegen spricht allerdings die breite Zustimmung zu den Aussagen des Grundgesetzes in Bevölkerungsumfragen ebenso wie die insgesamt zivilgesellschaftliche Verfasstheit des Sportsystems (mit eben der Ausnahme des Leistungssports).[11]

---

[11] Es soll nicht unerwähnt bleiben, dass sich diese Frage auch auf andere westeuropäische Demokratien mit ähnlicher Organisation des Leistungssports übertragen lässt. So herrscht z.B. in Frankreich eine zentralistische Lenkung des Spitzensports einschließlich der Installierung dirigistischer staatlicher Kräfte, die in Begrenzung der Autonomie der Verbände sogar das Training der Athleten in den Zentren leiten (vgl. Bayle, Durand, & Nikonoff, 2008). Insofern ist die Gegenüberstellung von totalitären und anderen Gesellschaftsformen an dieser Stelle zu relativieren. Damit wird jedoch auch deutlich, dass die Begrenzung und Einhegung instrumenteller Tendenzen die eigentliche zivilgesellschaftliche Aufgabe ist, denn der Zusammenhang mit dem Totalitarismus in Staaten wie der DDR oder Nord-Korea ist, wie oben gezeigt, offensichtlich. (Anmerkung: Diesen Hinweis verdankt der Verf. einer Diskussion mit Eike Emrich.)

Näherliegender scheint daher der weniger weitreichende Interpretationsansatz, dass im deutschen Leistungssportsystem eine *instrumentelle Vernunft* Regie führt, die mit dem Kalten Krieg in den 1960er Jahren ihren Anfang genommen und gleichsam *vergessen* hat, dass der Ost/West-Konflikt inzwischen der Geschichte angehört. In seiner Kritik der *instrumentellen Vernunft* stellt Horkheimer (1967, 27) fest, dass es für diese nur eine Art von Sinn gibt – »einem Zweck zu dienen. [...] Befasst sie sich überhaupt mit Zwecken, dann hält sie es für ausgemacht, dass auch diese vernünftig im subjektiven Sinne sind, d.h. dass sie dem Interesse des Subjekts im Hinblick auf seine Selbsterhaltung dienen.« Damit ließe sich auch die seit der Jahrtausendwende beobachtbare Dynamik der Totalisierung des Leistungssports in Deutschland erklären. Die weiter oben angeführten Beispiele der antizivilgesellschaftlichen Totalisierung des Leistungssports deuten darauf hin, dass eine solche Verselbstständigung der *instrumentellen Vernunft* die Organisatoren und Funktionsträger des Leistungssportsystems in Deutschland nicht nur beherrscht, sondern auch deren persönliche, politische und gesellschaftliche Bedeutung erhöht. Mit jeder vom Athleten im Wettkampf errungenen Medaille präsentieren die Re-Präsentanten des Leistungssports in der Öffentlichkeit ihre Wichtigkeit. Ob dies dann *das Ansehen Deutschlands in der Welt* erhöht, bleibt allerdings ungeprüft.

Sollte die Deutung des Vorherrschens einer *instrumentellen Vernunft* zutreffen, wäre jede Hoffnung auf eine *Selbstheilung* des Leistungssportsystems nach Art einer *lernenden Organisationen* (Senge 1996) vergebens. Hier wäre vielmehr, im Sinne von Dewey oder Plessner, eine zivilgesellschaftliche (Sport-)Öffentlichkeit gefragt, in deren Rahmen die Entwicklungstendenzen des Leistungssports kritisch zur Diskussion gestellt werden, unterstützt von einer Sportwissenschaft in aufklärerischer Absicht. Beides findet jedoch so gut wie nicht statt. Von wenigen Ausnahmen wie z.B. vereinzelten Kommentaren und Dokumentationen des Deutschlandfunks oder der linksliberalen Presse abgesehen, bedient die Sportberichterstattung in den Medien den von Ines Geipel angeprangerten *Medaillen- und Rekordwahn*. Bekannt gewordene Dopingfälle werden dann zum Anlass genommen, um die totalitären Deformationen des Leistungssports zu individualisieren und allein dem vermeintlichen *Sünder* anzulasten.

Auch die Sportwissenschaft, eigentlich die Reflexions- und Aufklärungsdisziplin des (Leistungs-)Sports, leistet kaum nennenswerte Beiträge, die eine Diskussion der Sinnfrage des Leistungssports im Rahmen einer *Great Community* (Dewey) fundieren könnten. Von den naturwissenschaftlichen Disziplinen Trainingswissenschaft und Sportmedizin, die seit jeher und unter allen Staatsformen kritiklos und affirmativ im Dienst der *Medaillenproduktion* gestanden haben, ist dies ohnehin nicht zu erwarten. Allerdings tendieren auch die Geistes- und Sozialwissenschaften dazu, sich insbesondere in drittmittelgeförderten Forschungsvorhaben nur dann kritisch mit dem Leistungssport auseinanderzusetzen, wenn es um die Aufarbeitung der ›bösen‹ Vergangenheit geht, wie z.B. in dem gegenwärtig laufenden Projekt mit dem Titel *Doping in Deutschland von 1950 bis heute aus historisch-soziologischer Sicht im Kontext ethischer Legitimation* (Bundesinstitut für Sportwissenschaft 2008). Die aktuelle Situation und zukünftige Entwicklungsoptionen des Leistungssports in Deutschland werden hingegen deutlich weniger bis gar nicht kritisch analysiert.

Diese affirmative Tendenz nahm ihren Ausgang vom *Sündenfall* sozialwissenschaftlicher Leistungssportforschung, dem staatlich finanzierten Forschungsprojekt »Doppelbelastung von Schule und Leistungstraining«, das die Weiterführung der Kinder- und Jugendsportschulen als *Spezialschulen des Sports* nach der Wiedervereinigung Deutschlands in den 1990er Jahren begleitete. Der Abschlussbericht unter dem Titel »Weltmeister werden und die Schule schaffen« (Richartz & Brettschneider, 1996) nimmt die Einseitigkeit der Präferenzen an den zukünftigen Eliteschulen des Sports bereits vorweg, die mit dem w.o. erörterten brandenburgischen *Inklusionsmodell* ihren vorläufigen Höhepunkt gefunden haben.

Transdisziplinäre wissenschaftliche Untersuchungen, sofern sie vom Geldtopf staatlicher Förderung profitieren, plädieren unter dem Deckmantel erhöhter Reflexivität ebenfalls für eine immer weitergehende Beschneidung der Bürgerrechte der Athleten. Im Ergebnis des vom Bundesministerium für Bildung und Forschung großzügig geförderten Verbundprojekts *Translating Doping – Doping übersetzen* sprechen sich Spitzer & Franke für eine »neue Kontrollkultur« im Kampf gegen Doping aus, in deren Mittelpunkt die zwangsweise Blutentnahme stehen soll. Die Verpflichtung zu Bluttests, so die Projektleiter in einem Interview mit der *Neuen Osnabrücker Zeitung*,[12] sei »der *Mitgliedsausweis der Sonderwelt*

---

[12] Ausgabe vom 03.02. 2011 unter der Überschrift »Ein Königsweg gegen Doping? – Berliner Forscherteam plädiert für flächendeckende Blut-Tests«.

des Sports, an der alle Beteiligten – der einzelne Athlet, die Sportverbände und der Staat in seiner Verantwortung für das Gesamtsystem Sport – ein Interesse haben, wenn sie wahrhaftig einen dopingfreien Sport wollen«.

Gleichwohl wollen Spitzer & Franke (2010, 267f.) diese »disziplinübergreifende Zustimmung zu Bluttests« nicht als Einstieg in ein Programm verstanden wissen, an dessen Ende *der gläserne Athlet* steht. Wie dies nach Einführung solcher, allen zivilgesellschaftlichen Prinzipien zuwiderlaufenden, Zwangstests verhindert werden soll, ist dem Projekt jedoch nicht zu entnehmen. Vielmehr werden auch hier die Folgelasten eines der *instrumentellen Vernunft* verpflichteten und totalitär strukturierten Leistungssportsystems allein auf den Schultern der Athleten abgeladen – nun gar mit dem Segen einer sich vermeintlich reflexiv gerierenden (Sport-)Wissenschaft.

Im Gegensatz zu und in Überwindung von einer solchen drittmittel-korrumpierten *Machenschaft* (vgl. Dürr 2009, 74) bestünde die Aufgabe einer kritisch-reflexiven, im zivilgesellschaftlichen Sinne die Interessen und die Würde des Individuums schützenden Sportwissenschaft jedoch darin, die »mentalen Modelle« (Senge, 1996) der *instrumentellen Vernunft* zu hinterfragen, die das Denken und Handeln der Organisation des Leistungssports leiten. Dabei hätte sie sich unter anderem den bzw. die Fragen zu stellen, wozu und wem die Totalisierung des Leistungssports im Rahmen der demokratisch verfassten Bundesrepublik Deutschland dient und welche moralischen Kosten dabei aus zivilgesellschaftlicher Perspektive entstehen. Schlussendlich stünde am Horizont dieser Bemühungen um eine *lernende Organisation* die Kernfrage, ob und wie Leistungssport im Sinne einer zivilgesellschaftlichen Handlungslogik organisiert werden kann.

Literatur

Adloff, F. (2005). Zivilgesellschaft. Theorie und politische Praxis. Frankfurt a.M./New York: Campus.

Allison, L. (2000). Sport and Nationalism. In J. Coakley & E. Dunning (Eds.), Handbook of Sports Studies (S. 344-355). London: Sage.

Arenhövel, M. (2000). Zivilgesellschaft – Bürgergesellschaft. In *Wochenschau* II, Nr. 2, 55-64.

Balbier, U. (2006). Kalter Krieg auf der Aschenbahn. Deutsch-deutscher Sport 1950-1972. Eine politische Geschichte. Paderborn: Schöningh.

Braun, S. (2003). Sportvereine als freiwillige Vereinigungen im Dritten Sektor. Forschungsperspektiven. In J. Baur & S. Braun (Hrsg.), Integrationsleistungen von Sportvereinen als Freiwilligenorganisationen (S. 676-694). Aachen: Meyer & Meyer.

Brettschneider, W.-D.; Drenkow, E.; Heim, R. & Hummel, A. (1993). Schule und Leistungssport – Chancen und Probleme. *Sportunterricht* 42, 372-382.

Bundesinstitut für Sportwissenschaft (2008). Ausschreibung eines Forschungsprojekts. Initiator des Projekts: Deutscher Olympischer Sportbund (DOSB). »Doping in Deutschland von 1950 bis heute aus historisch-soziologischer Sicht im Kontext ethischer Legitimation«. Online unter www.bisp.de/nn_16192/SharedDocs/Downloads/Ausschreibungen/Ausschreibung__Doping1950ff,templateId=raw,property=publicationFile.pdf/Ausschreibung_Doping1950ff.pdf (Abruf am 28.02.2012).

Cachay, K. & Gahai, E. (1989). Brauchen Trainer Pädagogik? *Leistungssport* 19 (5), 26-30.

Colas, D. (2004). »Civil society«: a historical and conceptual approach. In D. Gosewinkel & S. Reichardt (Hrsg.), Ambivalenzen der Zivilgesellschaft (S. 14-25). Berlin: Wissenschaftszentrum für Sozialforschung.

Deutscher Olympischer Sportbund (DOSB, 2007). Verbandsförderung im olympischen Spitzensport. Frankfurt am Main: DOSB (internes Papier).

Deutscher Olympischer Sportbund (DOSB, 2010). Qualitätskriterien für das Prädikat ›Eliteschule des Sports‹. Frankfurt am Main: DOSB (internes Papier).

Dewey, J. (1927). Die Öffentlichkeit und ihre Probleme. Bodenheim: Philo Verlagsgesellschaft 1996.

Dürig, G. (1958) in T. Maunz & G. Dürig, Grundgesetz, Kommentar, Art. 1 Abs. 1 Rn. 28.

Dürr, H.-P. (2009). Warum es ums Ganze geht. München: Oekom Verlag.

Emrich, E. (2003). ›Spitzensport‹. In P. Röthig & R. Prohl (Hrsg.), Sportwissenschaftliches Lexikon (491f.). Schorndorf: Hofmann.

Emrich, E. & Güllich, A. (2005). Zur ›Produktion‹ sportlichen Erfolgs. Köln: Strauß.

Emrich, E.; Pitsch, W.; Güllich, A.; Klein, M.; Fröhlich, M.; Flatau, J.; Sandig, D. & Anthes, E. (2008). Stellungnahme zu den Anmerkungen zum Beitrag Spitzensportförderung in Deutschland – Bestandsaufnahme und Perspektiven. *Leistungssport* 38 (4), 52-54.

Gebauer, G. (1972). Leistung als Aktion und Präsentation. *Sportwissenschaft* 2 (2), 182-203.

Gebauer, G. (1998). Leistung – Konkurrenz – Elite. Nationale Repräsentation durch Spitzensportler. In G. Anders & W. Hartmann (Red.), Eliten – Leistungsträger in Sport und Wirtschaft (S. 75-84). Köln: Strauß.

Geipel, I. (2010). »Es gab so unglaublich viel zu klären«. In *Deutsche Jugendkraft (DJK). Das Magazin*, Mai/Juni, 8f.

Gosewinkel, D. & Reichardt, S. (2004). Ambivalenzen der Zivilgesellschaft: Einleitende Bemerkungen. In D. Gosewinkel & S. Reichardt, Ambivalenzen der Zivilgesellschaft (S. 1-6). Berlin: Wissenschaftszentrum für Sozialforschung.

Hartmann, G. (1997). Goldkinder. Die DDR im Spiegel ihres Spitzensports. Forum Verlag: Leipzig.

Horkheimer, M. (1967). Zur Kritik der instrumentellen Vernunft. Frankfurt a.M.: Fischer Verlag.

Heinilä, K. (1982). The totalization process in international sport. *Sportwissenschaft* 12 (3), 235-254.

Herzog, W. (2002). Im Lauf der Zeit. Kulturelle Eigenart und moralischer Gehalt des Sports. *Sportwissenschaft* 32 (3), 243-260.

Hummel, A. (2011). Grundsätzliche Betrachtungen zum olympischen Spitzensport als Bildungsbereich und Unterrichtsfach. In B. Gröben; V. Kastrup & A. Müller (Hrsg.), Sportpädagogik als Erfahrungswissenschaft (S. 75-83). Hamburg: Feldhaus Verlag.

Hummel, A. & Brand, R. (2010). Eliteschulen des Sports als Bildungsorganisationen in einer modernen, offenen Zivilgesellschaft. Thesen und Erwiderung. *Leistungssport* 40 (1), 37-42.

Kant, I. (1785). Grundlegung zur Metaphysik der Sitten (in: Werkausgabe, hg. v. W. Weischedel, Bd. VII). Frankfurt a.M.: Suhrkamp 1974.

Lenk, H. (1985). Die achte Kunst. Leistungssport – Breitensport. Osnabrück & Zürich: Edition Interfrom.

Locke, J. (1690). Zwei Abhandlungen über die Regierung. Frankfurt a.M.: Suhrkamp 1977.

Mitrany, D. (1976). The functional theory of politics. London/New York: London School of Economics and Political Science.

Montesquieu, C.-L. (1748). Vom Geist der Gesetze. Stuttgart: Reclam 1993.

Plessner, H. (1924). Grenzen der Gemeinschaft. Zur Kritik des sozialen Radikalismus. In H. Plessner, Gesammelte Schriften V, Frankfurt a.M.: Suhrkamp 1981.

Prohl, R. (1996). »… daß es im eigentlichen Sinn gar nicht um uns ging« – Die Kinder- und Jugendsportschule aus der Sicht ihrer Absolventen. *Sportunterricht* 45 (2), 60-68.

Prohl, R. (2002). Die anthropologische Bedeutung der Kategorie *Zeit* mit Blick auf die *besondere Tätigkeit* sportlichen Sichbewegens. *Leipziger Sportwissenschaftliche Beiträge* 18 (1), 119-136.

Prohl, R. (2011). »Mündige Ästheten« in einer »lernenden Organisation«? – Zivilgesellschaftliche Reflexionen über den Leistungssport in Deutschland. In B. Gröben, V. Kastrup & A. Müller (Hrsg.), Sportpädagogik als Erfahrungswissenschaft (S. 84-94). Hamburg: Feldhaus Verlag.

Prohl, R. & Emrich, E. (2009). Eliteschulen des Sports als Bildungsorganisationen einer Zivilgesellschaft. *Sportwissenschaft* 39 (3), 197-209.

Prohl, R. & Stiller, T. (2011). Leistungssport als Bildungsprozess. *Sportunterricht* 60 (3), 73-78.

Richartz, A. & Brettschneider, W.-D. (1996). Weltmeister werden und die Schule schaffen. Schorndorf: Hofmann.

Rousseau, J.J. (1762). Der Gesellschaftsvertrag oder die Grundsätze des Staatsrechtes. Frankfurt a.M.: Fischer Verlag 2005.

Schürmann, V. (2010). Bewegungsvollzüge verstehen. Bausteine einer Hermeneutik des Sports. *Zeitschrift für Kulturphilosophie* 4 (1), 55-64.

Searle, J. (1995). The construction of social reality. New York: The Free Press.

Seel, M. (1996). Die Zelebration des Unvermögens. Aspekte einer Ästhetik des Sports. In M. Seel, Ethisch-ästhetische Studien (S. 189-200). Frankfurt a.M.: Suhrkamp.

Senge, P. (1996). Die fünfte Disziplin. Kunst und Praxis der lernenden Organisation. Stuttgart: Klett Cotta.

Spitzer, G. & Franke, E. (2010). Resümee und Ausblick. In G. Spitzer & E. Franke (Hrsg.), Sport, Doping und Enhancement – Transdisziplinäre Perspektiven (S. 267f.). Köln: Sportverlag Strauß.

Stygermeer, M. (1999). Der Sport und seine Ethik. Zur Grundlegung einer Dogmatik des Sports. Berlin: Tenea.

Taylor, C. (1991). Die Beschwörung der Civil Society. In K. Michalski (Hrsg.), Europa und die Civil Society. Castelgandolofo-Gespräche 1989 (S. 52-81). Stuttgart: Klett-Cotta.

Tocqueville, A. de (1835/1840). Über die Demokratie in Amerika. Stuttgart: Reclam 1990.

Van Hilvoorde, I., Elling, A. & Stockvis, R. (2010). How to influence national pride? The Olympic medal index as a unifying narrative. *International Review for the Sociology of Sport* 45 (1), 87-102.

Weise, P. & Prohl, R. (2009). Sport als Institution der ›Produktion‹ ästhetischer Erfahrung. *Sportwissenschaft* 39 (3), 186-196.

Fußball und Öffentlichkeit im 21. Jahrhundert. Von der Kulturkritik an einer Massenveranstaltung zu einem neuen bürgerlichen Einverständnis

Martin Gessmann

Wir alle haben das Bild der kritischen Berichterstattung noch vor Augen: meistens sind die Reportagen noch in schwarz weiß, man sieht Bilder von echauffierten und offenbar alkoholisierten Fans eines nach dem anderen. Alle Aufnahmen sind meistens im Format gleich quadriert, damit spätestens nach dem dritten deutlich wird, es handelt sich um ein Massenphänomen, und je verzerrter und grotesker die Gesichter und Gesten, um so nüchterner kommentierte der Reporter. In seiner Stimme lag dabei immer eine offene oder unterschwellige Klage, hier würde Opium fürs Volk verteilt, Fußball verstanden als ein Stoff, mit dem das Potenzial einer gerechten Empörung gegen die gesellschaftlichen Verhältnisse und die Ausbeutung in den Fabriken verschwendet wurde. Verschwendet würde dieses Erregungspotenzial, weil man mit Fußball die Massen für eine alberne Eitelkeit begeisterte wie einst die amerikanischen Siedler die Indianer mit wertlosen Glasperlen. Und weil damit natürlich der gerechte Zorn auf die Produktionsverhältnisse ein Ventil an der falschen Stelle fand und niemals die Dichte und die Macht erreichen könnte, um für eine revolutionäre Veränderung der Gesellschaft herangezogen zu werden. Und so lag in der Reporterstimme neben dem Gestus des Entlarvens von falschem Bewußtsein in aller Fußballbegeisterung auch zugleich immer die Trauer, daß auf dem Fußballplatz zuletzt das wahre gesellschaftliche Spiel verloren würde, in dem es doch um so viel mehr ging als nur um das weltgeistlose Einlochen des Runden im Eckigen.

Einleitung

Das war 1968. 40 Jahre später sind wir an derselben Stelle offenbar in einer anderen Welt. Der Fußball ist nichts weniger als repräsentativ geworden, große Begegnungen beginnen mit einem langen Vorspiel, in dem nicht nur ausdauernd Fahnen geschwenkt werden, sondern auch renommierte Künstler auftreten, Staatsgäste begrüßt werden, Spieler den Nachwuchs von morgen mit ins Stadion führen. Der Schwenk durchs Stadion beginnt bei der VIP-Lounge und endet bei den Stehplätzen in der Ostkurve oder umgekehrt, und das Stadion hat ein Dach, sollte es einmal regnen oder draußen zu kalt sein, im Prinzip gibt es auch Sitzplätze für alle. Am augenfälligsten erscheint uns die atmosphärische Veränderung vielleicht bei jenen, die für uns und an der Seite des Reporters das Spiel in den Pausen kommentieren. War es früher so, daß die Helden des grünen Rasens nach ihrer Karriere es vielleicht zu einer eigenen Lotto-Annahmestelle brachten oder, wenn es besser lief, auch eine Tankstelle übernahmen, so begegnen uns jetzt die Heroen vergangener Tage im feinen Zwirn und reden zu uns mit der Gelassenheit und der Übersicht eines Grandseigneurs. Wurde gestern noch ein Torwart als Titan auf dem Platz wegen seiner lauten und überschäumenden Emotionalität bewundert und von Gegnern gefürchtet, so begegnen wir ihm nun, grau gekleidet, als einem elder Statesman vor der Kamera, bei dessen weisen und raunenden Kommentaren wir auch schon einmal das Ohr spitzen müssen und dann auch den Eindruck haben können, es lohnt sich. Kurz, hier hat sich etwas grundlegend geändert: Fußball, das ist meine These, ist nicht mehr ein Randphänomen früherer Tage, sondern im Zentrum von Gesellschaft und Philosophie angekommen.

I.

Für die Einlösung dieser These stehen verschiedene theoretische Möglichkeiten zu Gebote. So versucht die jüngere Zeitgeschichte, jene Entwicklung hinein ins Zentrum bürgerlichen Selbstverständnisses deskriptiv nachzuverfolgen. Dabei geht es dann um die äußeren Faktoren, wie sich die Vereinsstrukturen in den vergangenen vier Jahrzehnten verändert haben und die Clubs zu Kapitalgesellschaften wurden. Als sekundärer Effekt stellt sich eine Veränderung des Fußballspiels selbst ein, insofern die Spieler- und die Trainerwahl Gesichtspunkten der Verwertbarkeit und der Vermarktung von Titelgewinnen folgen müssen, das Fußballspiel also zuletzt nur Beiwerk für größere gesellschaftliche Umbrüche sein kann.

Umgekehrt kann man versuchen, die historischen Veränderungen im Vereinsfußball als den Effekt einer Veränderung der Spielkultur im Fußball selbst zu begreifen. Die Vorgehensweise ist dann nicht mehr nur deskriptiv, sondern systematisch, insofern ein konzeptioneller Schlüssel für die Gesamtveränderung im Fußball der vergangenen 40 Jahre gesucht werden muß. Die Suche nach einem solchen systematischen Schlüssel setzt voraus, daß die Fortbildung der Spielanlage schließlich nicht nur das Spiel selbst betrifft, sondern stellvertretend für die gesamte Kultur des Fußballs steht, und in Maßen damit auch eine Aussagekraft für unser gesellschaftliches Selbstverständnis überhaupt bietet. Nur dann erscheint es nämlich der Mühe wert, den Fußball aus einer Geschichte der gesellschaftlichen Verdrängung zu befreien und ihn zu einer gesellschaftstheoretischen Betrachtung heranzuziehen, die mehr als nur einen Kuriositätenwert hat. Es ist also davon auszugehen, daß mit einem Nachvollzug der Veränderungen in der Spielanlage auch eine Vorstellung von einem gewandelten Selbstverständnis der Gesellschaft verbunden sein kann. Das neue bürgerliche Einverständnis, von dem abschließend die Rede sein soll, hat demnach, wenn meine These stimmt, seinen Kern und seinen Anfang bei dem Geschehen auf dem Platz.

I.a. Ästhetische Veränderungen

Für meine Überlegungen möchte ich von einem ästhetischen Befund ausgehen, wie ihn 2011 Hans Ulrich Gumbrecht aus Anlaß des Endspiels in der Championsleague zwischen dem FC Barcelona und Manchester United kommentiert hat. Gumbrecht fragte sich in einem ganzseitigen Artikel der FAZ[1], wo die augenfälligste und zugleich denkwürdigste Veränderung des Fußballs der letzten 40 Jahre liegt, und seine Feststellung war so einfach wie schlagend: in der Rückkehr der Schönheit auf den Platz. Erinnern wir uns an die heroischen Tage auch des deutschen Fußballs Anfang der 1970er Jahre, dann war dies die Zeit, in der wir lernten, was ein unmöglicher Paß und was eine unwahrscheinliche Ballannahme sein konnte, und wie das eine verbunden mit dem anderen zu einem Spielzug wurde, der so unvorhersehbar und so außergewöhnlich war, daß jeder Zuschauer, egal welcher Vereinscouleur, einfach zugestehen mußte, daß dies einen unvoreingenommenen Applaus verdient. Es war die Zeit zwischen den Weltmeisterschaften 1970 in Mexiko und 1974 in Deutschland, in der sich uns das Muster von fußballerischer Spielkultur einprägte, wie sie mit Namen wie Pele, Beckenbauer und Cruyff verbunden war.

---

[1] H.U. Gumbrecht, FAZ vom 27.05.2011, zugänglich unter:
http://www.faz.net/aktuell/feuilleton/pass-und-ereignis-der-stil-des-fc-barcelona-1638074.html.

Dann kam eine Zeit, die man nicht nur mit Gumbrecht als eine Veränderung der Spielanlage verstehen muß, durch die jenes ästhetische Spiel der genialen Kombinationen von Ausnahmefußballern leiden mußte. Jene Veränderungen bestanden zuerst einmal in einer Beschleunigung des Spiels, die Pässe mußten alle schneller geschlagen werden, sie bestand weiter in einer Verkürzung der Ruhezeiten des Balls, d.h., man durfte sich für die Ballannahme wie die Weitergabe keine Zeit mehr lassen, oder wie es bis heute Uli Hoeneß eindeutscht, es war die Erfindung des one-touch-Fußballs. In der Spieleröffnung wurden die langen Pässe taktisch gemieden, weil sie bei dem gesteigerten Tempo der Spielbewegung ein zu hohes Risiko des Ballverlustes mit sich brachten. Und absehbar stellte sich auch das Abwehrverhalten auf diese Veränderung ein. Man erfand das Pressing, um dem Gegner schon gar keine Zeit zur Ballannahme und zur weiteren Koordination zu geben, und es wurde die Viererkette zum probaten Mittel erhoben, um die beschleunigte Spielentwicklung in die Angriffsspitzen noch wirkungsvoll abzufangen. Wie es Gumbrecht auf den Begriff bringt, war es aufs Ganze gesehen eine Veränderung des Spiels zum Athletischen und damit zur Hochgeschwindigkeit bei gleichzeitiger Präferenz kleinteiliger Kombination der Spielzüge. Daß im Gefolge solcher Veränderung die Schönheit des Spiels leiden mußte, haben wir alle noch vor Augen. Angesichts der Beschleunigung des Spiels gingen zu viele Pässe einfach ins Leere, weil sie geistig nicht antizipiert oder physisch nicht annehmbar waren, sie waren wie auch immer zu ›scharf‹. Im Grunde erschien das ganze Spiel grundsätzlich überhastet, so sehr, daß am Ende ein gelungener Spielzug schon nicht mehr als geniale Wendung, sondern als schierer Zufall erscheinen mußte. Angesichts der zunehmenden Athletik waren zudem viele Zweikämpfe zu robust geworden, um dem Spiel noch seinen Raum zur Entfaltung zu lassen, die Zahl der verletzungsbedingten Spielunterbrechungen wurde größer, das Einsteigen der Abwehr bei drohendem Torerfolg des Gegners zuweilen überhart. So hatten wir es in der Zeit von der Mitte der 1970er Jahre bis zur zweiten Hälfte der Nullerjahre unseres Jahrhunderts mit einem Niedergang der Spielkultur zu tun, die bei Rückfrage an die verantwortlichen Trainer meistens und erst einmal nur mit einem gestiegenen Erfolgsdruck begründet wurde.

Warum Gumbrecht seine Überlegungen anläßlich einer Partie zwischen dem FC Barcelona und Manchester United um die Krone des europäischen Vereinsfußballs anstellt, ist nach dem gerade

Gesagten leicht einsehbar. Denn mit dem FC Barcelona vor allem kam die Spielkultur im Fußball nicht nur zurück, sie wurde auch zugleich auf ein neues, bislang ungekanntes Niveau gehoben. Gumbrecht rekonstruiert das Geschehen idealiter folgendermaßen (und ich denke, er hat vollkommen recht): dem katalanischen Verein sei es gelungen, die Beschleunigung des Spiels und die Athletik seiner Anlage aufzunehmen, zugleich damit aber eine Virtuosität in der Ballbehandlung zu verbinden, die es nun wieder erlaubt, auf dem gesteigerten Niveau von Geschwindigkeit und Körpereinsatz zur Ästhetik zurückzufinden. Pässe, die früher ins Leere gingen, kommen nun an, Kombinationen, die zuvor nur zufällig gelingen konnten, erscheinen jetzt planmäßig und gewollt, Raumgewinne, die sich zuvor körperlicher Durchsatzkraft verdankten, werden jetzt wieder erspielt. Das Unwahrscheinliche, das uns wirklich staunen macht, hat jetzt wieder eine Chance, wenn wir nachvollziehen, daß nun selbst auf dem engsten Raum und in atemberaubender Geschwindigkeit Kombinationen möglich sind, die nicht mehr als das Ergebnis eines bloßen Getriebenseins erscheinen, sondern als ein Ausdruck von echter Souveränität. Das Spiel scheint jetzt nicht mehr nur unter einem übergroßen Druck des Gewinnenmüssens, sondern erhält zugleich auch wieder einen besonderen ästhetischen Zug. Und so hat es demnach gute drei Jahrzehnte gebraucht, bis im Weltfußball die Dynamisierung und körperliche Bewaffnung des Spiels wieder eingefangen werden konnten durch eine Form von kollektiver Artistik. Wie es zu einer solchen Artistik kommen konnte und was sich damit gesellschaftlich verbindet, dazu später noch mehr.

I.b. Ästhetische Begründungen

Zuvor aber noch eine kurze Überlegung dazu, wie man das neue und ästhetisch wertvolle Plus des Spiels ohne einen Rückgriff auf eine bloße Vermutung verstehen kann. Zu schnell kommt in Diskussionen bekanntlich der Einwand auf, die ästhetische Bewertung liege im Auge des Betrachters und sei dementsprechend zu subjektiv, um auch nur zum Ausgangspunkt eines Arguments zu taugen. Zu diesem Zweck legt sich erneut der Rückgang auf einen Spieleindruck nahe, wie er sich in der ergebnismäßig nicht sonderlich spektakulären Begegnung des AC Milan und des FC Barcelona im Champions League Viertelfinale am 28. März 2012 einstellen konnte. Die Partie endete zwar 0:0, war aber äußerst aufschlußreich, weil Mailand das oben beschriebene Defensivverhalten, bestehend aus konsequentem Pressing, Abwehr-Kettenbildung und physischer Verhinderung der Ballannahme, jener eben gerühmten neuen Spielkultur beinahe bilderbuchartig entgegensetzte. Das Spielverständnis Barcelonas war demnach herausgefordert, seine tieferen Geheimnisse preiszugeben, um dennoch zum Erfolg zu kommen. Es stellte sich folgende erstaunliche Wendung ein: nicht so sehr beim Spielaufbau, also auf dem Wege konstruktiven Spielaufbaus durch das Mittelfeld bis zum Strafraum, war eine außergewöhnliche Eigenart abzulesen, wie es meist in den Kommentaren geschieht, die die neue Dominanz der Katalanen auf den schieren Ballbesitz zwischen den Toren zurückführen. Der eigentliche und taktische Clou des Spiels offenbarte sich vielmehr am bzw. im Strafraum des Gegners. Hier konnte man nämlich beobachten, wie das Spiel im Gegensatz zu beinahe allen anderen Mannschaften dieser Welt eben gerade nicht mehr von Dynamik und dauernder Ortsveränderung geprägt war – so, daß sich Angreifer durch ein (oft genug gewaltsames) Lösen vom manndeckenden Verteidiger in Schußposition bringen müssen, wie es besonders deutlich vor Eckbällen wird, mit allen unschönen Gesten und Mitteln des Haltens oder Behinderns. Das Spiel des FC Barcelona wurde vielmehr in Strafraumnähe in höchstem Grade statisch. Es wurde nicht wie sonst üblich der Ball mehr oder weniger auf die Flügel verteilt, um dann von der Seite oder besser noch im Rücken der Abwehr den vorstoßenden Angreifern eine Gelegenheit zum Einschuß zu geben. Vielmehr brachten sich die Angreifer in einer dichtgestaffelten Normalverteilung direkt im Vorfeld des Elfmeterpunktes in Stellung. Der eigentliche Angriff lief dann so ab, daß keineswegs die Spieler, sondern nur der Ball seinen weiteren Weg in den Strafraum fand, die Torgefahr also der besonderen Kombination geschuldet war, anstatt dem ballführenden Spieler. Freilich konnte auch dieses Konzept nur gelingen, weil die Paßgeschwindigkeit so groß war, daß die Reaktionszeit der Gegner nicht ausreichte, um an den Ball zu kommen. Geschwindigkeit schaffte hier nicht nur Raum, wie im Mittelfeld, sondern auch Immunität. Und das Konzept konnte nur aufgehen, wenn am Ende der Stafette es doch zumindest noch einen Doppelpaß gab, jedoch einen solchen, der mehr zum Ausspielen des Gegners als zum entscheidenden Raumgewinn führen sollte. Insgesamt konnte sich der Zuschauer des Eindrucks nicht erwehren, daß es bei diesem Konzept des Fußballs zuletzt nicht um den Torerfolg als solchen ging, denn es wurde aus Positionen, die jedem anderen Angreifer bereits als aussichtsvoll und torversprechend gelten mußten, noch lange nicht der Abschluß gesucht. Eher durfte man mutmaßen, daß es die Kombination an sich war, die gesucht wurde – und sie ist es auch, auf die sich die folgenden Überlegungen stützen. Und damit komme ich zurück auf die Frage, was an der Schönheit des Spiels objektiv haltbar und nicht nur im subjektiven Auge des hier schreibenden Betrachters liegt. Es ist das besondere Wesen solch spielerisch präsentierter Kombinatorik, das hier weiteren Aufschluß bietet. Nicht, wie üblich, ging es darum, einfach einen Lauf- bzw. Paßweg durch den vom Gegner verstellten Raum zum Tor bzw. zur möglichen Einschußposition zu finden, so als gliche das Spielfeld einem Labyrinth aus menschlichen Barrieren, in dem die Kombination zu verstehen wäre als eine Form der Navigation; es ging vielmehr darum, den Weg zum Torerfolg erst zu schaffen dadurch, daß sich die Verteidigungs-Barrieren selbst aus dem Weg stellen und damit den Paß-Weg zum Tor frei machen. Das geschieht konzeptionell dadurch, daß beim Paßspiel bereits mit der Reaktion des Gegners auf die eigene Ballführung gerechnet wird, die Bewegung des Gegners also antizipiert und somit Teil der Spielführung wird. Jene Antizipation wird dann genutzt, um das weitere Paßverhalten festzulegen. Die einfachste Kombination in dieser Paß-Logik ist bekanntlich der Doppelpaß, in dem der Weg zum Tor frei wird, weil der Gegner, auf dem Weg zum gerade Ballführenden, sogleich auf der falschen Fährte sein wird, sobald der Ball wieder beim ersten Paßgeber ist. Wenn man die Kombinations-Ästhetik in dieser Hinsicht betrachtet, bekommt sie Züge, die den Fußball sogleich in die Nähe des Schachspiels rückt. Dort erscheinen uns Züge dann besonders anziehend und bestaunenswert – oder auch einfach ›schön‹ –, wenn sie gedanklich möglichst weit in den kommenden Spielverlauf vordringen. Ihre wahre Qualität zeigt sich demnach nicht auf Anhieb, sondern erst nach 3, 4, 5 oder noch mehr Zügen. Auf den ersten Blick harmlose Manöver können so weitreichende Folgen haben, deren Vorhersicht sie im Rückblick zum Ausgangspunkt einer kunstvollen Gesamtplanung machen. Was die ästhetische Bewertung hierbei ausmacht, ist nicht einfach der Erfolg oder der mögliche Erfolg, zu dem eine einmal gewählte Schluß- und Schußkombination führt. Es ist auch nicht die graphische Qualität der Ballführung als eine womöglich kunstvolle Kreuzung der Lauf- und Paßlinien, ihr Zusammenspiel und ihr Aneinanderpassen, wie sie in das herangezogene Navigationsschema paßte. Staunen macht uns vielmehr und darüber hinaus die intellektuelle Herausforderung, eine einfache und elegante Lösung auf ein nicht leicht überschaubares Anordnungs- und Kombinationsproblem zu finden. Als schön dürfen hierbei Spielzüge gewertet werden, für die die sicherste Lösung nicht zugleich die beste sein muß, und solche Abschlüsse verdienen den Applaus des Ästheten, die auf dem Wege gedanklicher Abkürzungen die paß-logisch schlüssigste Lösung finden. Fußball gleicht in dieser Hinsicht demnach nicht nur dem Schachspiel, sondern, noch abstrakter gewendet, einer besonderen Form der mathematischen Beweisführung. Denn auch hier ist nicht jeder Beweis gleich gut und gleich angesehen, sondern besonders solche machen ihren Entdeckern Ehre, die uns bestechend vorkommen, weil sie bei aller Konsequenz zugleich elegant und einfach erscheinen. Sie beweisen sich dort, wo der sichere Weg zwar auch gangbar ist, jener sich durch die Schwierigkeiten aber mehr hindurcharbeitet, als daß er sie von einer souveränen Warte aus betrachtet schließlich auskontert und damit auflöst.

Zu jener systematischen Analyse der neuen Schönheit des Spiels läßt sich auch noch eine historische Perspektive assoziieren. Das habe ich ausführlich in meiner Monographie zur *Philosophie des Fußball* (Gessmann, 2011) versucht. Der landläufigen Meinung, Fußball sei mehr als ein Spiel und zuletzt nichts weniger als eine Weltanschauung, wird darin eine tiefere, sprich philosophische Bedeutung unterstellt. Wenn also nach Hegel die Philosophie »ihre Zeit in Gedanken erfaßt« (Hegel, RPh, 26) ist, dann werden diese Gedanken im Fußball anschaulich, populär und zuletzt auch für alle nachvollziehbar – zumindest solange, wie es den Fußball eben schon gibt. Immer noch Hegel folgend habe ich drei wesentliche Phasen der Entwicklung des Fußballs unterschieden, die historisch mit den Ursprüngen im englischen Fußball im 19. Jh., der Erfindung des Liberos im 20. Jh. und hier besonders in einer deutschen Ausprägung und dem Systemfußball holländischer Provenienz nach 1968 benannt sind. Jede historische Phase der Entwicklung hat in dieser philosophischen Hintergrundbeleuchtung ihre eigenen Prinzipien, und diese müssen gemäß der Fortschritte im Bewußtsein der Spielkultur mit der Zeit komplexer und auch reflektierter werden. Ästhetisch zeigt sich dies vor allem an den Glanzstücken, über die man zu verschiedener Zeit staunen konnte. War es im englischen Fußball der Anfänge das ›dribbling game‹, war es im liberozentrierten Spiel des 20. Jh.s der geniale, raum- und spieleröffnende Paß, und der Systemfußball hatte schließlich die Videospielästhetik des One-Touch-Fußballs salonfähig gemacht. Schaut man aus dieser historischen Perspektive auf die neuen ästhetischen Qualitäten nach der hier proklamierten Wiederkehr der Schönheit, dann ist sie zuerst einmal als eine Form der Summe der vorangegangenen Auszeichnungen zu verstehen. Das ›dribbling game‹ kehrt wieder an der Stelle, an der es außerordentliche Fähigkeiten der Ballannahme, der engen Ballführung und der Ballweitergabe braucht, um die artistische Statik des neuen Spiels im gegnerischen Strafraum möglich zu machen. Es braucht weiter die geniale Anmutung des spieleröffnenden Passes, in dessen Vollzug das zuvor Unmögliche (konkret: das Durchkommen durch eine dicht gestaffelte Abwehr) mit einem Mal zugleich denkbar und wirklich wird; und es braucht drittens die hochkomplexe Kombinatorik, die das Spielgeschehen weg vom Einzelspieler und seinem individuellen Können auf das Zusammenspiel der Einzelkönner lenkt, die bei aller Bravour und Brio ihres Könnens zugleich auch wieder zurückgenommen erscheinen in der Starqualität, die nun das Eingespieltsein der ganzen Mannschaft selbst ausmacht. Wenn man derart nun die ästhetischen Qualitäten der vorangegangenen Fußballepochen zusammennimmt, ist zugleich aber auch einsichtig, daß es sich in ihrer zusammenfassenden Aktualisierung um mehr als eine bloße ›Summe‹ handeln muß. Denn nun erscheint, wie schon in der mathematischen Mutmaßung zuvor angesprochen, die Schönheit des Spiels einer höheren Form der Beweisführung geschuldet, die sich vor allem durch die Souveränität der Ausführung wie auch der Betrachtung auszeichnet. Oder noch einmal mit Hegel gesprochen: was das virtuose Dribbling, der geniale Paß und das schlüssige Systemdenken jeweils an Einzelqualitäten offenbaren, geht nun als Momente in die Gesamterscheinung der neuen Spielkultur ein. Sie wirken nur dort ästhetisch einnehmend, wo sie zusammenwirken und in ihrer gegenseitigen Ergänzung und Kombination zum besagten Gesamteindruck beitragen. Nur weil der Ball so eng am Fuß geführt wird und das gegnerische Eingreifen und Pressing individuell ins Leere läuft, ist es für den einzelnen Spieler möglich, geniale Pässe zu schlagen; und nur weil es den einzelnen Akteuren möglich ist, geniale Pässe zu spielen, gelingen geniale Doppelpässe, die zu Trippelpässen und deren entsprechenden Weiterführungen werden. Und nur weil sowohl das Dribbling wie der geniale Paß nun demokratisiert erscheinen (jeder ist schließlich in dieses Spiel eingebunden), kann auch das Systemspiel auf eine neue und zugleich außerordentliche Weise gelingen. Das Plus nämlich, das dem Systemfußball selbst noch zu einer neuen ästhetischen Qualität verhilft, verdankt sich dem Umstand, daß im Angesicht des Betrachters hier keine kybernetische Maschine ihre Programme abspult und nach reinen Effizienzgesichtspunkten optimiert solange, bis die Tore fallen. Vielmehr erscheint die Lernphase im dauernden feedback entscheidend abgekürzt an der Stelle, an der eine wenig offenbare, aber viel schlüssigere Lösung durch die individuellen Qualitäten der Einzelspieler und ihrer mathematisch zu schätzenden ›Genialität‹ realisiert werden. Oder zurück auf das Phänomen gemünzt und noch einmal Gumbrechts Analyse des Champions League Endspiels von 2011 gefolgt: die spanische Nationalmannschaft mag im selben Jahr ähnlich erfolgreich gewesen sein wie die katalanische Vereinsmannschaft. Dennoch reichte es nur zu Arbeitssiegen mit relativ knappen Ergebnissen. Die Qualität eines Weltfußballers, wie sie in der Spielerpersönlichkeit von Lionel Messi vorgeführt wird, macht hier den Unterschied, nicht nur in der Höhe der Siege, sondern eben auch in deren Glanz – oder eben auch ihrer neu zu schätzenden Schönheit[2].

Mit Blick auf das übergeordnete Thema der Beiträge seien nun an den rein ästhetischen Befund zwei soziologische Überlegungen angeschlossen, die jene Entwicklung in Verbindung bringen mit der Frage nach der Öffentlichkeit. Zum einen läßt sich dabei von *ökonomischen* Hinsichten ausgehen, zum anderen von *gesellschaftspolitischen*.

II. Ökonomische Veränderungen

Bei den ökonomischen Hinsichten will ich auch wiederum beiseite lassen, was die Zeitgeschichte schon an offensichtlichen Beiträgen leisten kann. Denn es ist klar, daß die leicht nachvollziehbaren Veränderungen im Fußball erst einmal das ökonomische Umfeld

---

[2] Eine andere Linie der Argumentation für eine Dimension von ästhetischer Wahrheit im Sport und besonders im Fußball ließe sich ausgehend von einer Konzeption verstehen, die das Spiel als besonders qualifizierten Ausdruck des Lebens betrachtet, und hier besonders als den Ausdruck jenes Lebenskerns, den man gemeinhin als unergründlich bezeichnet. Volker Schürmann hat dieser Dimension des Verstehens zuletzt zu neuer Aktualität verholfen. Die Herausforderung besteht darin, die Lebenskonzeption des 19. Jh.s gegen die irrationalistischen Vereinnahmungen in Schutz zu nehmen, die sie zuweilen im Existenzialismus erfahren hat. Die ›Göttinger Lebenslogik‹ (Georg Misch, Josef König) muß hierzu neu betrachtet und philosophisch eingeschätzt werden. Wie dies originell gelingen kann, ist nachzulesen in Schürmann 2011.

betreffen. Auszugehen ist von einer generellen Kapitalisierung der Vereine, die mit einer neuen Logik der Mittelbeschaffung beginnt. Waren früher kleine und mittlere Unternehmer als Mäzene oder Eigentümer aufgetreten oder gehörte der Verein noch den Mitgliedern, so ist die modernere Variante jene eines Großmäzens, der bereit ist, Summen einzusetzen, die im Zweifelsfall alle bestehenden Marktangebote für Spieler oder Trainer überbieten können. Wo kein solcher Mäzen im Rücken eines Vereins steht, wird diese Logik beibehalten dadurch, daß eine Verschuldung im großen Rahmen in Kauf genommen wird. Die Kapitalisierung des Fußballs findet ihre Fortsetzung in der Umwandlung der Ligen zu Märkten, auf denen Spieler und Trainer als ein nahezu frei flottierendes Kapital behandelt und gehandelt werden können. Jene Märkte wiederum funktionieren nicht nach dem Muster der Subsistenz, so daß sich die Vereine ›Spielermaterial‹ beschaffen, das sie für den erfolgreichen Spielbetrieb brauchen, sondern gemäß dem Muster der Spekulation, nach dem Spielerkäufe nach möglichen Zugewinnraten und zu erwartenden Erfolgsrenditen erfolgen. Nur so kann die Zusammenstellung von Kadern verstanden werden, die eher einem Portfolio gleichen als einer Mannschaftsaufstellung und dabei auch gerne, wie im Falle Chelseas, eine Übergröße haben, die jede vernünftige Aussicht auf Spieleinsatz aller Zukäufe von vornherein als unwahrscheinlich oder ausgeschlossen erscheinen lassen. Die Kapitalisierung geht dann weiter in der Ausdifferenzierung der Vereinsstrukturen, die konsequent dem Managementprinzip folgen soweit, daß schließlich auch die Trainer nicht mehr die klassischen Übungsleiter und Mannschaftsoberhäupter oder landläufig die ›Seele einer Mannschaft‹ sind, sondern kühl kalkulierende Erfolgscoaches, die mit Blick auf ihr eigenes Verbleiben im Verein lieber auf kurzfristigen Erfolg als auf nachhaltige Arbeit an einer dauerhaften Spielkultur schauen mögen. Und die Kapitalisierung endet schließlich in den Köpfen der Spieler selbst, die sich in erster Linie nicht mehr als den Teil einer echten Mannschaft und damit als eine eingeschworene Gemeinschaft verstehen und sich identifizieren mit ihrer bestimmten Funktion in jenem Kollektiv; sie betrachten sich vielmehr als ein Humankapital, das sie auch mit Blick auf die notwendige Kürze ihrer sportlichen Karriere am besten mit hohen Zuwächsen vermehren und damit so gewinnbringend wie möglich einsetzen. Die entscheidende Frage für die Mannschaftswahl ist demnach nicht die der sportlichen Entfaltung, sondern der effektiven Steigerung des eigenen Markt- und weiteren Vermarktungswertes.

Die eigentliche Kapitalisierung der Spielanlage des Fußballs schließt an jene äußeren Veränderungen jedoch in einer tiefergehenden Weise an. Denn hierbei wird nun das spekulative Prinzip im Kerngedanken des Spiels selbst verinnerlicht. Das Spiel gewinnt damit Züge eines Managements, das die Ballbehandlung nach börsentauglichen Maximen neu organisiert. Was man früher als eine traditionelle Lagerhaltung kultivierte, indem ein Ball so lange in den eigenen Reihen oder am einzelnen Mann gehalten wurde, bis sich tatsächlich eine bestimmte und konkrete Chance auf Weitergabe und Verwertung ergab, wird nun verwandelt in eine Just-in-time Planung, in der der Ball niemals ruht, sondern ständig auf dem Weg einer möglichen Verwertung ist – was einschließt, daß die Weitergabe nicht mit Blick auf eine bestimmte Chance erfolgt, sondern in der diffusen Aussicht, ständig und immer zur Eröffnung irgendeiner Verwertungsmöglichkeit beizutragen. Es wird also nicht ein planvoller Paß gespielt, der mit einer bestimmten Absicht und Zielsetzung geschlagen wird, es wird vielmehr ständig vor und zurückgespielt, solange, bis sich aus jener dauernden Umbuchung auf verschiedene Ballbesitzkonten irgendein – und sei es noch so geringer – Raumgewinn ergibt.

Parallel dazu erfolgt dann auch die Abschlußplanung nicht mehr nach dem früheren Jäger- und Sammlerprinzip. Ein Angriff wird also nicht gestartet, wenn dazu ein besonders günstiger Augenblick herrscht, sich eine eklatante Lücke auftut oder beim gegnerischen Torwart eine besondere Fangschwäche erkannt wird. Vielmehr erfolgt das Angriffsgeschehen als ein Dauerbetrieb, der in planvoller Ballverschiebung nun von sich aus auf die Generierung von Möglichkeiten setzt, die mit Hilfe einer andauernden Verlagerung der Schwerpunkte des Spiels auf eine Destabilisierung der gegnerischen Abwehrreihen und -maßnahmen hofft. Dabei ist es die Strategie, durch kleinere Verunsicherungen immer größere hervorzubringen, so daß auch die kleinste Lücke im gegnerischen Abwehrriegel für den Ansatz einer weiterreichenden Übernahmestrategie des generischen Feldes genutzt werden kann. Die Raumgewinne müssen dieser Logik folgend beinahe exponentiell aneinander anschließen, mit dem Ziel, am Ende einer solchen Stafette die Lücke in der gegnerischen Abwehr groß genug werden zu lassen, um zum freien Torschuß zu kommen. Gelingt es durch diese kapitalisierende Form des Ballhaltens und -verwertens schließlich, den Gegner nahezu vollständig vom Spiel auszuschließen – wie dies zuletzt zur Philosophie erfolgreicher Vereine geworden ist, deren Zielmarke bei mindestens 70% Ballbesitz liegt –, dann könnte man im übertragenen Sinne auch von einer feindlichen Übernahme des Spielgeschehens sprechen. Der Gegner ist dann nur immer da, wo der Ball und damit das mögliche Gewinnkapital immer nicht ist.

III. Soziologische Veränderungen

Von der Ökonomie zur Gesellschaftslehre: die äußere, historische Beschreibung des *sozialen* Wesens von Kapitalgesellschaften kann wiederum nur kurz als solches anzitiert werden, die Phänomene eines spekulativen Liberalismus, oder in der Vulgärversion auch eines Neoliberalismus stehen uns allen wohl auch zur Genüge vor Augen. Züge wie eine nahezu vollkommene Gleichgültigkeit gegenüber dem gesellschaftspolitischen Rahmen allen Wirtschaftens bei gleichzeitiger Hypermotivation des Einzelnen, verbunden mit der Aussicht auf exponentiell steigende Prestigeraten bilden hier ein magisches Dreieck. Paust man dieses Schema wiederum in die Spielanlage des Fußballs durch, erscheint vermutlich am besten eine Gesellschaftsbeschreibung des Teamsports nach dem Muster der Luhmannschen Systemtheorie als einschlägig. So darf man davon ausgehen, daß für die Frage der sozialen Identität einer Mannschaft nur noch ein anonymes Spielsystem überhaupt zur Verfügung steht. Jenes System zeichnet sich dadurch aus, daß es alle Spieler von einer Ausgestaltung oder Prägung des Spiels ihrer Mannschaft grundsätzlich entlastet, denn *wie* gespielt wird, das legt der Systemfußball durch ein ausgeklügeltes Kombinationssystem immer schon fest. Wie es noch vor kurzem das Credo des modernen Vereinsfußballs war, ist die systemische Maxime dabei die spieltechnische Grundsicherung des Ballbesitzes in den eigenen Reihen. Sie wird durch die Ausbildung von dynamischen Dreiecksbeziehungen zwischen den Spielern erreicht, bei der mindestens drei Spieler sich so zueinander bewegen müssen, daß ein sicherer Paß trotz Intervention des Gegners immer möglich ist. Demnach werden so konsequent und so lange Spieler zu neu entstehenden Dreiecksverhältnissen assoziiert, daß neben dem gedeckten Mann immer ein freier Mann da ist, der anspielbar bleibt. Unnötig zu sagen, daß auf diese Weise vor allem ein Kurzpaßspiel gefördert wird, und je schneller das Spiel ist, um so kürzer müssen die Pässe sein. Wer Anschauungsmaterial sucht, der wird im Spiel der spanischen Nationalelf zur Zeit überreich fündig.

Für die klassische Frage der Spielgestaltung und der Identifizierung mit einer besonderen Spielanlage bleibt hier jedoch kein Raum mehr. Denn jene systemische Vernetzung der Spieler geschieht, wenn man so will, immer über die Köpfe der Spieler hinweg, und sie ist in Spanien wie in Deutschland und Frankreich und England oder Südamerika oder wo auch immer immer dieselbe. Das anonyme Kombinationssystem ähnelt dem Procedere nach einer kybernetischen Selbstorganisation des Spiels, das im Grunde nur mit den unterschiedlichen Parametern der einzelnen Spielfähigkeiten justiert werden muß, um dann alles weitere dem feedback und feedforward-Verfahren des Spiels selbst zu überlassen. So anonym diese Selbstorganisation des Spiels ist, so international kann sie auch sein, und so sichert zugleich jene Spielausrichtung am Automaten auch die Möglichkeit, beliebig zwischen den Vereinen Spieler zu tauschen und abzukaufen, weil sich jeder Spieler im Grunde immer in eine vergleichbare Systemrolle fügen muß. So braucht es auch keine lange Zeit der Eingewöhnung und Anfreundung mit den Mitspielern, die Spieler können vielmehr wie Aktien ihr Depot weltweit wechseln, ohne beim Transfer an Wert zu verlieren. Und so zeigt sich eben, daß die neoliberale Durchgestaltung des Spiels nach den Imperativen der Systemtheorie zuletzt einen Anschluß von Gesellschaft an Wirtschaft oder von Wirtschaft an Gesellschaft hervorbringt und die im Fußball geförderte Öffentlichkeit zuletzt die Öffentlichkeit der Börsen und der Märkte ist, als deren Agenten und Anhänger wir uns einfinden.

Schlußbetrachtung

Ich komme damit auch schon zur Schlußbetrachtung, denn es bleibt noch, wenigstens eine Aussicht darauf zu bieten, wie jene neoliberale Postmoderne im Fußball schließlich in eine neue Phase des Gemeinschaftsdenkens einmünden kann. Ausgangspunkt war die ästhetische Betrachtung Gumbrechts, nach der es nach Jahrzehnten der Dynamisierung des Fußballs im Sinne eines immer mehr, immer rapider und immer athletischer nun zu einer Rückkehr der Anschaulichkeit kommt, einer Anschaulichkeit, mit der auch zugleich die verbesserte Möglichkeit ins Spiel zu bringen ist, daß auch wir uns als Zuschauer wieder eher mit einer Mannschaft oder einer Spielweise identifizieren können. Dem gesellschaftlichen und politischen Hintergrund jener Rückkehr der Schönheit kann man sich wahrscheinlich auch wieder am Phänomen selbst am schnellsten und am besten nähern. Gehen wir noch einmal mit Gumbrecht davon aus, daß der FC Barcelona der Verein ist, der in der Tat jene Rückkehr der Schönheit am meisten befördert hat, besonders seit 2009, dann legt es sich nahe, dort noch einmal wegen der gesellschaftlichen Voraussetzungen einer solch gelungenen Ästhetisierung nachfragen. Man wird dabei fündig, wenn man nachvollzieht, wie die Spieler in die Lage versetzt werden, den Hochgeschwindigkeitsfußball nicht nur hocheffizient, sondern zugleich auch mit einer künstlerischen und kollektiven Eigennote versehen zu spielen. Hier zeigt es sich, daß für den Fußball zuletzt dasselbe gilt wie für jede andere Kunst, die sich mit der Anforderung einer gehobenen Artistik konfrontiert sieht, um überhaupt zu reüssieren. Braucht es doch eine lange Übungszeit, bis hochkomplexe und hochartistische Bewegungsabläufe so verinnerlicht werden, daß alle Konzentration bei der Ausführung nicht mehr auf die technische Korrektheit der Ausführung gelegt werden muß, sondern darüber hinaus noch Raum bleibt für eine künstlerische Ausgestaltung. Jeder, der einmal Klavierspielen gelernt hat, weiß, daß es gute zehn Jahre braucht, bis man auch nur in der Lage ist, die anspruchsvollen Stücke nicht nur abzuspielen, sondern auch auszugestalten. Richard Sennett gibt generell für alle Handwerke mit künstlerischen Ambitionen die Formel von den 10.000 Übungsstunden aus, die eine Könnerschaft verlangt (vgl. Sennett 2008). Da man beim Fußball nicht wie am Klavier alleine spielen kann, ist es absehbar, daß jene Könnerschaft, die Raum für Ästhetik bieten soll, nur in einer langjährigen *gemeinsamen* Ausbildungs- und Übungsphase erreicht werden kann. Und so finden sich der Erfolg und die Ästhetik des FC Barcelona am Ende allen Rückverfolgs bei der besonderen Form der Ausbildung ihrer Teamspieler. Anders als bei anderen Clubs werden die Stars im Verein nicht vom Markt zusammengekauft, sondern in der eigenen Jugend ausgebildet. Sie lernen ihre Spielzüge und Kombinationen nicht nur gemäß einem System, dessen Procedere weltweit immer dasselbe ist, sondern in der besonderen Abstimmung individueller Stärken und Schwächen. Ihre Laufwege koordinieren sich durchaus nach dem Imperativ der Ballsicherung in den eigenen Reihen, jedoch auch zugleich mit einer Individualität versehen, die es auch uns Zuschauern leicht macht, einen Spielzug sofort als jenen eben des FC Barcelona zu erkennen. Und jene Individualität kann eben nur gelingen, wenn zu der international etablierten Systemkomponente des Fußballs zugleich eine Hochgeschwindigkeitsartistik tritt, die sich nur innerhalb einer lokalen Ausprägung realisieren läßt und dem Spiel damit ein unverwechselbares Kolorit gibt. Nur weil die Spieler selbst als Stars mit einer besonderen Vereins-Spielweise und einem einzigartigen Spielverständnis sozialisiert wurden und von früh an damit familiarisiert sind, kann das Spiel wieder so ansehnlich werden, wie wir es zur Zeit erleben dürfen. So hat die Rückkehr der Schönheit des Spiels zuletzt ein gesellschaftspolitisches Fundament, in dem über die bloße Effizienz des Spiels hinaus die Besonderheit einer Gemeinschaft eine besondere Rolle spielt. Jene Besonderheit hat dann mit der gemeinsamen Einübung des Grundverständnisses des Spiels zu tun wie auch der besonderen taktischen Anlage in der Konfrontation mit neuen Gegnern und Spielsystemen. Bleibt nur noch daran zu erinnern, daß schon Aristoteles in der *Hexis* als einer Einübung in die lokalen Üblichkeiten und der *Phronesis* als einer besonderen taktischen Klugheit die Grundbestandteile seiner Ethik festgemacht hat. Wo Bildung und Ausbildung gelingt, findet man sich spielerisch in die herrschenden Orts-*Üblichkeiten* ein, und virtuos und wahrhaft gelungen wird nach solcher Grundausbildung das Zusammenspiel in der Gesellschaft, sobald man auch noch eine kluge und zugleich gemeinschaftsdienliche Denkweise verinnerlicht, wie sie von den Weisen exemplarisch vorgelebt wird und im täglichen Training einzustudieren ist. Und liest man bei Aristoteles weiter, dann ist auch klar, daß jenes ethische Einüben, das vom Individuum geleistet werden muß, zwangsläufig auch eine gemeinschaftliche oder auch politische Bedeutung haben muß. Denn wo während der Ausbildung die Üblichkeiten eines Ortes in Fleisch und Blut übergangenen sind und die besondere Klugheit einer vorherrschenden Ortsphilosophie vom Trainer auf die Spieler übergeht – die später selbst einmal wieder Trainer werden sollen –, da ist selbst die Ausbildung zum Könner und Artisten keine individuelle Angelegenheit mehr, sie spiegelt vielmehr in sich den besonderen, mit Hegel gesprochen, Ortsgeist einer Gemeinschaft. Die antike Philosophie hatte immer vor Augen, daß die Bestform einer Polis nur in einer überschaubaren Gemeinschaft erreicht werden kann. Städte oder Staaten, die freilich Stadtstaaten waren, durften so gesehen nach Aristoteles nicht mehr als 500 (freie) Bürger haben. Nationalstaaten und Massendemokratien moderner Prägung waren politisch und philosophisch gesehen ein Unding. Vielleicht liegt es auch an jener Übersichtlichkeit und Überschaubarkeit des mannschaftlichen Auftretens im Fußball, daß uns jene ursprünglich und im besten Sinne politische Bedeutung dieses Mannschaftssportes heute als solche wieder greifbar erscheint. Zumindest in ihrer ästhetischen Anmutung. Und so kann man womöglich auch leichter verstehen, warum es auch uns wieder leichter fällt, unsere Sympathien für eine Mannschaft mit ihrer Spielweise zu verbinden, wenn diese uns anzeigt, daß auch wir im Grunde gerne im Leben so dastehen möchten, wie die von uns geschätzten Spieler auf dem Platz. Es handelt sich dann um eine Identifikation, in der es in erster Linie nicht ums Gewinnen und ums Verlieren geht, sondern um die Frage, *wie* das eine wie das andere geschieht. Das mag womöglich banal erscheinen für alle, die von Hause aus und immer schon ein intimeres Verhältnis zum Fußball unterhalten. In einer Zeit, in der die Starensembles aber über lange Strecken hinweg nur Siege von der Stange lieferten, darf man vielleicht einen Augenblick lang solche Überlegungen wieder erwägenswert finden.

Fazit

Die Rückkehr der Schönheit im Fußball muß etwas zu tun haben mit der Ausbildung einer neuen Form von Öffentlichkeit im beginnenden 21. Jh. Hier verbindet sich die ästhetische Veränderung in der Spielkultur zuletzt mit einer neuen Sozialkultur im artistischen Zusammenspiel der Agenten auf dem Platz. Grundlage dafür ist eine lange Eingewöhnung in bestimmte Kooperationsformen und eine kluge Positionierung angesichts immer neuer Herausforderungen. Eingewöhnt und zu mitdenkenden Taktikern werden Spieler wie Zuschauer gleichermaßen, sobald sie den Fußball als ein soziales Gemeinschaftsphänomen neu erleben. Und das Neue an dieser Form der Gemeinschaft im 21. Jh. ist es nicht zuletzt, daß jenes tiefere Einverständnis weit über die klassischen Orts-, Klassen- und Nationalgrenzen hinausreicht und uns auch zu ehrlichen Anhängern fremder Vereine machen kann.

Die Klage der Kulturkritik, Fußball sei ein Anhängsel eines ausbeuterischen Wirtschaftssystems oder auch ein prominenter Bestandteil einer florierenden Kulturindustrie, kann damit zwar nicht abschließend ausgeräumt werden. Die Offenheit, nahe am Phänomen und an den Veränderungen der Gegenwart zu argumentieren, sollte sich die Philosophie wie auch die Soziologie deshalb jedoch nicht nehmen lassen. Fußball und Öffentlichkeit gehen im 21. Jh., davon bin ich überzeugt, jedenfalls eine neue und bedenkenswerte Verbindung ein.

Literatur

Böttiger, H. (1993). Kein Mann, kein Schuß, kein Tor. Das Drama des deutschen Fußballs. München: C.H. Beck ²1997.

Bredekamp, H. (2006). Florentiner Fußball. Die Renaissance der Spiele. Berlin: Wagenbach.

Bredekamp, H. (1982). »Fußball als letztes Kunstwerk«. In H.-L. Gremliza (Hrsg.), Konkret-Sport-Extra (S. 42-46). Hamburg: Konkret Literatur Verlag.

Elias, N. & Dunning, E. (2003). Volkstümliche Fußballspiele im mittelalterlichen und frühneuzeitlichen England. In N. Elias & E. Dunning, Sport und Spannung im Prozeß der Zivilisation, Frankfurt a.M.: Suhrkamp.

Galeano, E. (2003). Soccer in sun and shadow, fourth estate. London: Verso.

Gebauer, G. (2006). Poetik des Fußballs. Frankfurt a.M./New York: Campus.

Gessmann, M. (2011). Philosophie des Fußballs. München/Paderborn: Fink.

Gumbrecht, H.U. (2005). Lob des Sports. Frankfurt a.M.: Suhrkamp.

Gumbrecht, H.U. (2011). Pass und Ereignis. Der Stil des FC Barcelona. *FAZ* vom 27.05.2011, zugänglich unter: http://www.faz.net/aktuell/feuilleton/pass-und-ereignis-der-stil-des-fc-barcelona-1638074.html.

Gumbrecht, H.U. (2010). Kontingenz, Moral, Sport, Geschichte. In *Zeitschrift für Kulturphilosophie* 4 (1), 29-39.

Hegel, G.W.F. (RPh). Grundlinien der Philosophie des Rechts [1820]. In G.W.F. Hegel, Werke: In 20 Bänden. Hg. v. E. Moldenhauer & K.M. Michel, Bd. 7, Frankfurt a.M.: Suhrkamp 1976.

Hütig, A. & Marx, J. (Hrsg.) (2004). Abseits denken. Fußball in Kultur, Philosophie und Wissenschaft. Kassel: Agon-Sportverlag.

Klein, G. & Meuser, M. (Hrsg.) (2008). Ernste Spiele. Zur politischen Soziologie des Fußballs. Bielefeld: transcript.

Luhmann, N. (1997). Die Gesellschaft der Gesellschaft. 2 Bde. Frankfurt a.M.: Suhrkamp ²1999.

Osborne, A.C. & Sarver Coombs, D.. Villa till I die!. In T. Richards (Hrsg.), Soccer and philosophy. Beautiful thoughts on the beautiful game (S. 241-250). Chicago: Open Courts.

Schaffrath, M. (1999). Unternehmen auf Brust und Bande – Millionen im Rücken. Entwicklungen, Trends und Perspektiven des Bundesliga-Sponsoring. In M. Schaffrath (Hrsg.), Die Zukunft der Bundesliga. Management und Marketing im Profifußball (S. 161-185). Göttingen: Werkstatt.

Schürmann, V. (2011). Die Unergründlichkeit des Lebens. Lebens-Politik zwischen Biomacht und Kulturkritik. Bielefeld: transcript.

Schürmann, V. (2006). ›Die schönste Nebensache der Welt‹. Sport als Inszenierung des Citoyen. In *Deutsche Zeitschrift für Philosophie* 54 (3), 363-382.

Schürmann, V. (2010). Bewegungsvollzüge verstehen. Bausteine einer Hermeneutik des Sports. In *Zeitschrift für Kulturphilosophie* 4 (1), 55-64.
Schümer, D. (1996). Gott ist rund. Die Kultur des Fußballs. Frankfurt a.M.: Suhrkamp.
Schulze-Marmeling, D. (2002). Fußball. Zur Geschichte eines globalen Sports. Göttingen: Werkstatt.
Schulze-Marmeling, D. (2010). Barça oder: Die Kunst des schönen Spiels (2. Aufl.). Göttingen: Werkstatt.
Sennett, R. (2008). HandWerk. Berlin: Berlin.
Sloterdijk, P. (2010). Spielen mit dem, was mit uns spielt. Über die physischen und metaphysischen Wurzeln des Sports. In *Zeitschrift für Kulturphilosophie* 4 (1), 73-78.
Theweleit, K. (2006). Tor zur Welt. Fußball als Realitätsmodell. Köln: Kiepenheuer & Witsch.

Der Fußballplatz als Ort der Vergemeinschaftung

Rudolf Oswald

Am 6. August 1933 fand im Stadion an der Grünwalder Straße in München vor 28.000 Zuschauern das Wiederholungsendspiel eines gerade erst ins Leben gerufenen Fußballturniers statt: der Entscheidungskampf der Gau-Auswahlmannschaften[1] um den sogenannten *Hitler-Pokal*. Über dieses Spiel, das der Gau Bayern für sich entschied, ist in der Ausgabe der *Münchener Neuesten Nachrichten* vom darauf folgenden Tag ein Bericht erschienen, den es lohnt, ausführlicher zu zitieren:

> »Die bayerische Staatsregierung mit dem Ministerpräsidenten Siebert an der Spitze, der in einer begeisternden Rede die großen Endziele des Sportes im neuen Deutschland herausstellte, die zahlreichen Führer der SA, die man in der Ehrenloge wahrnahm, legten ein beredtes Zeugnis dafür ab, daß im neuen Reiche sportliches Geschehen eine andere Bedeutung hat, als in der volkszerrissenen Vergangenheit der düsteren Nachkriegsjahre. Die Freude und Begeisterung, mit der die Massen allenthalben in den Gruß des neuen Deutschland ausbrachen, die innere Wärme, mit der sie das Deutschlandlied und das Lied Horst Wessels als gewaltige Schlußapotheose sangen, brachten in einem überwältigenden Gesamteindruck zum Ausdruck, daß der Gedanke der großen deutschen Volksgemeinschaft unaufhaltsam Gemeingut aller Deutschen wird.«[2]

Fast idealtypisch gibt der Kommentar den von politischer Seite gewünschten Ablauf nationalsozialistischer Inszenierung im Fußballstadion wieder: Der Vorgabe einer von der Masse geschiedenen Autorität, welche sich im vorliegenden Falle aus der anwesenden NS-Prominenz rekrutiert, folgt die Affirmation durch die Menge. Festgeschrieben wird ein imaginäres Kollektiv, bestehend aus poli-

---

[1] Nach der nationalsozialistischen Gleichschaltung des deutschen Sports im Frühjahr und Sommer 1933 wurde das Reich – analog zur politischen Gliederung – in 16 Sportgaue aufgeteilt. Die erwähnten Auswahlmannschaften repräsentierten somit ihren Gau.
[2] »Bayern – Sieger im Hitler-Pokal«, Münchener Neueste Nachrichten, 7.8.1933.

tischer Führung (»SA«, »Ehrenloge«) und – symbolisiert durch das Publikum – dem Volk. Die Bestätigung selbst erfolgt durch den Vollzug von Riten (»Deutscher Gruß«, Hymnen). Die Ansprache des bayerischen Ministerpräsidenten ruft *Freude* und *Begeisterung* hervor und veranlasst dadurch zu gemeinschaftlichem Handeln. Sie erzeugt Emotion, wodurch der einzelne Fan für eine kurze Zeit im Ganzen aufgehen soll. Die »Quantität der Körper« wird »in die Qualität einer veränderten Wahrnehmung« (Leo 2005, 152) transformiert. Folgt man dem Historiker Reinhard Koselleck, der sich intensiv mit dem Aspekt der politischen Masseninszenierung beschäftigt hat, so erzeugen »Hymnen, Lieder und [...] gleichartige Bewegungsweisen, Anrede-, Gruß- und Abschiedsformeln einen gemeinsamen Haushalt der [...] Handlungsfähigkeit« (Koselleck 1998, 32).

So exemplarisch freilich die beschriebene Zeremonie im Grünwalder Stadion für den Ablauf nationalsozialistischer Inszenierung gewesen sein mochte, in einem weiter gefassten Kontext beschreibt sie wesentlich mehr. Im Grunde kommt in jener Szene aus München-Giesing auf exemplarische Weise zum Ausdruck, worum es eigentlich geht, sobald das Fußballstadion – und dies nicht nur unter den Bedingungen eines totalitär auftretenden Regimes – mit Sinnzuschreibungen konfrontiert wird, die den Rahmen genuin sportlicher Kontexte sprengen: Völlig unerheblich, welche gesellschaftlichen Rahmenbedingungen gegeben sind und auf welchen Aspekt des Fußballsports die Vereinnahmung fokussiert – seien es wie im zitierten Beispiel die Zuschauer, sei es die Mannschaft, sei es der Klub selbst –, zunächst und vor allem geht es um die Vergemeinschaftung von Individuen. Ob nun ein Publikum auf die politische Führung eingeschworen werden oder die Nation mithilfe der Länderspielauswahl zu sich selbst finden soll, ob nun über den Fußball die Integration in die deutsche Gesellschaft vorangetrieben werden soll oder der Fan das Stadion lediglich für eine kurze Flucht aus einer kaum noch überschaubaren und technologisierten Lebenswelt nutzt – als einziges Mittel zu diesen Zwecken dient die Konstruktion einer *heiligen Allianz*, in der individuelle »Unterschiede und Klassengegensätze [...] verschwinden, während sich eine einzige Kultur und einträchtige Gemeinschaft bildet« (Wahl 1995, 350).

Gemeinschaftsbildung, Vergemeinschaftung des Individuums in einer zunehmend unübersichtlich werdenden Welt, dies ist der zentrale Aspekt aller fußballsportlichen Sinnzuschreibungen, die jenseits der Bedeutung von Sieg und Niederlage im Wettkampf und *für* den Wettkampf vorgenommen werden. Gemäß dem überkommenen und auf den Kulturpessimismus des späten 19. beziehungsweise frühen 20. Jahrhunderts zurückgehenden Dualismus von imaginärer Gemeinschaft und Gesellschaft,[3] verhält sich die Sinnstiftung mittels Fußball damit jedoch gegensätzlich zu den Werten der modernen Zivilgesellschaft. In der Tat werden die außersportlichen Wertmaßstäbe im Fußball permanent von konkurrierenden Idealen des modernen Zusammenlebens in Frage gestellt und geradezu *ad absurdum* geführt – und dies nicht etwa durch die Gesellschaft an sich, sondern weil dem Fußball aufgrund seines bürgerlich-liberalen Ursprungs selbst die Werte des Konkurrenzdenkens immanent sind und die Sportart somit kaum mit vormodernen Vergemeinschaftungsutopien kompatibel ist. Der Fußball selbst ist der größte Feind der *Fußball-Volksgemeinschaft*. Diese These soll im Folgenden anhand von Beispielen aus der Geschichte des deutschen Rasensports gestützt werden. Freilich stellt sich zunächst die Frage, weshalb im Gegensatz zu anderen Formen der Körperkultur und Leibesübung ausgerechnet der Fußball für Prozesse der kollektiven Identitätsstiftung prädestiniert scheint.

1. Der Aufschwung des Fußballs zur Massensportart

Im Frühjahr und Sommer 1919 vollzog sich in Deutschland der Aufstieg des Rasensports zur Massenbewegung. Ausgestattet mit einem Mehr an Freizeit in Folge sozialpolitischer Reformen zu Beginn der Weimarer Republik, wandten sich wenige Monate nach Kriegsende große Teile der Arbeiterschaft dem aus England stammenden *association football* zu, einer Sportart, die bis dahin nur in bestimmten Segmenten der Mittelschicht beliebt war. Vor allem der Deutsche Fußballbund, der DFB, der als einziger Sportverband bereits kurz nach Kriegsende einen flächendeckenden Spielbetrieb anbieten konnte, verbuchte Zulauf. Bereits 1920 waren knapp 470.000 Kicker im Dachverband aktiv, was einer Verdreifachung des Standes von 1914 entsprach. Zwei Jahre später wurde die Marke von 5.000 DFB-Klubs überschritten. Zum Vergleich: 1914 waren nur 2.200 Vereine im DFB organisiert (Eisenberg 1990, 22f.).

---

[3] Exemplarisch dazu Tönnies (1887). In ihrer 2012 veröffentlichten Habilitationsschrift zeigt Swantje Scharenberg (2012, 21, 54f. u. 75ff.) auf, wie stark die Ideologiegeschichte etwa des Weimarer Sports von Tönnies' Dualismus-Postulat geprägt war.

Noch spektakulärer stellt sich der Aufschwung des Fußballs zur Konsumentensportart dar. Während Endspiele um die Deutsche Meisterschaft vor dem Krieg bestenfalls eine vierstellige Zuschauerzahl verzeichneten, wurde die erste Finalrunde des DFB nach 1918 von durchschnittlich mehr als 11.000 Personen vor Ort verfolgt. 1920 brachte ein Repräsentativspiel regionaler Auswahlmannschaften bereits mehr als 15.000 Zuschauer auf die Beine, 1922 wurden für ein Heimländerspiel des DFB gar 35.000 Eintrittskarten abgesetzt. Der überproportionale Zuschauerzuwachs im bürgerlichen Fußball lässt sich ebenso für Begegnungen nachweisen, die im Grunde nur von lokaler Bedeutung waren. So konnte etwa ein Großstadtklub wie der Fußballsportverein Frankfurt seit 1919 wöchentlich mit mehr als 4.000 Zuschauern pro Match rechnen. Geradezu rekordverdächtig nimmt sich dabei der Nachkriegsfußball in Nürnberg-Fürth und in Mannheim aus. Im Herbst 1919 beziehungsweise im Januar 1920 wurde anlässlich der Derbys 1. FC Nürnberg gegen Spielvereinigung Fürth sowie Waldhof Mannheim gegen VfR Mannheim in beiden Städten erstmals die Zahl von 10.000 verkauften Tickets überschritten (Oswald 2008, 95).

Innerhalb weniger Monate hatte sich der Fußball in Deutschland von einer Randsportart zu einer Sache des Volkes – zumindest des männlichen – gewandelt. Fußball schien *Volkssport* geworden zu sein. Letztlich auch dürfte in dieser Fähigkeit, Massen zu mobilisieren – sei es aktiv, sei es passiv –, die eigentliche Ursache zu sehen sein, dass dem Rasenspiel in Deutschland seit Beginn der Weimarer Republik eine gesellschaftliche Bedeutung zugeschrieben wurde, die dem eigentlichen Charakter der Sportart als Wettkampf kaum noch gerecht wurde.

Tatsächlich wurde der Fußball in Deutschland, seitdem er ansetzte, sich zur Massen- beziehungsweise zur Konsumentensportart zu entwickeln, mit holistischen Zuschreibungen konfrontiert. In ihrer konkreten konzeptionellen Ausgestaltung gewiss verschieden und auf unterschiedliche Aspekte des Spieles abhebend, hatten die Zuschreibungen letztlich doch eines gemeinsam: Fußball hatte als Vergemeinschaftungsinstanz zu dienen. Im Grunde sollte die Sportart nichts Geringeres leisten, als dem in der modernen Gesellschaft vermeintlich entfremdeten und isolierten Individuum neuen Halt zu geben, Halt in Form eines Kollektivs, das in bewusstem Gegensatz zur zivilgesellschaftlichen Moderne entworfen wurde.

Dabei lassen sich hinsichtlich der gesellschaftlichen Akteure, die holistisches Ideengut in den Diskurs um die Bedeutung des Fußballs einbrachten, grundsätzlich drei Gruppen unterscheiden: Erstens, jene von Pierre Bourdieu (1997, 102f. und 107) so benannten *governing bodies*, das heißt jene Gruppe von Funktionären, Journalisten und Theoretikern der Leibesübung, welche sich bereits während der Spezialisierungs- und Institutionalisierungsphase des Sports im 19. Jahrhundert als dessen Elite ausgebildet hatte und welche in dieser Funktion bis heute Deutungshoheit über sportliches Geschehen reklamiert; zweitens, die Politik, welche oftmals erst durch das Ereignis selbst Sport als Mittel nationaler Vergemeinschaftung entdeckt; drittens schließlich, die Fußballbasis, die Welt der Vereine, die Welt der Fans.

2. Elitendiskurse

Unmittelbar nach dem Ende des Ersten Weltkrieges wurde von den *governing bodies* der Gemeinschaftsdiskurs im deutschen Fußball eröffnet. Blockade und Zwangsbewirtschaftung während des vierjährigen Völkermordens hatten im Deutschen Reich einen eklatanten Mangel an Grundnahrungsmitteln verursacht, infolge dessen breite Schichten der Bevölkerung krankheitsanfällig wurden. Da sich auch nach dem Waffenstillstand nichts Grundlegendes an der Ernährungssituation änderte, gingen die Gesundheitsbehörden ab dem Spätherbst 1918 dazu über, als Mittel der Krankheitsprävention körperliche Abhärtung zu empfehlen. Hierfür allerdings schien diejenige Form der Leibesübung, die bisher am verbreitetsten war, das in Hallen praktizierte Turnen, kaum geeignet. Demgegenüber sollte Körperertüchtigung nun soviel Bewegung wie möglich beinhalten, und sie sollte an der frischen Luft ausgeübt werden können. Am überzeugendsten trug der Fußball den neuen Prämissen Rechnung. Aufgrund der Bewegung des ganzen Leibes schien der einseitigen Ausbildung des Körpers Vorschub geleistet; die Ausdauer, die im Fußball gefordert wird, war der Abhärtung zuträglich; die Größe der Spielflächen schließlich schloss die Ausübung in Räumen aus (Oswald 2008a, 96.). *Volksgesundung* – die Vordenker des Fußballs, die ihren Sport jahrzehntelang aufgrund seiner englischen Herkunft verteidigen mussten,[4] hatten ein Thema gefunden, mit dem sich nicht zuletzt ideologisch in die Offensive gehen ließ. Rasch allerdings nahm die Debatte der Funktionäre, Pä-

---

[4] Vor allem gegenüber den in der Tradition Jahns stehenden Turnern. Zwar gab es auch innerhalb der Deutschen Turnerschaft Befürworter des Fußballs – so etwa Karl Koch –, die Anhänger des Spiels bildeten jedoch eine Minderheit (Krüger 2006, 12-14).

dagogen und Journalisten eine autoritäre Wendung, wobei zunehmend auf den Charakter des Fußballs als Mannschaftssportart abgehoben wurde.

Während der 1920er Jahre machte in Kreisen der Sportelite mehr und mehr die Auffassung die Runde, dass das deutsche Gemeinwesen nach dem Weltkrieg nicht nur körperlich heilungsbedürftig, sondern ebenso in seiner geistig-moralischen Verfasstheit *krank* sei. Als *krank* eingestuft wurde das deutsche Volk deshalb, weil es sich in den Augen der *governing bodies* zur *Gesellschaft* entwickelt hatte – ein Begriff, der gemäß der seinerzeit zivilisationskritisch konnotierten Definition nichts anderes implizierte, als die Herrschaft eines ungezügelten Individualismus.[5] Besonders geeignet wiederum, diese als *Ich-Sucht* bezeichnete vermeintliche *Entartung der Moderne* zu kurieren, schien der Fußballsport. Abgeleitet aus dem Dualismus *Gesellschaft vs. Gemeinschaft* sollte die Fußballmannschaft – den *Volkskörper* symbolisierend – eine Form intakter Gemeinschaft darstellen. Die Fußballelf war Erziehungs*ideal* und Erziehungs*faktor* zugleich. In ihr sollte jungen Sportlern beigebracht werden, individuelle Bedürfnisse hinter die Belange des Ganzen zurückzustellen und dadurch beispielgebend für die gesamte deutsche Jugend zu wirken. Als idealer Ort wiederum der Vergemeinschaftung galt der Fußballplatz. Hier sollte auf exemplarische Weise das *Glied* in die Reihe zurücktreten und das Individuum sich dem Kollektiv unterordnen (Oswald 2008, 66-68 und 71).

Aufgrund der biologistischen Wendung, welche die Debatte um die Volksgemeinschaft nahm, wurde der einzelne Kicker rasch mit einem unerbittlichen Disziplinierungsanspruch konfrontiert. Der einzelne Athlet galt nichts mehr, die Mannschaft hingegen alles (Oswald 2008a, 97) – und im Grunde wird diese kulturpessimistische Aufladung der Elf bis heute von der Elite des deutschen Rasensports rezipiert. Kaum ein ideologischer Aspekt rund um die *schönste Nebensache* erwies sich im mitteleuropäischen Kernstaat zähleibiger als die Verdammung des Einzelkönners, mithin des *Stars*. Abgesehen von jenem Jahrzehnt etwa zwischen 1965 und 1975, als es schien, als könnte sich mit Franz Beckenbauer und Günther Netzer letztendlich doch die individuelle Spielernatur durchsetzen (Knoch 2002, 32), ist durchgängig zu konstatieren, dass aus Sicht der *governing bodies* nur sogenannte *Mannschafts-*

---

[5] In ihrer Kritik der modernen Gesellschaft griffen Sportfunktionäre und -pädagogen weniger auf Tönnies als vielmehr auf Oswald Spengler zurück.

spieler als *gesellschaftsfähig* gelten. Dies lässt sich beobachten von der Rezeption des WM-Erfolges 1954, über die Bewertung von Spielern wie Uwe Seeler, Rudi Völler oder Bernd Schneider bis hin zur Präsentation einiger deutscher Nationalkicker während der WM 2006 im eigenen Land (Oswald 2007, 83 und 92f.).[6]

3. Die Politik im Fußballstadion

Werden in einem nächsten Schritt die holistischen Konzepte betrachtet, mit der sich die zweite der genannten Akteursgruppen, die Politik, den Fußball aneignete, so tritt innerhalb eines gleichfalls kulturpessimistisch geführten Diskurses ein ordnungspolitischer Aspekt hervor. Es ist dies letztlich auch der Grund, weshalb Vergemeinschaftungsintentionen der Politik *a priori* nicht so sehr auf die aktive, sondern auf die passive Seite des Sports, auf die Zuschauer sowie auf den Charakter des Fußballs als Konsumentensportart fokussieren.

In Deutschland manifestierte sich für Politiker jeglicher Couleur die Ambivalenz moderner Gesellschaften zunächst im Begriff der Masse. *Massendemokratie, Massenkultur, Massenbewegungen* – dieser Termini bediente sich die Politik vor allem, um ihrer Angst vor dem vermeintlich *entarteten* Individualismus des Industriezeitalters Ausdruck zu verleihen (Eisenberg 1993, 140). Abwehrreaktionen waren konsequenterweise die Folge: Um dem Chaos der Moderne entgegenzuwirken, um der Masse in der Industriegesellschaft ihre Übersichtlichkeit, ihr Ganzes zurückzugeben, musste sie geordnet, musste sie geformt, musste sie *vergemeinschaftet* werden. Die Antwort, welche die Politik auf die Herausforderung der Moderne parat hatte, war der Aufmarsch in Reih und Glied, war die öffentliche Inszenierung (Thamer 1998, 369f.).

Allerdings begriffen in der Zwischenkriegszeit nicht alle politischen Richtungen den janusköpfigen Charakter einer Masse gleichermaßen als Chance. Eine Partei aus der demokratischen Mitte beschränkte sich in der Regel auf die eigenen Kundgebungen. Hingegen waren die extremen Lager bestrebt, allen voran die NSDAP, jegliches Auftreten von Menschenmengen zu inszenieren. Die Vereinnahmung des Fußballs kann dabei als besonders prägnantes Beispiel genannt werden. Während die meisten Repräsen-

---

[6] Spätestens seit diesem Turnier ist das Kleinreden individuellen sportlichen Vermögens zugunsten der Mannschaftsleistung fester Bestandteil des Spielerinterviews im deutschen Fußball.

tanten der Weimarer Regierungsparteien eine geradezu provozierende Distanz gegenüber der Welt der Tribünen und Ränge an den Tag legten, ließen seit 1933 die NS-Funktionäre kaum eine Gelegenheit verstreichen, sich der Stadien zu bedienen (Oswald 2008, 151-165).

Da das Dritte Reich dem modernen Massenzeitalter grundsätzlich positiv gegenüberstand, gerieten folglich im Fußball die Zuschauer zum bevorzugten Vergemeinschaftungsobjekt. Die Konsequenz: An die Stelle der Disziplinierung trat die Emotionalisierung des Individuums. Ziel der NS-Inszenierung im Stadion war es, das »Umschlagen der Berührungsfurcht« (Canetti 1980, 14) in der Masse zu erleichtern. Zweifellos generierte diese Verschiebung im Ziel und im Mittel der Vergemeinschaftung einen partizipatorischen Effekt. Implizierten die ideologischen Referenzen der Funktionäre und Pädagogen einen ausgesprochenen Zwang, so versprach die Gemeinschaft des Dritten Reiches – evoziert durch die Präsenz von NS-Funktionären auf den Tribünen, durch das gemeinsame Singen von Hymnen sowie durch das kollektive Ausführen von Ritualen – einen Akt der Teilhabe, letztlich die »Mobilisierung von Solidarität« (Baumann 1991, 34). Während der Weimarer Rasensport eine wenig attraktive Utopie in Aussicht stellte, verhieß der Nationalsozialismus die *erlebbare* »Fußball-Volksgemeinschaft«, eine Gemeinschaft, aus welcher freilich diejenigen ausgeschlossen waren, die als »rassisch minderwertig« galten (Kosmala 2003, 115).[7]

In der Nachkriegszeit schien es dann zunächst, als würde sich die bundesdeutsche Politik[8] völlig von der Instrumentalisierung des Fußballs verabschieden. Aus außenpolitischer Rücksichtnahme nahmen die Kabinette Adenauer, Erhard, Kiesinger, Brandt und Schmidt in Bezug auf den Rasensport jene Position ein, die der Historiker Johannes Paulmann (2004, 65) treffend als »Haltung der Zurückhaltung« beschrieben hat. Seit der Kanzlerschaft Helmut Kohls jedoch ist eine Rückkehr der Politik in die Stadien zu beobachten (Oswald 2008, S. 309), wodurch neuerliche Versuche,

---

[7] Neben anderen Aspekten der nationalsozialistischen Volksgemeinschaft, findet der exklusionistische Topos ausführlich Behandlung in dem kürzlich von Detlef Schmiechen-Ackermann (2012) herausgegebenen Sammelband: »Volksgemeinschaft«: Mythos, wirkungsmächtige soziale Verheißung oder soziale Realität im »Dritten Reich«.

[8] Die Sportpolitik der DDR verfolgte von Anfang an gegensätzliche Ziele. Spätestens seit den 1960er Jahren, mit der Aufstellung eigener Mannschaften bei den Olympischen Spielen, diente der DDR-Sport der staatlichen Repräsentation. Dazu ausführlich Balbier (2007).

das Publikum mit Hilfe von Ritualen auf emotionale Weise zu vergemeinschaften, Einzug hielten[9] – ein Publikum, das nun dank Fernsehen und *Public Viewing* nicht mehr nur 60.000 bis 70.000 Zuschauer umfasste, sondern das in die Millionen ging. Ebenso blieb die Zielrichtung der Vereinnahmung konsequent der kulturpessimistischen Traditionslinie verhaftet. Nach wie vor ging es darum, einer Zuschauermasse angesichts der Probleme, die der Alltag in einer entfremdeten und technologisierten Welt mit sich bringt, ein Gemeinschaftserlebnis zu bieten. Nicht zuletzt das berühmte und vielbeschworene *Sommermärchen* aus dem Jahr 2006 lässt sich auf diese Weise deuten.

4. Vergemeinschaftung ›von unten‹

Die dritte und letzte Akteursgruppe, die Welt der Fans, interpretierte die Moderne zwar nicht als individualistische Entartung, auch verstand diese Gruppe den Fußball nicht primär als Gegenentwurf zum Vermassungsprozess des Industriezeitalters, gleichwohl reagierte mit der Aneignung des Rasensports ebenso die urbane Lebenswelt auf Spezifika der modernen Gesellschaft. Genauer: Der städtische Alltag suchte – indem er das Geschehen in den Stadien für sich entdeckte – Antworten auf bestimmte soziale Problematiken, die ursächlich auf die Phase der Hochindustrialisierung zurückzuführen waren. Letztlich reagierten die sich entwickelnden Fußballsubkulturen damit auf Wanderung und Urbanisierung, mithin auf den Verlust von Tradition (Weiß 1990, 115). Nicht ein disziplinarischer oder ordnungspolitischer Aspekt war folglich für die Fußballbegeisterung an der Basis von Belang, wenn es um die Konstruktion von Gemeinschaft ging, sondern deren womöglich identitätsstiftende Funktion. Referenz dieser Vergemeinschaftung des Fußballplatzes *von unten*, für welche sich in Deutschland zu Beginn der 1920er Jahre der Begriff des *Vereinsfanatismus* einbürgerte, war der Sportklub. Wie kaum eine zweite Institution schien der oftmals bereits seit der Jahrhundertwende vor Ort ansässige Verein für Leibesübungen geeignet, dem infolge von Migration entwurzelten Individuum ein Gefühl der Zugehörigkeit zu einer neuen, einer nun städtisch geprägten Heimat vermitteln zu können (Giulianotti 1999, 33f.).

---

[9] So wurde etwa in den 1990er Jahren und zu Beginn des 21. Jahrhunderts breit diskutiert, wie sich deutsche Auswahlkicker beim Abspielen der Nationalhymne verhalten sollen.

Zunächst integrierte der Klub einen überschaubaren Lebensbereich, ein Viertel oder einen Stadtteil. Rasch allerdings entwickelte sich der klassische *Vereinsfanatismus* weiter. Mit der Hierarchisierung des Spielbetriebes, das heißt, mit der Einführung immer neuer übergeordneter höchster Klassen bis hin zur Bundesliga 1963, war zunächst eine Verschiebung der Fanbindung von der lokalen hin zur regionalen Ebene zu beobachten. Je leistungsfähiger der Klub, desto weiter in die Provinz reichte der Einzugsbereich seines Stadions als Vergemeinschaftungsinstanz (Oswald 2008, 247-251).

In den Siebzigern des letzten Jahrhunderts begann sich dann die innere Struktur der Fangemeinschaften zu verändern. Der Hooliganismus machte sich in Mitteleuropa breit und ist dort über zahlreiche Modifikationen bis heute präsent. Dabei zeigt sich anhand einer der letzten größeren Veränderungen innerhalb der Fanszenen, dem Auftauchen der Ultras, dass der Beweggrund, Fußball zu vergemeinschaften, für die Anhänger an der Basis immer noch der gleiche ist wie in den 1920er Jahren. Nach wie vor geht es auf den Tribünen und Rängen um die Stiftung von Identität, die in einer imaginären Tradition erblickt wird. Nach wie vor geht es um die Geborgenheit einer anheimelnden Familie, einer Gemeinschaft, repräsentiert durch den Fußballverein. Aufgrund ihres idealisierenden Blicks auf die Vergangenheit, zählen die Ultras letztlich auch zu den vehementesten Kritikern des kommerzialisierten Fußballsports der Gegenwart (Blaschke 2007, 83-86).

5. Von der Unmöglichkeit der Gemeinschaft im Fußball

Das Dilemma, in dem die Ultras sich befinden – Stilisierung des Klubs zur vormodernen Gemeinschaftsutopie bei gleichzeitiger Ablehnung desselben als zu kapitalistisch orientiert –, verweist auf ein grundsätzliches Problem holistischer Aneignungsversuche im Fußball. Angesichts seiner Genese, stellt sich die Frage, ob der moderne Rasensport an sich geeignet ist, die Erwartungshaltungen, die mit den verschiedenen Gemeinschaftskonzeptionen verbunden sind, zu erfüllen.

Seiner ideellen Herkunft nach, entstammt das Fußballspiel der bürgerlich-liberalen Epoche des 19. Jahrhunderts. Als solcher ist der Fußball nicht dem Turnen oder der Gymnastik, sondern einer in der zweiten Hälfte jenes Jahrhunderts neu entstehenden dritten Säule der Leibesübung, dem modernen Sport zuzurechnen. Und als Sport wiederum impliziert der Fußball nicht nur Leistung, sondern die *vergleichende* Leistung, den Wettkampf. Im Anschluss an den olympischen Gedanken Pierre de Coubertins, im Anschluss an jene Begriffstrias des *citius – altius – fortius,* besteht somit das eigentliche Wesen des Rasenspiels im Streben, besser zu sein als der Mitstreiter (Eichberg 1990, 185-190).[10]

In einem weiteren Schritt schließlich führt das Leistungsstreben zur Fokussierung auf das Individuum. Sportlicher Erfolg beruht immer auch auf der Leistung eines Einzelnen. Der Anerkennung des Sieges muss jene des Siegers folgen (Gebauer 1988, 203f.) – eine fast als Gesetzmäßigkeit anzusprechende Zwangsläufigkeit, die nicht nur auf die Individualsportarten zutrifft. Auch der Erfolg in einer Mannschaftssport, wie dem Fußball, entspringt letztlich der Tat eines Einzelnen, nämlich des Schützen des entscheidenden Tores. Dazu ein bekanntes Beispiel: All die Elogen, die seit nunmehr fast sechzig Jahren der vorbildlichen Gemeinschaft dargebracht werden, die angeblich am 4. Juli 1954 auf dem Rasen des Berner Wankdorfstadions stand, haben nichts daran geändert, dass im kollektiven Gedächtnis der Deutschen vor allem ein Spieler haften geblieben ist: Helmut Rahn, der Schütze des 3:2-Siegtreffers. Fußball als moderner Wettkampf führt somit nicht zur Nivellierung, sondern zur *Individualisierung* innerhalb und durch die Mannschaft. Diese Eigenschaft der Sportart sprengt in ihren Konsequenzen zumindest zwei der vorgestellten Gemeinschaftskonzeptionen.

Da das Fußballteam das Individuum nicht unterdrückt, sondern hervorhebt, musste sich die kulturpessimistisch konnotierte Auffassung der Funktionäre und Pädagogen von der disziplinierenden Wirkung der Mannschaft von vornherein als Trugbild erweisen. Im Gegenteil, seit seinem Aufschwung zur Massensportart in den 1920ern gebiert der Fußball Stars und Helden *en masse* – Stars, die alles im Sinn haben, nur nicht eines: sich einem Kollektiv unterzuordnen (Oswald 2008, 97f. und 170-187). Fußball hemmte nicht, Fußball beförderte den Starkult in der modernen Gesellschaft.[11] Und dadurch wiederum war eine weitere Grundforderung

---

[10] Im Gegensatz zu Eichberg, erkennt Gunter Gebauer (1988, 126f.) in der Verregelung das charakteristische Moment modernen Sports. Eine derartige Definition würde jedoch ebenso das klassische Turnen oder die Gymnastik dem Sport zurechnen.

[11] Es sei daran erinnert, dass der organisierte Arbeitersport mit seiner strikten Ablehnung jeglichen Starkults (keine Nennung von Spielernamen in Presseberichten) zu Beginn der 1930er Jahre gescheitert war. Seit 1932 erschien für wenige Monate eine eigene Fußballzeitschrift (*Der Fußballstürmer*) des Arbeiter-Turn- und Sportbundes, in der auch popularkulturellen Bedürfnissen Rechnung getragen wurde.

der Gemeinschaftsideologie der *governing bodies* zum Scheitern verurteilt: das Verbot, mit Sportausübung Geld zu verdienen. Einmal zu Helden avanciert, forderten populäre Spieler zwangsläufig einen Anteil an den Einnahmen, die mit Hilfe ihrer Darbietungen erzielt wurden. Aus der Sicht der Fußball- und Sportelite war damit jedoch die *Büchse der Pandora* geöffnet. Tatsächlich wurde in Deutschland mehr als vierzig Jahre gegen die Professionalisierung des Rasenspiels gekämpft. Es war ein aussichtsloser Kampf. Am Ende wurde 1963 die Bundesliga eingeführt und der Berufsfußball sanktioniert.[12] Die Agitation gegen die Professionalisierung ist nur ein historisches Beispiel für die Realitätsferne der Funktionäre und Pädagogen. Ebenso dürften jene Gemeinschaftstopoi, die noch heute mit der Fußball-Mannschaft in Verbindung gebracht werden (Integration, Vorleben von Tugenden etc.) aufgrund des individualisierenden Effekts des Spiels zum Scheitern verurteilt sein.

Die erwähnte Professionalisierung führt zur nächsten Akteursgruppe, die bestrebt ist, sich des Stadions als Ort der Vergemeinschaftung zu bedienen, den Fans. Auch deren Gemeinschaftssehnsüchte werden durch die Konsequenzen, die das Rasenspiel als Wettkampf mit sich bringt, konterkariert. Einerseits werden die Hoffnungen der Anhänger auf die Spieler des Klubs projiziert – es ist vor allem die 1. Mannschaft, die jene mental in der Vormoderne verortete *heile Welt* des Vereins vorleben soll –, andererseits kann der einzelne Kicker, aufgrund der Kommerzialisierung des Fußballs, diesen Erwartungen kaum gerecht werden. Seine Rolle als Star setzt den Profispieler den Gesetzmäßigkeiten eines Marktes aus, auf dem er die Funktion, die ihm von seinen Fans zugeschrieben wird, nicht mehr zu erfüllen vermag. Im kommerzialisierten Sport können für den herausragenden Fußballer nicht mehr die Ideale einer imaginären Vereinswelt maßgeblich sein, sondern er muss gemäß den Verdienstmöglichkeiten, die der Markt bestimmt, handeln – und dies kann mitunter auch den Transfer zu jenem Klub bedeuten, der von den eigenen Fans als *Todfeind* betrachtet wird.[13] Die größte Gefahr für die Fangemeinschaft geht somit von demjenigen aus, dem die Aufgabe zugewiesen wurde, Gemeinschaft zu stiften.

---

[12] Zur Geschichte des Kampfes gegen den Berufsfußball: Oswald 2008b, 107-126.
[13] Stellvertretend sei der Wechsel von Jens Jeremies zum FC Bayern München 1998 erwähnt, der von den Fans seines früheren Klubs, TSV 1860 München, nie verziehen wurde.

Dass die Welt der Anhänger dann doch relativ stabil bleibt, die Bindung an den Verein doch von Dauer ist, dürfte in erster Linie darauf zurückzuführen sein, dass die Funktion der Gemeinschaftsbestätigung auch vom sportlichen Triumph übernommen werden kann, entweder in Form des Mythos (Erinnerung an frühere Meisterschaften etc.) oder aufgrund gegenwärtiger Erfolge. Gleichwohl droht dem Fan-Kollektiv nicht zuletzt von dieser Seite Gefahr. Sollte der Erfolg zu lange ausbleiben, beginnt selbst die stabilste Anhängerschaft irgendwann zu erodieren. Wer von treuen Fans spricht, der darf nicht nur Traditionsklubs wie Schalke 04, Kickers Offenbach oder den TSV 1860 München im Blick haben. Diesen in der Tat sehr festgefügten Gruppen steht das Zigfache an Fanmilieus gegenüber, die im Laufe der Geschichte des deutschen Fußballs aufgrund Erfolglosigkeit der eigenen Klubmannschaft verschwanden (Oswald 2008, 248-250). Ursächlich zurückzuführen ist diese zweite Gefahr, die den Fußballsubkulturen droht, ebenfalls auf den Wettbewerbscharakter des Rasenspiels, genauer: auf die Möglichkeit der Niederlage. Mit dieser weiteren Prämisse sei nochmals die Akteursgruppe der Politik in den Blick genommen.

Wettbewerb im Sport impliziert grundsätzlich die Offenheit des Ausgangs, mithin die Unmöglichkeit, Ergebnisse und Resultate vorherzusagen. Es ist dies die unmittelbarste Folge des der modernen Leibesübung inhärenten Prinzips der Konkurrenz. Jederzeit kann im sportlichen Leistungsvergleich ein aufgrund vorangegangenen Geschehens prognostizierter Verlauf ins Gegenteil umschlagen. Im Fußball treten derartige »Kipp-Momente«[14] noch wesentlich häufiger auf als in anderen Mannschaftssportarten (Bausenwein 1995, 16). Einerseits ist das Verhältnis zwischen der Anzahl möglicher Tore und der Wettkampfdauer extrem disparat, andererseits verschafft selbst ein Vorsprung von drei Toren keine Siegesgewissheit. Der Mangel an spielentscheidenden Ereignissen führt dazu, dass jedem Vorkommnis auf dem Feld besondere Relevanz zukommt. Ein einziges Foulspiel an einem Leistungsträger der gegnerischen Elf, eine einzige Abseits- oder Elfmeterentscheidung des Unparteiischen kann einen Spielverlauf umkehren. Einige geglückte Sturmläufe eines als unterlegen eingeschätzten Teams können bei plötzlichem Formeinbruch des Favoriten jegliche Prognose hinfällig machen. Sepp Herberger erklärte die Faszination, die der Fußball ausübt, damit, dass »die Leute [...] nicht wissen, wie

---

[14] Nach Wolfgang Iser (1976, 398-402) ist jedem Spiel, somit auch dem Sportspiel, ein solches Phänomen immanent.

es ausgeht«.(Bausenwein 1995, 12) Wie in so manchem Bonmot des früheren Bundestrainers, so scheint auch in dieser Aussage eine tiefere Wahrheit zu stecken.

Aufgrund seiner Spielanlage ist dem Fußball somit ein subversives Element zu eigen. Für Diktatoren, welche Sport als Mittel der Gemeinschaftsinszenierung einsetzen, kann diese Unberechenbarkeit durchaus zum Problem werden. Erwähnt sei die unerwartete Niederlage Ungarns im WM-Finale 1954, die dem Rakosi-Regime die Strategie zunichte machte, mittels Sport die Überlegenheit des sozialistischen Systems zu demonstrieren, oder die Absicht Francos, über Erfolge der spanischen Auswahl das tief gespaltene Land auszusöhnen – ein Bestreben, das nicht zuletzt deshalb zum Scheitern verurteilt war, weil die hierfür notwendigen Siege ausblieben (Oswald 2008, 258). »Der Wettbewerbsfaktor«, so hebt der Gramsci-Schüler John Hargreaves zu Recht hervor, »macht nicht nur stets das Ergebnis eines sportlichen Ereignisses, sondern auch die Wirksamkeit des ganzen Ereignisses als politisches Ritual unvorhersehbar.« (Dunning 1992, 208f.) Auf den Fußball gewendet bedeutet dies: Nicht das Politspektakel im Rahmenprogramm ist für die Vergemeinschaftung des Publikums im Stadion oder zuhause vor den Fernsehgeräten maßgeblich, sondern das Spiel selbst. Es ist dessen Ausgang, der einen Unsicherheitsfaktor ersten Ranges darstellt – und zwar nicht nur für Diktatoren. Erinnert sei an den Sommer 2011, an die Fifa-WM der Frauen. All jene Reden von einem zweiten »Sommermärchen«, all jene Beschwörungen, dass ganz Deutschland wie »ein Mann« hinter dem Team von Silvia Neid stehen würde, waren plötzlich Makulatur, als die deutsche Auswahl völlig überraschend im Viertelfinale ausschied. Ein einziges Tor der Japanerinnen reichte aus, um das Märchen in einen Alptraum zu verwandeln. Wenige Monate nach dem Turnier interessierten sich in Deutschland nur noch diejenigen für den Frauen-Fußball, die sich auch bereits vor der WM dafür begeistern konnten.

6. Fazit

Die Versuche, den Fußball aufgrund seines Massencharakters zu vergemeinschaften – Versuche, die sich *summa summarum* als Sehnsüchte nach vormodernen Utopien erweisen – sind mannigfaltig. Nicht mannigfaltig hingegen sind die Ursachen, die die Sportart dazu prädestinieren, eben jene Gemeinschaftssehnsüchte *ad absurdum* zu führen. Sie liegen darin begründet, dass das Rasenspiel selbst ein Abkömmling der bürgerlichen Moderne, mithin Ausdruck eben jener Zivilgesellschaft ist, die dem vorliegenden Band den thematischen Rahmen vorgibt.

Literatur

Balbier, U. A. (2007). Kalter Krieg auf der Aschenbahn. Der deutsch-deutsche Sport 1950–1972. Eine politische Geschichte. Paderborn: Schöningh.

Baumann, Z. (1991). Moderne und Ambivalenz. In U. Bielefeld (Hrsg.), Das Eigene und das Fremde. Neuer Rassismus in der alten Welt? (S. 23-49). Hamburg: Junius.

Bausenwein, C. (1995). Geheimnis Fußball. Auf den Spuren eines Phänomens. Göttingen: Die Werkstatt.

Blaschke, R. (2007). Im Schatten des Spiels. Rassismus und Randale im Fußball. Göttingen: Die Werkstatt.

Bourdieu, P. (1997). Historische und soziale Voraussetzungen modernen Sports. In V. Caysa (Hrsg.), Sportphilosophie (S. 101-127). Leipzig: Reclam.

Canetti, E. (1980). Masse und Macht. Frankfurt a.M.: S. Fischer.

Dunning, E. (1992). Über die Dynamik des Sportkonsums. Eine figurative Analyse. In R. Horak & O. Penz (Hrsg.), Sport: Kultur & Kommerz (S. 203-221). Wien: Verlag für Gesellschaftskritik.

Eichberg, H. (1990). Die Veränderung des Sports ist gesellschaftlich. Die historische Verhaltensforschung in der Diskussion. Münster: Lit.

Eisenberg, C. (1990). Vom ›Arbeiter-‹ zum ›Angestelltenfußball‹? Zur Sozialstruktur des deutschen Fußballsports 1890-1950. *Sozial- und Zeitgeschichte des Sports* 4 (3), 20-45.

Eisenberg, C. (1993). Massensport in der Weimarer Republik. Ein statistischer Überblick. *Archiv für Sozialgeschichte* 33, 137-177.

Gebauer, G. (1988). Körper- und Einbildungskraft: Inszenierungen des Helden im Sport. Berlin: Reimer.

Giulianotti, R. (1999). Football. A Sociology of the Global Game. Cambridge: Polity.

Iser, W. (1976). Das Komische: ein Kipp-Phänomen. In W. Preisendanz & R. Warning (Hrsg.), Das Komische (S. 398-402). München: Fink.

Knoch, H. (2002). Gemeinschaft auf Zeit. Fußball und die Transformation des Nationalen in Deutschland und England. In Zentrum für Europa- und Nordamerika-Studien (Hrsg.), Fußballwelten. Zum Verhältnis von Sport, Politik, Ökonomie und Gesellschaft (S. 117-153). Opladen: Leske + Budrich.

Kosmala, B. (2003). Mythos und Realität der Volksgemeinschaft. In W. Benz & P. Reif-Spirek (Hrsg.), Geschichtsmythen: Legenden über den Nationalsozialismus (S. 115-130). Berlin: Metropol.

Krüger, M. (2006). Fußball in Deutschland: Von der ›Fußlümmelei‹ zum nationalen Kulturereignis Nr. 1, WM 2006. In M. Krüger & B. Schulze (Hrsg.), Fußball in Geschichte und Gesellschaft. Tagung der dvs-

Sektionen Sportgeschichte und Sportsoziologie vom 29.9.-1.10.2004 in Münster (S. 9-19). Hamburg: Czwalina.

Koselleck, R (1998). Politische Sinnlichkeit und mancherlei Künste. In S. R. Arnold et al. (Hrsg.), Politische Inszenierung im 20. Jahrhundert. Zur Sinnlichkeit der Macht (S. 26-34). Wien: Böhlau.

Leo, P. (2005). Das Stadion. In A. Geisthövel & H. Knoch (Hrsg.), Orte der Moderne. Erfahrungswelten des 19. und 20. Jahrhunderts (S. 151-160). Frankfurt a.M./New York: Campus.

Oswald, R. (2007). Vom Ursprung der deutschen Fußball-Tugenden im Volksgemeinschaftsideal. Die Berichterstattung der Fachpresse. In J. Mittag & J.-U. Nieland (Hrsg.), Das Spiel mit dem Fußball. Interessen, Projektionen und Vereinnahmungen (S. 83-94). Essen: Klartext.

Oswald, R. (2008). ›Fußball-Volksgemeinschaft‹. Ideologie, Politik und Fanatismus im deutschen Fußball 1919-1964. Frankfurt a.M./ New York: Campus.

Oswald, R. (2008a). Erziehung zur Volksgemeinschaft – Die Sportmannschaft im gesundheits- und sozialpolitischen Diskurs der zwanziger Jahre. In M. Krüger (Hrsg.), ›mens sana in corpore sano‹: Gymnastik, Turnen, Spiel und Sport als Gegenstand der Bildungspolitik vom 18. bis zum 21. Jahrhundert. Jahrestagung der dvs-Sektion Sportgeschichte vom 7.-8. Juni in Frankfurt am Main (S. 94-104). Hamburg: Czwalina.

Oswald, R. (2008). Ideologie, nicht Ökonomie: Der DFB im Kampf gegen die Professionalisierung des deutschen Fußballs. In L. Peiffer & D. Schulze-Marmeling (Hrsg.), Hakenkreuz und rundes Leder. Fußball im Nationalsozialismus (S. 107-126). Göttingen: Die Werkstatt.

Paulmann, J. (2004). Deutschland in der Welt. Auswärtige Repräsentationen und reflexive Selbstwahrnehmung nach dem Zweiten Weltkrieg – eine Skizze. In H. G. Hockerts (Hrsg.), Koordinaten deutscher Geschichte in der Epoche des Ost-West-Konflikts (S. 63-78). München: Oldenbourg.

Scharenberg, S. (2012). Die Konstruktion des öffentlichen Sports und seiner Helden in der Tagespresse der Weimarer Republik. Paderborn: Schöningh.

Schmiechen-Ackermann, D. (Hrsg.). (2012). ›Volksgemeinschaft‹: Mythos, wirkungsmächtige soziale Verheißung oder soziale Realität im ›Dritten Reich‹. Paderborn: Schöningh.

Thamer, H.-U. (1998). Volksgemeinschaft: Mensch und Masse. In R. v. Dülmen (Hrsg.), Erfindung des Menschen: Schöpfungsträume und Körperbilder 1500-2000 (S. 367-386). Wien/Köln/Weimar: Böhlau.

Tönnies, F. (1887). Gemeinschaft und Gesellschaft. Leipzig: Fues.

Wahl, A. (1995). Fußball und Nation in Frankreich und Deutschland. In E. Francois et al. (Hrsg.), Nation und Emotion. Deutschland und Frankreich im Vergleich. 19. und 20. Jahrhundert (S. 342-352). Göttingen: Vandenhoeck & Rupprecht.

Weiß, O. (1990). Sport und Gesellschaft. Eine sozialpsychologische Perspektive. Wien: Österreichischer Bundesverlag.

Sport als Zivilreligion!?

Volker Schürmann

> »Es ist ein auch heute noch nicht ganz ausgestorbener Irrtum, man könne die religiöse Betrachtung der Wirklichkeit fallen lassen, ohne daß einem etliches andere mit abhanden kommt, auf das man weniger leicht verzichten möchte.« (Spaemann 1987, 302)

> »Eins bleibt für alle Religiosität charakteristisch: sie schafft ein Definitivum. Das, was dem Menschen Natur und Geist nicht geben können, das Letzte: so ist es –, will sie ihm geben. [...] Wer nach Hause will, in die Heimat, in die Geborgenheit, muß sich dem Glauben zum Opfer bringen. Wer es aber mit dem Geist hält, kehrt nicht zurück.« (Plessner 1928, 342 [= GS IV, 420])

Der folgende Beitrag ist das Zwischenergebnis einer doppelten Suchbewegung. Zum einen geht es um die Frage nach den Zusammenhängen von modernem Sport und Öffentlichkeit, zum anderen um das Geheimnis der Rede Coubertins, das »erste und wesentliche Merkmal des alten wie des modernen Olympismus« sei, »eine Religion zu sein« (Coubertin, zit. n. Alkemeyer 1996, 146). Die Grundidee besteht darin, beides aufeinander zu beziehen, also zu fragen, ob und in welchem Sinne die rätselhafte Rede Coubertins eine Antwort auf die Frage nach der Rolle des Sports in modernen Gesellschaften resp. in deren öffentlicher Selbstverständigung ist. Kurz gefragt: Taugt der Sport als Zivilreligion – *falls* er denn als Inszenierung des Citoyen gelten kann (Schürmann 2006)?

Das Anliegen

Der Name *Zivilreligion* ist insofern ausschließlich ein Name für ein systematisches Problem, d.h. für einen gesellschaftstheoretischen Ort. Das Anliegen ist ein begriffspolitisches. Da Begriffspolitik in der Bestimmung von Begriffen und der Wahl der Begriffsbezeichnungen nicht nicht stattfinden kann (Lübbe 1998), kann man verschiedenen Strategien folgen. Ich halte mich hier an die Empfehlung Benjamins, »die Geschichte gegen den Strich zu bürsten«

(Benjamin 1940, 145), gespeist von der Hoffnung, dort unabgegoltenen »Vorschein« (Bloch 1959) zu bergen.

Den modernen Olympismus als Religion zu bestimmen, scheint anachronistisch zu sein. Darin sind sich Kritiker und Anhänger Coubertins einig. Letztere übergehen daher diese Charakterisierung schamvoll oder verharmlosen sie, etwa zu einer pädagogischen Vermittlung moralischer Werte – Kritiker Coubertins vermögen in ihr ausschließlich Ideologisches, also Opium für das Volk, also nicht einmal Opium des Volkes zu sehen. Gegen den Strich gebürstet, ist jene Charakterisierung möglicherweise nicht anachronistisch, sondern zutiefst modern. – Das Programm einer Zivilreligion bei Rousseau scheint ein (Erbauungs-)Programm für die Herzen zu sein; Terrorismus der Tugend dort, wo kühle Rationalität nicht mehr greift. Kulturkritik affirmiert das bis heute – aufgeklärten Geistern ist *deshalb* Rousseau bis heute zuwider.[1] Gegen den Strich gebürstet, ist Rousseau vielleicht – Rehm (2006) und andere liefern Hinweise – Teil der besseren Aufklärung.

Der gesellschaftstheoretische Ort, um den es geht, ist das Problem der Organisation von Zustimmung zur gesellschaftlichen Ordnung – Zustimmung im Sinne von Pieper (Pieper 1963) als »Zustimmung zur Welt«, in der wir leben, freilich mit anti-theologischem Stachel: Nicht als Zustimmung zu einer vor-gegebenen Ordnung, sondern zu einer gegebenen Ordnung, die von Personen gemacht ist und durch Personen gestaltet wird.[2] – Religion ist inso-

---

[1] Vgl. exemplarisch Rudolph (2011). Ich teile alle dort formulierten Vorbehalte gegen den Rousseauismus, aber der Beitrag schießt darüber hinaus. Rousseau und Rousseauismus werden gleichgesetzt, und es gilt als alternativlos, dass »seit Jacob Talmon und Iring Fetscher« ausgemacht ist, »dass Rousseau als der Begründer eines Konzepts der ›totalitären Demokratie‹ zu gelten hat« (ebd. 113f.). Damit aber wird Rousseau (und Hegel; ebd.) zu leichtfertig entsorgt, denn nunmehr sind alle theoretischen Mittel aus der Hand gegeben, den Freiheitsbegriff als solchen zu transformieren: weg von einer Willkür-Freiheit, der gemäß der Andere immer nur Einschränkung des »autonomen Individuums« sein kann, hin zu einer Ermöglichungs-Freiheit, der gemäß es Freiheitsspielräume nur im Miteinander gibt (zu dieser nicht harmonisierbaren Differenz Kobusch 2011).

[2] Um falsche Gegnerschaften zu vermeiden: »Zustimmung« hat, auch und gerade für den Theologen Pieper, *zwei* Modi, nämlich *Affirmation* und *Kritik an*. Auch wer die Welt kritisiert, stimmt ihr noch zu, denn ihm liegt an Veränderung und also an der Welt – anders als dem gleichgültig Lauen, den Jesus ausspeien wollte. »Zustimmung« ist also nicht per se Affirmation des Herrschenden. Die Differenz liegt woanders: Dem Theologen ist die Welt deshalb gut oder schlecht, weil sie transzendent

fern als Bezeichnung dieses theoretischen Ortes passend, als es religio meint, also die Rückbindung der gesellschaftlichen Individuen an die Polis resp. an die Bürgerschaftlichkeit, was freilich nicht zwingend im Modus des Religiösen erfolgt, also nicht zwingend als Anbetung von Vor-Gegebenem, sondern was sich auch als Feiern des im Miteinander Gegebenen vollziehen kann. Aber auch dann noch ist re-ligio eine Bindung, und insofern ist ein Fest mehr und anderes als das Ausleben von Freude: »Fest ohne Götter ist Unbegriff« (Pieper; vgl. Schürmann 2003). In anti-theologischer Absicht beschwört das keinen Glauben an Götter, macht aber auf ein sachliches Minimum aufmerksam, ohne das bindende Zustimmung nicht zu haben ist. Zustimmung zur (gesellschaftlichen) Welt ist nicht mehr oder weniger umfassende Zustimmung zu diesem oder jenem *in* der Welt, sondern ist Zustimmung zu einem Maß, das macht, solch innerweltlichen Dingen zuzustimmen oder auch nicht. Auch atheistisch gilt daher noch: Fest ohne Heiliges ist Unbegriff.[3] Dabei ist »Heiliges« schlicht, aber strikt, strukturell definiert, nicht aber durch eine Inhaltsangabe geheiligter Dinge: Das Heilige ist nicht ein Wert neben allen anderen, sondern jenes Maß, das rein logisch in den Augenblicken nicht zur Disposition stehen kann, in denen wir darum streiten, was uns wertvoll ist.[4] In

---

verbürgt ist, und nur insofern kann sie nicht eigentlich schlecht sein: gut ist sie per se, schlecht *wird* sie ggf. durch unser sündiges Tun.

[3] Feuerbach machte den Menschen zum »religiösen Wesen«, lehnte dabei aber strikt ab, dies als eingeborenen Theismus, d.h. als Gottesglauben zu interpretieren. Man möge vielmehr unter Religion nichts weiter verstehen »als das Abhängigkeitsgefühl – das Gefühl oder Bewußtsein des Menschen, daß er nicht [...] sich selbst seine Existenz verdankt«. Das gelte für alles Leben; »aber nur der Mensch feiert [diese Abhängigkeit] in dramatischen Vorstellungen, in festlichen Akten« (Feuerbach 1846, § 3, S. 4f.).

[4] Man sieht hier, dass der erhebliche Teil des Problems ein logisches (eines Selbstbezuges) ist. Streng genommen muss hier nämlich von einem Allerheiligsten die Rede sein, denn selbstverständlich gibt es jene Situationen, in denen im Streit darum, was uns (= den soeben Streitenden) wichtig ist, sichtbar wird, dass wir verschiedene Maßstäbe in Anschlag bringen. Das Heilige ist also selbstredend plural, und die verschiedenen Maßstäbe können unverträglich, ja antagonistisch sein. Aber auch dann noch ist ein logisches Minimum, ein Allerheiligstes, im Gebrauch, denn sonst wäre es kein Miteinander-Streiten, sondern ein voreinander Geräusche-Produzieren. Der Verweis auf diesen Singular will also nicht auf einen vermeintlichen, und sei es kontrafaktischen Konsens hinaus, und dieser Verweis will nicht »versöhnen«, um den Anti-Hegelianern verständlich zu bleiben, sondern sagt ausschließlich, dass ein Streiten etwas anderes ist als ein Aneinandervorbei›reden‹.

eben diesem Sinne ist das Heilige nicht auf das Moralische, Pädagogische oder sonstwie Normative reduzierbar (Otto 1917). *Maß* ist daher ein Gegenbegriff u.a. zu »Grundwerte«.[5]

Freilich drängen sich auch andere Namen für die Organisation von Zustimmung auf: Gewalt, gar Terror – Erziehung zur Moral – Politik. Die verschiedenen Namen stehen für verschiedene Versionen der Verhältnisbestimmung der (seit Hegel zu unterscheidenden) Dimensionen *Rechtsstaat* und *Gesellschaft*. Eine »Kritik der Gewalt« (Benjamin) spürt dem Anderen des Rechts im Recht nach (Menke 2011); der Verweis auf Erziehung und Moral will eine Beschränkung des Rechts von einem Außerhalb des Rechts; das Politische steht für einen Vermittlungsmodus – sei es den der Suspendierung des Rechts in souveränen Dezisionen (Carl Schmitt), sei es den der Depotenzierung in der Verschränkung von Recht und Gesellschaft (Plessner).[6]

Der Sache nach geht es daher im Folgenden um die Grenze des Rechts. Gesellschaftliche Verhältnisse sind nicht so formal, wie sie nach vormodernen Vertragstheorien und politischem Liberalismus zu sein haben, denn auch die Rechtsform hat ihre eigene Materialität. Und dem entsprechend geht es im Folgenden nicht um mögliche Rollen des Sports in und für Vergemeinschaftungen – nicht um Öffentlichkeiten *in* der Gesellschaft –, sondern um fragliche Rollen des Sports in und für die Gestaltung der Gesellschaftlichkeit selber – um die Öffentlichkeit *der* Gesellschaft. Oder abkürzend: Es geht um Sport als »Gesellschaftshandeln«, nicht um Sport als »Gemeinschaftshandeln« (Habermas 1992, 97).

---

[5] *Maß* zielt auf eine Materialität der Form, nicht aber auf eine Inhaltsangabe – es geht gerade nicht um unter Staatsbürgern konsensfähige »religiöse und theologische Gehalte des politischen Diskurses« (so Vögele 1994, 18). Oder anders: Es geht nicht um Inanspruchnahme eines »empirischen Konsenses«, sondern um eine »laufend in Anspruch genommene Prämisse. Daher ist auch keine ›Konkretisierung‹ möglich, die Form und Gehalt des Allgemeinen bewahrt und es nur mit Inhalt füllt.« (Luhmann 1978, 348)

[6] Zur Entgegensetzung von Suspendierung und Reflexion (»Entsetzung«) des Rechts vgl. Menke (2011, 63f., 93-103); die Charakterisierung des Gegenprogramms zu Schmitt als »Depotenzierung« (ebd. 100) entspricht exakt dem, was Plessner »Unentscheidbarkeit«, »Grundlosigkeit« und mit König »Verschränkung« nennt, und dies wiederum scheint mir mit dem übereinzustimmen, was Gramsci »Hegemonie« genannt hat (vgl. Frosini 1990, Holz 1992, Buckel & Fischer-Lescano 2007).

Das Problem einer Zivilreligion

Zivilreligion steht also für das gesellschaftlichen Ringen um breite gesellschaftliche Übereinstimmung über die Maßstäbe guten Denkens und Handelns.

Zunächst scheint es so, dass die Frage nach dem gesellschaftstheoretischen Ort von *Zivilreligion* sehr schnell geklärt ist. Angesichts der Frage, ob denn eine Zivilreligion noch ernsthaft einen Platz haben kann in modernen, säkularen Zivilgesellschaften, muss die Antwort zunächst zweigeteilt sein – aber in beiden Teilen scheint sie sonnenklar zu sein. Zum einen ist damit nämlich die Frage gestellt, ob es noch ernsthaft religiöses Leben *innerhalb* von modernen Gesellschaften geben kann. Das wiederum kann gar keine Frage sein, denn daran gibt es gar keinen Zweifel: Selbstverständlich gibt es das, ob einem das als Atheist individuell passt oder nicht.

Zum anderen ist damit die Frage gestellt, ob moderne Gesellschaften als Gesellschaften ernsthaft noch religiös fundiert sein können. Und auch das scheint gar keine Frage mehr sein zu können: Selbstverständlich nicht, so möchte man doch energisch festhalten, und zudem darauf verweisen, dass man das spätestens seit der Trennung von Kirche und Staat auch zweifellos wissen kann. Gott ist nun einmal tot, und also verbietet sich jede Fundierung moderner Gesellschaften in vor-geordneten, sog. göttlichen Ordnungen. Genau das meint ja Säkularisation.[7]

Damit scheint der Fall »Zivilreligion« erledigt zu sein. Und dies ist nicht nur schlechter Schein. Alles Folgende kann, will es nicht bös anachronistisch werden, jenen beiden klaren Antworten nicht widerstreiten: Es *ist* unstrittig, dass es religiöses Leben *in* modernen Gesellschaften gibt, und es gibt empirische Evidenzen zuhauf, dass der Sport in und mit seinen Vergemeinschaftungs- und Inszenierungsformen nur zu oft (und zu gern?) die funktionale Rolle einer Religion oder eines Religionsersatzes *im* gesellschaftlichen Leben übernimmt. Und es ist hier ebenso unstrittig, dass jedes Konzept von Religion unangemessen ist, das sich ernsthaft anmaßt, eine vorgesellschaftliche Legitimationsstruktur moderner, säkularer Gesellschaften bereitzustellen. Damit scheiden hier insbesondere alle noch immer propagierten Konzepte einer positiven

---

[7] »In diesem Sinne heißt Säkularisation schlicht ›der Entzug oder die Entlassung einer Sache, eines Territoriums oder einer Institution aus kirchlich-geistlicher Observanz und Herrschaft‹ (Lübbe).« (Böckenförde 1967, 93)

Zivilreligion aus, die durchgehend das *Religion* in *Zivilreligion* an Religiosität binden, also an ein gewolltes Bekenntnis zu gewissen Inhalten resp. Glaubenssätzen (vgl. Vögele 1994; Kleger 2011; kritisch Gessmann 2008), selbst dort noch, wo so etwas säkulare Kompensation von Kontingenz sein soll (Lübbe 1981). Wer Plessner kennt, will nicht zurück.

Was sollte dann aber noch eine Zivil*religion* säkularer Gesellschaften sein? Der systematische Einsatzpunkt scheint mir der Folgende zu sein:
Wenn es für moderne Zivilgesellschaften konstitutiv ist,
a) dass um das, was für das Leben der Gesellschaft das Beste ist, in aller Öffentlichkeit gerungen wird, und
b) dass dem verbrieften Rechtsanspruch nach Alle als Personen gleicher Rechte und also als Mitdiskutanten zu gelten haben,
dann ist noch unklar – und dies macht sozusagen das Geheimnis der Aufklärung aus –, woher die Maßstäbe kommen, vermittels derer das je Beste überhaupt bestimmt wird. Die klassische Aufklärung hat es sich hier leicht gemacht; sie hat an dieser Stelle die Vernunft einspringen lassen, die wiederum den klassischen Aufklärern als Eine galt, die unterschiedslos allen Menschen gleichermaßen zukam. Kant konnte bekanntlich locker die Menschheit in uns allen lokalisieren. Das bedeutet: Es konnte klassisch aufklärerisch angesichts alles Möglichen gestritten werden, ob es vernunftgemäß sei oder nicht, aber die Vernunft selber war vorgegeben und out of discussion. Klassische Aufklärung praktizierte einen Glauben an die Vernunft, weil und insofern sie eine unbedingte Vernunft kannte.

Bereits zeitgenössisch ist das auch *von Aufklärern* kritisiert worden. Lessing etwa hat in *Ernst und Falk* sehr wunderbar herausgestellt, dass bei aufklärerischer Absicht die Maßstäbe selber diskutabel sein müssen. Herder und Hamann haben die Sprachlichkeit, und also die historische und kulturelle Bedingtheit der Vernunft herausgestellt, Feuerbach und Plessner haben die Parteilichkeit, d.h. Situiertheit und damit Nicht-Neutralität jeder Vernunft-Konzeption *im* »Kampfplatz dieser unendlichen Streitigkeiten« (Kant) herausgestellt, um von Marxens Verortung von Kritik in geschichtlich wechselnden Gesellschaftsformationen noch gar nicht zu reden.

All diese Vernunft-Kritiker im Namen der Aufklärung gerieten freilich ins Fahrwasser der Gegenaufklärung oder gar Anti-Aufklärung und/oder in den Stallgeruch des politischen Dezisionismus. Wer die Maßstäbe des guten gesellschaftlichen Lebens selbst für historisch wandelbar hält, und also durch unsere Entscheidungen festgelegt sieht, der gerät zwangsläufig in die Nähe der Position, dass alle Moralen und Unmoralen gleich nah zu Gott sind, und dass es folglich eine Frage der willkürlichen, bloß festlegenden Entscheidung ist, welcher Maßstab gerade gelten soll. Genau deshalb, weil das nicht republikanisch, sondern Gewalt- bzw. Willkür-Herrschaft wäre, genau deshalb träumt Habermas aus guten Gründen noch immer den schlechten Traum von der Einen humanen Universalmoral, die als unverrückbarer Maßstab feststehen möge. Dabei weiß Habermas selbst am Besten um alles, was dagegen spricht – im Kern um den Unterschied von Moral und Recht, und darum, dass unsere Verfassung, also unsere Rechtsordnung verbindlich ist, nicht aber eine bestimmte Moral. Vor allem weiß er, dass wir dies nicht ändern sollten, weil dies der Garant für weltanschaulichen Frieden ist: Wir leben nun einmal in Zeiten eines faktischen Pluralismus von Moralen, und die Geltung unserer Rechtsordnung ist ausdrücklich unabhängig davon, ob jemand sie christlich, kantisch, atheistisch oder sonstwie begründet. Sie darf also um des Friedens willen nicht durch eine Moral begründet sein, und umgekehrt schützt sie sogar die Pluralität von Individualmoralen und die »Zollfreiheit der Gedanken« (Böckenförde 2007, 29). Man sollte sich also keine unbedingte Vernunft und erst recht keine unbedingt fundierte Vernunft wünschen – bei Strafe des Trilemmas von Gesinnungsdiktatur, Weltanschauungs-Krieg oder zynischer Gleichgültigkeit in Weltanschauungsfragen.

Die scheinbare Quadratur des Kreises, um die es unter dem Namen einer Zivilreligion geht, besteht also darin, dass die Maßstäbe der Entscheidung über das je Beste der gesellschaftlichen Entwicklung – probeweise: die Rechtsordnung einer Republik – verbindlich und kategorisch gelten, und zugleich als durch uns gemacht und durch uns veränderbar gewusst werden, besser: behandelt werden.

In diesem Sinne sind die Maßstäbe unserem gesellschaftlichen Handeln vorgegeben, aber wir haben sie uns uns selber vorgegeben. Die Menschenrechts-Erklärungen ratifizieren nichts überhistorisch Gültiges, sondern deklarieren *Bestimmtes*, nämlich die Inklusion Aller – gegen die Option der Weiterführung von Exklusions-Gesellschaften. Mit diesen Deklarationen, heute: mit der Geltung des Völkerrechts, können wir die Maßstäbe guter gesellschaftlicher Entwicklung nicht mehr willkürlich-dezisionistisch wählen und festlegen, weil sie vorgegeben schon festliegen – aber sie sind gleichwohl nicht mehr im Status eines unabänderlich vorgegebenen Schicksals. Rousseau hat das auf eine klare und griffige Formel gebracht:

»Die Gesellschaftsordnung ist ein heiliges Recht, das die Grundlage für alle anderen Rechte ist. Diese Ordnung entspricht aber nicht der Natur. Sie ist durch Vereinbarungen begründet.« (Rousseau 1762, 62)

Eine Zivilreligion im Sinne von Rousseau hat es dann mit der Zustimmung zu diesem heiligen Recht zu tun – an topologisch äquivalentem Ort spricht Habermas von »Verfassungspatriotismus« (Habermas 1992, 642; vgl. auch 14).

Um es zusammenzufassen: Das Moment, das hier die Rede von »Religion« rechtfertigt, ist der Umstand, dass die Maßstäbe zur Beurteilung guter zivilgesellschaftlicher Entwicklung *verbindlich* gelten müssen – also gegeben sind und nicht zur Disposition stehen –, wenn man nicht einem politischen Dezisionismus, und damit der Willkürherrschaft von Exklusivmächten das Wort reden will.

Vormoderne Religionen und klassische Aufklärung hatten das dadurch abgesichert, dass sie eine unbedingte Geltung der Maßstäbe zugrunde legten, was nichts weiter besagt, als dass diese Maßstäbe strikt gar nicht in gesellschaftlicher Verhandlungsmasse auftauchen, sondern uns schicksalhaft auferlegt wären. Genau das aber ist in modernen Gesellschaften anachronistisch – und dort, wo es so praktiziert wird, handelt es sich um nichts weiter als um eine mehr oder weniger subtile Herrschaftstechnologie.

Anders ausgedrückt: Auch moderne Zivilgesellschaften brauchen, oder besser: haben, ein »Allerheiligstes« (Hegel, WdL, HW 5, 14) genau wie vormoderne Gesellschaften auch. Der Unterschied liegt darin, dass dieses Allerheiligste nicht mehr als unbedingt, absolut, losgelöst, unabänderlich-feststehend gilt, sondern seinerseits als prekär. Das hat die Konsequenz, dass es nicht mehr angebetet werden kann, sondern dass man sich seiner und seiner Heiligkeit je wieder neu, in rituell-wiederholten Kulten vergewissern muss – olympisch: alle vier Jahre, und profan »immer wieder Sonntags« (Cindy & Bert).

Das erste Ergebnis meiner Topologie ist somit: In modernen Zivilgesellschaften braucht es eine Zivilreligion, weil die Maßstäbe ihrer Beurteilung in *bedingter Notwendigkeit* gelten.

Nun gibt es immer noch erhebliche Unterschiede zwischen einer Religion und einem Patriotismus. Beide waren am ersten Punkt topologisch äquivalent, weil beide das Moment des Geheiligten gemeinsam haben. Doch es gibt wichtige Unterschiede.

»Religion« nämlich sagt noch mehr und anderes, nämlich z.B. sagt sie etwas über das Medium, in dem es zur Vergewisserung des Allerheiligsten kommt. Ein Kultus ist eine Praktik und keine theoretische Einsichtnahme – und ob Habermas auf das Medium kultischer Praktiken wettet, kann mindestens offen bleiben. Für jede Praktik nun, und erst recht für kultische Praktiken, ist es die Dimension des Sinnlichen, die unverzichtbar ist. Und insbesondere für Selbstvergewisserungen ist diese Dimension wohl konstitutiv.

Dieser Punkt ist besonders eindringlich von Coubertin eingeklagt worden. Die Selbstvergewisserungsfunktion, die eine Demokratie lebendig und wehrhaft sein lässt, lässt sich nicht »rein über die Köpfe« implementieren, sondern bedarf des sinnlich gewissen Mittuns: »Glauben Sie nicht, eine Demokratie könne auf normale Weise existieren, wenn es, um die Bürger zusammenzuhalten, nur die Gesetzestexte und die Aufrufe zur Wahl gibt. Einst hatte man die äußeren Feierlichkeiten der Kirche und verschwenderischen Prunk der Monarchie. Wodurch will man das ersetzen? Durch Einweihungen von Statuen und Ansprachen im Gehrock? ... Ach was!« (Coubertin 1966 [1918], 67; vgl. auch Sandkaulen 2009) Thomas Alkemeyer hat das sehr schön herausgestellt, und zwar vermittels der Religionssoziologie von Durkheim (vgl. Alkemeyer 1996a, und ausführlicher Alkemeyer 1996).

Dies wäre dann die zweite – oder wenn man anders zählt: die dritte – topologische Bestimmung von »Zivilreligion«. Ich wiederhole noch einmal:

Die 0. Bestimmung lautet: Falls man davon ausgeht, dass das, was für die gesellschaftliche Entwicklung am Besten ist, im Medium der Öffentlichkeit ausgehandelt wird, weil es nicht vorab schon festliegt und nur ergriffen werden müsste – und sowohl die antiken Polis-Gesellschaften als auch die modernen Zivilgesellschaften sind durch diese Grundannahme konstituiert –, dann braucht es einen verbindlichen Maßstab dieser öffentlichen Streitkultur.

Die 1. Bestimmung lautet: Falls man moderne Gesellschaften als demokratische Republiken realisieren will, dann muss jene Verbindlichkeit des Maßstabes den Status einer bedingten Notwendigkeit haben – in definitiver Abgrenzung zu vormoderner absoluter Notwendigkeit einerseits und zu gegenmoderner dezisionistisch-festgesetzter Willkür andererseits.

Die 2. Bestimmung lautet: Weil ein Maßstab im Status bedingter Notwendigkeit prekär gilt – also weder absolut noch aufgrund von Zwang noch aufgrund von zwanglosem Zwang –, deshalb bedarf dieser Maßstab je neu der kultischen Vergewisserung seitens aller Bürger. Dies verlangt seinerseits mehr und anderes als eine Aufklärung der Köpfe. Und deshalb ist der Sport bzw. jede moderne Bewegungskultur ein besonders geeigneter Kandidat, den Ort einer Zivilreligion auszufüllen.

Das Böckenförde-Theorem

Das alles ist nun mitnichten anachronistisch, ja nicht einmal nostalgisch. Es ist exakt diejenige Problemlage, die auch im sog. und viel zitierten Böckenförde-Theorem formuliert ist: »*Der freiheitliche, säkularisierte Staat lebt von Voraussetzungen, die er selbst nicht garantieren kann.* Das ist das große Wagnis, das er, um der Freiheit willen, eingegangen ist.« (Böckenförde 1967, 112)

Man muss der Antwort von Böckenförde nicht zustimmen, aber man kann um die Frage wissen, auf die sie antwortet, und insofern kann man verstehen, worum Böckenförde, Habermas, Ratzinger, Prauss etc. ringen. Zuzugestehen ist zunächst, dass eine entscheidende Voraussetzung eingeht, die man gegen anarchistische, sozialistische und kommunistische Einwände verteidigen müsste, aber auch verteidigen kann: Der Rechtsstaat ist eine notwendige, wenn auch keine hinreichende Bedingung menschlicher Freiheit. Mit Böckenförde: »Freiheit – als äußere Freiheit des Handelns – besteht nicht ohne Recht; erst durch und im Recht wird es möglich, daß die Freiheit des einen mit der Freiheit des anderen zusammen bestehen kann.« Dies »setzt den Staat als Macht- und Entscheidungseinheit und Inhaber des Monopols legitimer Gewaltausübung voraus«, womit wiederum dieser Staat »als bedeutende Kulturleistung verstanden« werden muss. Oder auch: »Freiheit existiert nicht abstrakt, sie erhält ihre Wirklichkeit in konkreten Gestalten der Freiheit, die das Recht näher ausformt und bestimmt. Bürgerliche Freiheit und politische Freiheit werden erst lebendig als solche Gestalten der Freiheit, liegen ihnen nicht voraus.« (Böckenförde 1991, 7f.)

Falls man zugesteht, dass der moderne Staat jene konstitutive Rolle für Freiheit hat, dann ist es naheliegend, ja zwingend, sich über seine Bestandssicherungen angesichts möglicher und tatsächlicher Gefährdungen zu verständigen, worunter hier Legitimationskrisen zu verstehen sind.[8] Das Problem, auf das Böckenförde eine Antwort sucht, lautet damit: Die Legitimität des modernen Staates ist die *lebendige Geltung* seiner Verfassung. Die *Geltung* liegt schlicht darin, dass die Verfassung eben *verfasst* ist, was mindestens die drei Aspekte der positiven Gesatztheit, des demokratisch-volkssouveränen Verfahrens seiner Einrichtung und Aufrechterhaltung und drittens seiner völkerrechtlichen Akzeptanz hat. In diesem Sinne *gilt* eine solche Verfassung, solange sie nicht wiederrufen wird. Aber sie würde u.a. dann widerrufen, wenn sie nicht mehr hinreichend legitim wäre. In Legitimationskrisen gilt sie noch, aber ihre Geltung ist gefährdet. *Lebendige* Geltung verlangt die Zustimmung der Citoyens im öffentlichen Raum zu ihrer Verfassung, was den Namen »Verfassungspatriotismus« so treffend macht. Dann und nur dann steht die Geltung der Verfassung nicht nur auf dem Papier, sondern wird sie tatsächlich praktiziert.[9] Woraus also zieht der moderne Staat diese Zustimmung seiner Bürger? Was nichts anderes heißt als: Was erhält die Lebendigkeit des republikanischen Verhältnisses der Citoyens als Adressaten der Verfassung zu sich selber als Autoren der Verfassung? Oder in mythologischer Formulierung: Was gewährleistet, »immer wieder sonntags«, jene Verfassungs-Zustimmung des »Siehe, sie ist gut!«? Gottesdienstbesuche sind hier nicht gefragt – Verfassungsdienstbesuche, mithin Feste des Verfassungspatriotismus, sehr wohl, jedenfalls dann, wenn die Demokratie wehrhaft bleiben will. Wobei »Fest«, wie wir vielfach wissen – etwa angesichts des Ablaufs der Olympischen Spiele, angesichts des gleichnamigen Filmes von Thomas Vinterberg etc.pp. –, ein Problemtitel ist: Gefragt sind

---

[8] Ein Staat könnte auch, zum Beispiel, vor einem Bankrott stehen – das wäre auch eine Gefährdung seines Bestandes, aber nicht eine solche, um die es hier geht.

[9] Ich kann und will den republikanischen Grundton nicht verbergen. Es mag eine Form von ›Legitimität‹ sein, wenn die Bürger an der Verfassung vorbeileben und allgemeine Gleichgültigkeit eingetreten ist. Auch dann wäre die Verfassung nicht gefährdet, und also irgendwie ›legitim‹. Aber auch dann würde sie nur »auf dem Papier« bestehen, denn ob sie dort steht oder nicht, hätte keinerlei Konsequenzen; zu aktuellen empirischen und konzeptionellen Veränderungen in diesem Feld vgl. Zürn 2011.

lebendige kultische Praktiken, also weder tote Routinen noch wiederkehrende Events, die einen Kult um etwas machen.[10]

Dass der Staat nun seine Voraussetzungen nicht selbst garantieren kann, heißt zunächst, und neutral, ihn zu begreifen als eingebettet in eine lebendige Zivilgesellschaft, die sich gleichsam selbst aufrecht erhält und schützt, indem sie ihrem demokratischen Rechts- und Sozialstaat Bestand gewährt und sichert. Dies suggeriert, und hier wird der Name »Religion« irreführend, dass es darum gehen müsse, die Geltung des Maßstabes bzw. der Rechtsordnung ihrerseits noch einmal zu fundieren, also irgendeine vorstaatliche oder vor-rechtliche Instanz ins Spiel zu bringen, prominent die Moral oder eben eine Religion. Böckenförde, Habermas und auch die Rousseau-Interpretation von Michaela Rehm formulieren das mehr oder weniger eindeutig genau so. Zum Beispiel:

»Als freiheitlicher Staat kann er einerseits nur bestehen, wenn sich die Freiheit, die er seinen Bürgern gewährt, von innen her, aus der moralischen[!] Substanz des einzelnen und der Homogenität der Gesellschaft, reguliert. Andererseits kann er diese inneren Regulierungskräfte nicht von sich aus, das heißt mit den Mitteln des Rechtszwangs und autoritativen Gebots, zu garantieren suchen, ohne seine Freiheitlichkeit aufzugeben [...]. Es führt kein Weg über die Schwelle von 1789 zurück, ohne den Staat als die Ordnung der Freiheit zu zerstören.« (Böckenförde 1967, 112f.; analog Habermas 1992, 51; Münkler 1996, 10; Rehm 2006, 18; vgl. 12)

Die jeweilige Frage ist dort jeweils: Was hält die Gesellschaft im Innersten zusammen? Und die Diagnose ist, dass es eine rein rechtliche Bindung nicht sein kann, sondern dass die rein rechtliche Bindung durch irgendein vorrechtliches X, das eine affektive Bindung sichert, ergänzt werden müsse. – Dass es auch Gegentendenzen gibt, sei nicht verschwiegen: »Auch der Grund des Rechts gehört zum Recht, wie Wilhelm Henke zutreffend bemerkt.« (Böckenförde 1986, 98) Beides passt nur nicht zusammen: Die in der Tat treffende Bemerkung Henkes macht eine Suche nach einem vor-

---

[10] »Jedoch darf aus dem segensreichen Ritual keine lebensfeindliche Routine werden. Auch in den Liturgien des Alltags besteht das Wesen des Rituellen darin, ›gewisse sinnlose Dinge zu tun, weil sie etwas bedeuten‹ und weil man genau weiß, was man da tut. Routine hingegen meine, sinnvolle Dinge zu tun, als ob sie bedeutungslos wären, nicht zu wissen also, was man da tut.« (Alexander Kissler: Rezension von: G.K. Chesterton: Die englische Weihnacht. Bonn 2009, SZ v. 23.12.09, S. 14)

rechtlichen Grund überflüssig – aber so scheint es dann doch nicht gemeint gewesen zu sein, denn immer wieder wird zur Gründung des Rechts argumentativ die Moral und Gesinnung der Individuen in Anspruch genommen.

Zunächst einmal bleibt, um Missverständnisse zu vermeiden, festzuhalten, dass diese Frage nach den inneren Bindungskräften einer Gesellschaft rein phänomenal ein tatsächliches Problem ist, das sich auch philosophisch nicht wegdiskutieren lässt. Ich betone das deshalb, weil ich darauf hinaus will, dass die Frage in gesellschaftstheoretischer Hinsicht falsch gestellt ist bzw. eine falsche Unterstellung macht. Aber auch dann, wenn diese Frage nach dem inneren Zusammenhalt einer Gesellschaft gesellschaftstheoretisch reformuliert sein wird, bleibt das sachliche empirisch-faktische Problem, das durch die Frage eingefangen wird, weiter bestehen. Und d.h. dann: Ganz abgesehen von der gesellschaftstheoretisch formulierten Frage bedarf es so oder so auch einer sozialwissenschaftlichen Antwort auf die Frage, wie sie exemplarisch Heitmeyer (1997) vorlegt. Ich unterscheide also das Gesellschaftliche vom Sozialen bzw. Gesellschaftstheorie von Sozialwissenschaft.

Gesellschaftstheoretisch aber scheinen mir die Versionen von Böckenförde, Habermas und Rehm falsch zu sein. Alle Verweise darauf, dass eine rein rechtliche Bindung durch eine vorrechtliche Instanz, die zugleich affektive Bindung sichert, ergänzt werden müsse, läuft auf die Formel hinaus: Damit eine Gesellschaft als Gesellschaft Bestand hat, ist es komplementär nötig, dass diese Gesellschaft auch als Gemeinschaft lebt.

Das scheint mir theoretisch falsch, weil diese Formel einen vormodernen Begriff von Gesellschaft voraussetzt, nämlich eine vormoderne, monarchistische Version einer Gesellschaftsvertragstheorie, die auf einem Sozialatomismus beruht. Gesellschaft ist dort im Rohzustand ein Haufen unverbundener Individuen, die es nötig haben, logisch sekundär Verträge miteinander einzugehen, um die Not des Rohzustands zu wenden. Der Sozialatomismus war historisch nötig, um mit jedem antiken und mittelalterlichen Sozialholismus zu brechen; aber demokratietheoretisch ist der Preis des Sozialatomismus zu hoch, denn er legitimiert die Inthronisierung eines Leviathans. Hegel spricht vom »Not- und Verstandes-Staat«, aber diesen »für den Staat überhaupt zu halten, ist für Hegel eine Art Kategorienfehler: die zur politischen Theorie gewordene Verwechslung von Gesellschaft und Staat« (Ottmann 1988, 344). Eine solche zwar neuzeitliche, gleichwohl vormoderne Vertragstheorie verdient es, endlich auf den Spuren Rousseaus abgelöst zu werden durch eine republikanische Gesellschaftstheorie, die man nur mit zahlreichen Kautelen als Gesellschafts*vertrags*theorie bezeichnen kann.[11] Gesellschaft besteht hier nicht aus unverbundenen Individuen, sondern gilt als Ensemble der gesellschaftlichen Verhältnisse – oder wer es lieber mit Heidegger mag: Gesellschaftliche Individuen haben nicht zuweilen die »Laune«, aufeinander Bezug zu nehmen, sondern sind das, was sie sind, nämlich gesellschaftliche Individuen oder Personen, nur in Bezugnahme aufeinander.

Zudem ist jene Formel der Komplementarität von Gesellschaft und Gemeinschaftsleben politisch fatal. Besonders eindringlich kann man bei Plessner in dessen *Grenzen der Gemeinschaft* von 1924 lernen, dass das Postulat der notwendigen Ergänzung von Gesellschaftlichkeit durch Gemeinschaftlichkeit ein Projekt der Gegenmoderne ist. Gesellschaftlichkeit wird als Projekt sozialer Kälte beargwöhnt oder offen kritisiert, so dass es auf der Ebene *der Gesellschaft* eines Ausgleichs sozialer Wärme bedürfe, also eines Gesinnungsgemeinschaftskultes. Wohlgemerkt: Auf der Ebene der Gesellschaft, die damit als eine Art Ober- oder Großgemeinschaft traktiert wird. Der *gesellschafts*theoretische Joker, auf der Ebene der Gesellschaftlichkeit ein Gemeinschafts-Denken zu implementieren, torpediert und desavouiert die zentrale Errungenschaft der Moderne, direkte Verhältnisse zwischen den Menschen durch prinzipiell vermittelte Verhältnisse zwischen Staatsbürgern ersetzt zu haben. Die Moderne hatte damit, um es ganz deutlich zu sagen, umgestellt vom Recht des Stärkeren auf Rechtsstaatlichkeit; und wer auf der Ebene von Gesellschaftlichkeit/ Staatsbürgerschaft/ Personalität ein Gemeinschaftsdenken einfüttert, der will zurück zu direkten Verhältnissen zwischen den Menschen, d.h. zurück zum Recht des Stärkeren, getarnt als Romantik der sozialen Nähe.

Das alles ist bei Rousseau mit den Händen zu greifen: Die *volonté générale* ist gerade nicht eine holistische Vor-Ordnung vor den *volonté de tous* (vgl. etwa Brandt 1973; Ottmann 1988, 345), sondern kriterial immer dann schon im Gebrauch, sobald man einzelne *volonté de tous* individuiert, denn nur *Bestimmte*, nämlich Kandidaten für Staatsbürgerschaft, kommen überhaupt in Frage, durch einen freien Willen bestimmt zu sein. Und Rousseau torpediert jede monarchistische Vertragstheorie: »Ein Volk kann sich

---

[11] Vgl. etwa Althusser: »Im übrigen genügt es, Rousseau genau zu *lesen*, um zu bemerken, daß sein Vertrag kein Vertrag ist.« (Althusser 1966, 150)

einem Herrscher hingeben, sagt Grotius. Nach ihm ist also ein Volk bereits ein Volk, ehe es sich einem Fürsten hingibt. Diese Hingabe ist ein Rechtsakt; er setzt eine Volksabstimmung voraus. Ehe man also den Akt untersucht, mit dem ein Volk einen König wählt, müßte man erst den Akt untersuchen, durch den ein Volk ein Volk wird. [...]. Woher haben hundert, die einen Herrscher wollen, das Recht, für zehn zu wählen, die keinen wollen? Das Gesetz der Stimmenmehrheit ist selber eine Übereinkunft und setzt wenigstens eine einmalige Einstimmigkeit voraus.« (Rousseau 1762, 71f.)

Monarchistische Vertragstheorien leben davon, nicht eigens zu problematisieren, wer überhaupt Kandidat ist, Verträge zu schließen; und weil sie diesen Kandidatenstatus im Unbestimmten lassen, reproduzieren sie die bestehenden Herrschaftsverhältnisse. Vormodern war *Würde* ein Leistungsbegriff: *dignitas* kam nur Bestimmten zu, und folglich sind es auch nur Auserwählte, die in monarchistischen Vertragstheorien als würdig gelten, Verträge zu schließen. In der Moderne dagegen ist Würde kein Leistungsbegriff mehr – von Kant als Unterschied von Preis und Würde auf den Begriff gebracht, und mit den bürgerlichen Revolutionen, geronnen in den Menschenrechtserklärungen, als »Rechtstatsache« (Balibar 1993, 123) in die Welt gekommen. Gewollt und versprochen ist mit diesem revolutionären Bruch der Schutz der *erklärten* unaustauschbaren Einmaligkeit des Menschen, der niemals *nur* als austauschbares Mittel, sondern immer auch in seiner unantastbaren Würde behandelt sein will und behandelt sein soll. Dass *allen* Menschen erklärtermaßen fraglos, also unbedingt und nicht nur im Tausch mit einer zu erbringenden Leistung, Würde zukommt, ist keine Banalität, sondern zugleich historische Errungenschaft und Versprechen der Revolutionen der Citoyens. Das ist eine entschieden andere Gesellschaftstheorie als die des politischen Liberalismus.[12]

Dann aber ist der Akt der Identifizierung von Mensch und Staatsbürger – dass alle Menschen als Person gleicher Rechte zu

---

[12] So auch explizit: Lindemann (2008, 131): »Die Berücksichtigung der Zweistufigkeit des Deutens stellt eine wichtige methodische Neuerung für sozialwissenschaftliche Analysen dar, denn es geht jetzt nicht mehr nur darum, durch Deuten und Verstehen eine Sicherheit darüber zu erlangen, wie der andere zu verstehen ist und wie eine Handlungskoordination erfolgt [bei z.B. Mead, Luhmann oder Habermas werde nur diese Stufe der Deutung reflektiert; FN], sondern es geht um Deutungsprozesse, durch die festgelegt wird, mit wem das überhaupt möglich ist.« – Grundsätzlich zum Thema auch Lindemann (2009).

gelten haben – ein Akt der normativen Bindung: Person ist man, weil und sofern man als unaustauschbar einmalig gilt, und als Person zu gelten, das wiederum kann man nicht allein tun. Gesellschaftsverträge *zwischen Personen* sind strikt formal und prozedural, weil sie unabhängig von allen besonderen Eigenschaften und Leistungen der Personen gelten, aber sie sind nicht deshalb Verhältnisse zwischen weißen, normativ unbeschriebenen Blättern. Moderne Gesellschaftlichkeit ist ein Ensemble von Verhältnissen zwischen Personen, nicht aber ein Haufen unverbundener Individuen, die zunächst in ihrer Individualität nicht zählen, um dann, logisch sekundär, aufgefordert werden zu können und zu müssen, sich mit egoistischem oder altruistischem Wohlwollen auf das *factum brutum* des Mitmenschen zu beziehen. Die Bindungskraft der modernen *Gesellschaft* ist schon mitten unter uns, nämlich im republikanisch-antinomischen Zwischen von zugleich herrschenden und beherrschten Personen, und diese Bindungskraft muss nicht eigens herbeigemeinschaftet werden. Menschenwürde ist das Maß moderner Gesellschaftlichkeit, und erst darüber vermittelt eine Orientierung gelingender Vergemeinschaftungen, und d.h.: Menschenwürde ist das Maß der Sakralität der Person (Joas 2011; Schürmann 2011b). Ob diese Kraft freilich als lebendige besteht, ist dadurch noch nicht ausgemacht, sondern dies ist, so der Vorschlag, die Frage einer gelingenden Zivilreligion. Und deren Appell lautet: ›Siehe, so wollten wir es doch! Dass wir alle Adressaten und Autoren der gesellschaftlichen Ordnung unseres Miteinander sind, weil dies, und nur dies, der Garant ist, uns wechselseitig in unserer Unaustauschbarkeit zu schützen. Wäre es etwa nicht gut so, wenn es so wäre!?‹

Oder anders gesagt: Systematisch gesehen ist der Dreiklang der Französischen Revolution – Freiheit, Gleichheit, Geschwisterlichkeit – tatsächlich konstitutiv für moderne Gesellschaftlichkeit. Die Geschwisterlichkeit kommt nicht komplementär zum »Satz der Gleichfreiheit (egaliberté)« (Balibar) hinzu, sie zielt nicht auf zusätzliche Vergemeinschaftung, also nicht auf eine universale Menschenverbrüderung, sondern ist gleichsam der Appell, den eingegangenen Gesellschaftsvertrag einzuhalten, weil wir alle nur innerhalb dessen den Schutz der Personalität genießen, außerhalb dagegen bloß schutzlos Menschen wären. – Das kann man so, oder so ähnlich, zwar schon bei Rousseau und einigen anderen lesen – da hat Althusser schon ganz recht (s.o., Anm. 11) –, aber tatsächlich als Einsicht vergesellschaften, ggf. sogar praktizieren, kann man es wohl erst »postmodern« (vgl. Balibar 1993, 122f.; Böckenförde 2001; Röttgers 2011). In der klassischen Moderne war der Sozialatomismus, also die monarchistische Vertragstheorie des politischen Liberalismus als Hausreligion der *società borghese*, wohl doch zu dominant.

Und der Sport?

Das Anliegen eines Konzepts von *Zivilreligion* ist also, das sachliche Problem ernst zu nehmen, dass die Rechtsordnung einer Republik nur im Modus der Zustimmung zu ihr Bestand hat. Dieses Problem müsste aber so formuliert, und erst recht so beantwortet werden, dass es als Problem der Gesellschaft auftritt und nicht durch die Suche nach Gemeinschaftsbildungen kontaminiert wird. *Zivilreligion* wäre dann ein Name für die Organisationsform der Bildung und Gestaltung jener Zustimmung zur Rechtsordnung. Staatsbürgerschaft als solche wäre ein Doppeltes von Recht und Zivilreligion, nicht aber ein nacktes Rechtsverhältnis, das noch der komplementären Ergänzung bedarf. So weit gekommen, kann man dann wohl sinnvollerweise auch den Namen austauschen und sagen: Staatsbürgerschaft ist ein Doppeltes von Recht und *Zivilpolitik*, also ein nur in politischer Auseinandersetzung lebendiges Rechtsverhältnis. Kann der Sport in irgendeiner Weise in diesem Sinne zivilreligiös oder politisch sein? Vermutlich eher nicht, oder höchstens ex negativo.

Historisch gesehen spielen die Körperkulturen der Moderne hier jedenfalls eine besonders unrühmliche Rolle. Zwar geht es eigentlich – sei es bei den Turngemeinschaften, sei es bei den Sportvereinen, sei es bei den Gemeinschaftsbildungen im Kontext der Lebensreformbewegung – immer nur um Bildungen von Gemeinschaften innerhalb der Gesellschaft. Aber die Emphasen und Begründungen kippen notorisch in einen Gesinnungsgemeinschaftskult. Das Plädoyer für den Turn- oder Sportverein ist notorisch auch ein Plädoyer dafür, ein Modell für gutes menschliches Miteinander überhaupt sein zu wollen. Notorisch wird mit dem Plädoyer für Sportgemeinschaften auch explizit ein Gegengewicht zu oder auch massive Kritik an moderner Gesellschaftlichkeit formuliert.

Zur Ausnahme taugen könnte hier – jedenfalls im Prinzip, wenn auch nicht de facto – der Olympismus Coubertins, wie überhaupt die Idee des modernen Wettkampfsports. Der sportliche Wettkampf ist nämlich ein Konkurrenz-Verhältnis und damit, wie Simmel sehr schön gezeigt hat, ein indirektes und gerade kein direktes

Verhältnis. Wer den Konkurrenten beseitigt, der konkurriert nicht; und wer es als Kaufmann bewerkstelligt, dass die Waren nicht beim Konkurrenten gekauft werden, der hat allein damit noch nicht ein einziges Produkt selber verkauft (Simmel 1903). Doch diese Einsicht wird, so scheint mir, auch in der Olympischen Bewegung beständig für das Linsengericht gemeinsamer Gesinnung preis gegeben.

Eine tatsächliche Ausarbeitung der Frage, ob der Sport – zunächst eingeschränkt auf den Olympischen Sport als Prototyp des modernen Sports (Schürmann 2010) – als Gesellschaftshandeln für die Rolle einer Zivilpolitik taugt, hätte wohl die folgenden, hier nur thesenartig formulierten Punkte abzuarbeiten:

- Das Versprechen des Olympismus liegt darin, die spielerische Inszenierung des Grundprinzips der *società civile* (Bürgerschaftlichkeit/medial vermittelte Personalität) zu sein (Schürmann 2006).
- Die logische Minimalbedingung dafür liegt darin, dass die olympische Bewegung eine *verfasste* Bewegung ist, und zwar eine solche im Geiste der Menschenrechte. (Nur) das erlaubt, den völkerrechtlich/ verfassungsmäßig verbrieften Schutz der Menschenwürde mit dem durch die Olympische Charta verbrieften Schutz der Fairness olympisch-sportlicher Wettkämpfe in ein Entsprechungsverhältnis zu setzen (Schürmann 2011a).
- Zum Konzept einer Zivilpolitik gehört dazu, dass es um Organisation von Zustimmung zu einem Grundprinzip geht, dass daraus aber keineswegs folgt, dass alle Citoyens dies in ein und demselben Kultus praktizieren müssen. Die Zustimmung muss freie Zustimmung sein, und die Minimalbedingung dafür ist die Freiwilligkeit der Teilnahme an einem zivilpolitischen Kultus, der dann, nach Beitritt, freilich Verbindlichkeiten hat, die nicht mehr nur der bloß individuellen Gesinnung geschuldet sind. In diesem Sinne ist das IOC eine Grenzstation: Mitglied der olympischen Bewegung ist man nicht qua individueller Gesinnung – die Achtung der Werte des Olympismus ist nur die notwendige Bedingung –, sondern nur qua Anerkennung durch das IOC. Spinoza ist hier um 270° gedreht: Der nämlich argumentiert, »daß der Staat den inneren Gottesdienst freizugeben habe, den äußeren Kultus aber bestimmen dürfe« (Kleger & Red. 2004, 1379). In einer *società civile* ist es umgekehrt (= 180°): der äußere Kultus muss freiwillig, und insofern auch inhaltlich nicht festgelegt, bleiben, aber ohne doch (+ 90°) den inneren Kultus festzulegen, denn der äußere Kultus stiftet lediglich ein verbindliches Maß, aber gewährleistet die Zollfreiheit der Ge-

danken (vgl. auch Lorenzer 1981). Die Ambivalenz ist klar: Nur weil es hier eine Grenzstation gibt, ist die Freiwilligkeit des Beitritts eine nicht nur individuelle Bekundung, sondern eine Bekundung mit Verpflichtungscharakter – aber weil Grenzstationen herrschaftlich sein oder werden können, sind sie empirisch-faktisch ein Mechanismus von Inklusion/Exklusion (programmatisch freilich mit gleichsam grünen Grenzen[13]).

- Das Grundprinzip der *società civile* kann in unterschiedlichen Gesellschaftsformationen realisiert sein. Im Westen ist es dominant als *società borghese* realisiert. Diese verspricht Gerechtigkeit im Modus der Leistungsgerechtigkeit – »Jedem und jeder nach seiner/ihrer Leistung!«, nicht aber zum Beispiel »Jeder und jede nach seinen/ihren Bedürfnissen!«. Der Modus der Leistungsgerechtigkeit steht *intrinsisch* in Konflikt damit, dass Menschenwürde das Maß für Gleichfreiheit *und* Geschwisterlichkeit ist: Für das Konzept der Leistungsgerechtigkeit ist es ein zu lösendes Problem, nicht aber *fraglos*, dass der Schutz der Würde auch all denen gebührt, die noch nicht, aktuell nicht oder nicht mehr »leisten«. Das Problem ist bekannt und wird auch als solches in der *filosofia borghese* thematisiert (exemplarisch Nussbaum 2010), dort freilich als Reparaturveranstaltung am politischen Liberalismus.

- Der olympische Sport ist, mindestens historisch, der Sport der *società borghese*. Dafür steht schon sein Stifter, denn Coubertin wollte die bestehende Gesellschaft therapieren, aber er wollte nicht ihre Grundordnung auf den Prüfstand stellen. Oder um es mit Alkemeyer zu sagen: Der Olympismus zielt »auf eine schonende Reparatur des Gesellschaftlichen ohne Austausch der tragenden Teile« (Alkemeyer 1996a, 81). Folglich trägt sich auch in der olympischen Bewegung der obige Konflikt aus. Das betrifft zum einen das Verhältnis von Breiten- und Leistungssport, und damit u.a. die Frage, wie es denn tatsächlich um die Chancengleichheit aller Mitglieder der olympischen Bewegung steht. Zum anderen betrifft dies das Leistungsprinzip des Sports als solches, das – will es denn Ausdruck eines *fairen* Wettkampf sein – innerlich gebrochen sein müsste durch ein Analogon zur Geschwisterlichkeit, also durch das, was traditionell ›Achtung des sportlichen Gegners‹ heißt. Beinahe alles

---

[13] Völkerrechtlich irrelevant ist in der Olympischen Charta sogar von einem »Menschenrecht« die Rede: »The practice of sport is a human right. Every individual must have the possibility of practising sport, without discrimination of any kind and in the Olympic spirit, which requires mutual understanding with a spirit of friendship, solidarity and fair play.« – Zum Zustand dieser Grenzstation IOC vgl. exemplarisch, aber eindringlich ⟨http://www.jensweinreich.de⟩.

aber spricht dafür, dass im heutigen Olympismus ein zivilgesellschaftliches Leistungsprinzip durch das bürgerliche Erfolgsprinzip dominiert wird, für das die Rede von Fairness lediglich als regulative Maxime komplementär hinzukommt.[14] Ein Symptom von vielen dafür ist, dass der heutige Olympismus keine Kultur der Niederlage (Ränsch-Trill 2006) entwickelt hat.

Noch in der Programmatik des Sports der *società borghese* blitzt damit der Vorschein einer republikanische Version der Inszenierung des Grundprinzips der *società civile* auf (vgl. Gessmann 2011, 137): Ein Sport, der ein zivilgesellschaftliches Leistungsprinzip praktizierte, einschließlich realisierter Chancengleichheit für alle Mitglieder der olympischen Bewegung sowie einladend offener Grenzen, sich an *diesem* zivilpolitischen Kultus zu beteiligen.

Der Gewinn einer solchen republikanischen Version wäre eine gänzlich andere normative Basis, die einen anderen Typus von Zivilreligion/Politik ermöglicht. Der Appell, man möge der mit der Olympischen Charta eingegangenen Verpflichtung auf faire Wettkämpfe zustimmen und praktizieren, zielt dann nämlich weder auf die egoistischen Eigeninteressen noch auf altruistische Selbstverleugnung, sondern auf einen gemeinsam geteilten Sinn, also auf Aufrechterhaltung eines wechselseitig gewollten spezifischen Vergnügens – angesprochen wären miteinander Sport-Treibende als mündige Ästheten (Prohl 2004).

Literatur

Alkemeyer, T. (1996). Körper, Kult und Politik. Von der ›Muskelreligion‹ Pierre de Coubertins zur Inszenierung von Macht in den Olympischen Spielen von 1936. Frankfurt a.M./ New York: Campus.

Alkemeyer, T. (1996a). Die Wiederbegründung der Olympischen Spiele als Fest einer Bürgerreligion. In G. Gebauer (Hrsg.), Olympische Spiele der Moderne. Olympia zwischen Kult und Droge (S. 65-100). Frankfurt a.M.: Suhrkamp.

Althusser, L. (1966). Über Jean-Jacques Rousseaus ›Gesellschaftsvertrag‹. In L. Althusser, Machiavelli, Montesquieu, Rousseau. Zur politischen

---

[14] Konsequenterweise reproduziert sich daher auch im heutigen Leistungssport ein Analogon zum Sozialatomismus des politischen Liberalismus – nur exemplarisch, und weil er mein Lieblingsfeind ist: Felix Magath führt uns gerade sehr anschaulich vor, dass Athleten als Waren beinahe beliebig austauschbar sind. Die SZ nennt ihn, momentan gerade Angestellter beim VfL VW Wolfsburg, treffend »Gebrauchtprofihändler«.

Philosophie der Neuzeit (Schriften, Bd. 2, S. 131-172). Berlin: Argument 1987.
Balibar, É. (1993). Die Grenzen der Demokratie. Hamburg: Argument.
Benjamin, W. (1940). Über den Begriff der Geschichte. In W. Benjamin, Sprache und Geschichte. Philosophische Essays (S. 141-154). Stuttgart: Reclam 1992.
Bloch, E. (1959). Das Prinzip Hoffnung. In E. Bloch, Gesamtausgabe, Bd. 5. Frankfurt a.M.: Suhrkamp.
Böckenförde, E.-W. & Spaemann, R. (Hrsg.) (1987). Menschenrechte und Menschenwürde. Histor. Voraussetzungen – säkulare Gestalt – christliches Verständnis. Stuttgart: Klett-Cotta.
Böckenförde, E.-W. (1967). Die Entstehung des Staates als Vorgang der Säkularisation. In E.-W. Böckenförde (1991), 92-114.
Böckenförde, E.-W. (1986). Die verfassungsgebende Gewalt des Volkes – Ein Grenzbegriff des Verfassungsrechts. In E.-W. Böckenförde (2011), 97-119.
Böckenförde, E.-W. (1991). Recht, Staat, Freiheit. Studien zur Rechtsphilosophie, Staatstheorie und Verfassungsgeschichte (erw. Ausgabe). Frankfurt a.M.: Suhrkamp 2006.
Böckenförde, E.-W. (2001). Vom Wandel des Menschenbildes im Recht. In E.-W. Böckenförde (2011), 13-52.
Böckenförde, E.-W. (2007). Der säkularisierte Staat. Sein Charakter, seine Rechtfertigung und seine Probleme im 21. Jahrhundert. München: C.F. v. Siemens Stiftung.
Böckenförde, E.-W. (2011). Wissenschaft, Politik, Verfassungsgericht. Aufsätze von Ernst-Wolfgang Böckenförde. Biographisches Interview von Dieter Gosewinkel. Berlin: Suhrkamp.
Brandt, R. (1973). Rousseaus Philosophie der Gesellschaft. Stuttgart/Bad Cannstatt: Fromann-Holzboog.
Buckel, S. & Fischer-Lescano, A. (Hrsg.) (2007). Hegemonie gepanzert mit Zwang. Zivilgesellschaft und Politik im Staatsverständnis Antonio Gramscis. Baden-Baden: Nomos.
Coubertin, P. (1966). Der Olympische Gedanke. Reden und Aufsätze. Hg. v. Carl Diem Institut. Schorndorf: Hofmann.
Feuerbach, L. (GW). Gesammelte Werke. 21 Bände. Hg. v. W. Schuffenhauer. Berlin: Akademie 1969ff.
Feuerbach, L. (1846). Das Wesen der Religion. In L. Feuerbach (GW), Bd. 10 (1971), 3-79.
Frosini, F. (1990). Krise, Gewalt und Konsens. Gramsci – Machiavelli – Mussolini. In U. Hirschfeld, & W. Rügemer (Hrsg.), Utopie und Zivilgesellschaft. Rekonstruktionen, Thesen und Informationen zu Antonio Gramsci (S. 59-74). Berlin: Elefanten Press.
Gessmann, M. (2008). Die Ambivalenz der Zivilreligion. Rousseau, Bellah und der zweideutige Ursprung des Politischen im Religiösen. In F. Heidenreich; J.C. Merle & W. Vogel (Hrsg.), Staat und Religion in

Frankreich und Deutschland. L' État et la religion en France et en Allemagne (S. 200-214). Berlin: Lit.

Gessmann, M. (2011). Philosophie des Fußballs. Warum die Holländer den modernsten Fußball spielen, die Engländer im Grunde immer noch Rugby und die Deutschen den Libero erfinden mussten. München: Fink.

Habermas, J. (1992). Faktizität und Geltung. Beiträge zur Diskurstheorie des Rechts und des demokratischen Rechtsstaats. Frankfurt a.M.: Suhrkamp 1998.

Hegel, G. W. F. (HW). Werke: in 20 Bänden. Frankfurt a.M.: Suhrkamp 1986.

Hegel, G. W. F. (WdL I-II). Wissenschaft der Logik I-II [1831-1813/16]. In G.W.F. Hegel (HW), Bd.e 5-6.

Heitmeyer, W. (Hrsg.) (1997). Was hält die Gesellschaft zusammen? Frankfurt am Main: Suhrkamp.

Holz, H. H. (1992). Philosophische Reflexion und politische Strategie bei Antonio Gramsci. In H. H. Holz & G. Prestipino, Antonio Gramsci heute. Aktuelle Perspektiven seiner Philosophie (S. 9-28). Bonn: Pahl-Rugenstein Nachfolger o.J. [1992].

Joas, H. (2011). Die Sakralität der Person. Eine neue Genealogie der Menschenrechte. Berlin: Suhrkamp.

Kleger, H. & Müller, A. (Hrsg.) (1986). Religion des Bürgers. Zivilreligion in Amerika und Europa. Mit einem neuen Vorwort: Von der atlantischen Zivilreligion zur Krise des Westens. Münster: Lit ²2004.

Kleger, H. & Red. (2004). ›Zivilreligion; Ziviltheologie‹. In J. Ritter, K. Gründer & G. Gabriel (Hrsg.), Historisches Wörterbuch der Philosophie, Bd. 12 (Sp. 1379-1382). Basel u. Darmstadt: Schwabe.

Kleger, H. (2011). Moderne Bürgerreligion. In M. Kühnlein & M. Lutz-Bachmann (Hrsg.) (2011), 493-528.

Kobusch, T. (2011). Die Kultur des Humanen. Zur Idee der Freiheit. In A. Holderegger; S. Weichlein & S. Zurbuchen (Hrsg.), Humanismus. Sein kritisches Potential für Gegenwart und Zukunft (S. 7-13). Basel: Schwabe.

Kühnlein, M. & Lutz-Bachmann, M. (Hrsg.) (2011). Unerfüllte Moderne? Neue Perspektiven auf das Werk von Charles Taylor. Berlin: Suhrkamp.

Lindemann, G. (2008). Verstehen und Erklären bei Helmuth Plessner. In R. Greshoff; G. Kneer & W.L. Schneider (Hrsg.), Verstehen und Erklären. Sozial- und kulturwissenschaftliche Perspektiven (S. 117-142). München: Fink.

Lindemann, G. (2009). Das Soziale von seinen Grenzen her denken. Weilerswist: Velbrück.

Lorenzer, A. (1981). Das Konzil der Buchhalter. Die Zerstörung der Sinnlichkeit. Eine Religionskritik. Frankfurt a.M.: Fischer 1984.

Lübbe, H. (1981). Staat und Zivilreligion. In H. Kleger & A. Müller (Hrsg.) (1986), 195-220.

Lübbe, H. (1998). Zivilreligion in der Demokratie. Mißverstand im ›Kruzifix-Beschluß‹ des Deutschen Bundesverfassungsgerichts. In H. Lübbe, Politik nach der Aufklärung. Philosophische Aufsätze (S. 193-213). München: Fink 2001.

Luhmann, N. (1978). Grundwerte als Zivilreligion. Zur wissenschaftlichen Karriere eines Themas. In N. Luhmann, Soziologische Aufklärung 3: Soziales System, Gesellschaft, Organisation (S. 336-354). Wiesbaden: VS Verl. für Sozialwiss. ^{5}2009.

Menke, C. (2011). Recht und Gewalt. Berlin: August-Verl.

Münkler, H. (1996). Einleitung: Was sind vorpolitische Grundlagen politischer Ordnung? In H. Münkler (Hg.) (1996), 7-11.

Münkler, H. (Hrsg.) (1996). Bürgerreligion und Bürgertugend. Debatten über die vorpolitischen Grundlagen politischer Ordnung. Baden-Baden: Nomos.

Nussbaum, M. C. (2010). Die Grenzen der Gerechtigkeit. Behinderung, Nationalität und Spezieszugehörigkeit. Berlin: Suhrkamp.

Ottmann, H. (1988). Bürgerliche Gesellschaft und Staat bei Hegel. *Hegel-Jahrbuch* 1986, 339-349.

Ottmann, H. (2008). Hegels politischer Realismus. *Hegel-Jahrbuch* 2008, 18-25.

Otto, R. (1917). Das Heilige. Über das Irrationale in der Idee des Göttlichen und sein Verhältnis zum Rationalen. München: Beck 1991.

Pieper, J. (1963). Zustimmung zur Welt. Eine Theorie des Festes. München: Kösel-Verlag.

Plessner, H. (1928). Die Stufen des Organischen und der Mensch. Einleitung in die philosophische Anthropologie. Berlin/ New York: de Gruyter ^{3}1975.

Prohl, R. (2004). Bildungsaspekte des Trainings und Wettkampfs im Sport. In R. Prohl & H. Lange (Hrsg.), Pädagogik des Leistungssports. Grundlagen und Facetten (S. 11-39). Schorndorf: Hofmann.

Ränsch-Trill, B. (2006). Siegen und Verlieren. Zum Desiderat einer Kultur der Niederlage im Sport (hg. v. T. Nebelung). In *Leipziger Sportwissenschaftliche Beiträge* 47 (2), 171-179.

Rehm, M. (2006). Bürgerliches Glaubensbekenntnis. Moral und Religion in Rousseaus politischer Philosophie. München: Fink.

Röttgers, K. (2011). Fraternité und Solidarität in politischer Theorie und Praxis – Begriffsgeschichtliche Beobachtungen. In H. Busche (Hrsg.), Solidarität. Ein Prinzip des Rechts und der Ethik (S. 19-53). Würzburg: Königshausen & Neumann.

Rousseau, J.-J. (1762). Vom Gesellschaftsvertrag oder Prinzipien des Staatsrechtes. In J.-J. Rousseau, Politische Schriften. Hg. v. L. Schmidts (S. 59-208). Paderborn u.a.: Schöningh ^{2}1995.

Rudolph, E. (2011). Rousseau absconditus. Zur Kritik der Taylorschen Liberalismuskritik. In M. Kühnlein & M. Lutz-Bachmann (Hrsg.) 2011, 107-116.

Sandkaulen, B. (2009). Fürwahrhalten ohne Gründe. Eine Provokation philosophischen Denkens. *Deutsche Zeitschrift für Philosophie* 57 (2), 259-272.

Schürmann, V. (2003). Muße (2., überarb. Aufl.). Bielefeld: transcript.

Schürmann, V. (2006). ›Die schönste Nebensache der Welt‹. Sport als Inszenierung des Citoyen. *Deutsche Zeitschrift für Philosophie* 54 (3), 363-382.

Schürmann, V. (2010). Prototypen. Zur Methodologie einer Hermeneutik des Sports. *Sport und Gesellschaft* 7 (3), 55-64.

Schürmann, V. (2011a). Olympische Spiele im Spiegel der Menschenrechte. In E. Franke (Hrsg.), Ethik im Sport (S. 61-73). Schorndorf: Hofmann.

Schürmann, V. (2011b). Würde als Maß der Menschenrechte. Vorschlag einer Topologie. *Deutsche Zeitschrift für Philosophie* 59 (1), 33-52.

Simmel, G. (1903). Soziologie der Konkurrenz. In G. Simmel, Gesamtausgabe. Hg. v. O. Rammstedt, Bd. 7 (S. 221-246). Frankfurt a.M.: Suhrkamp 1995.

Spaemann, R. (1987). Über den Begriff der Menschenwürde. In E.-W. Böckenförde & R. Spaemann (Hrsg.) (1987), 295-313.

Vögele, W. (1994). Zivilreligion in der Bundesrepublik Deutschland. Gütersloh: Kaiser.

Zürn, M. (2011). Perspektiven des demokratischen Regierens und die Rolle der Politikwissenschaft im 21. Jahrhundert. *Politische Vierteljahresschrift* (PVS) 52 (4), 603-635.

Spielt Deutschland gegen den Abstieg?
Sportmetaphern in der politischen Sprache

Armin Burkhardt

»Der Sport gehört heute zum Leben der Menschen.« Mit diesem Satz beginnt bereits ein Aufsatz zur Sportsprache, der Mitte der 1950er Jahre in der Zeitschrift *Muttersprache* erschienen ist (Laven 1956). Erst recht gilt dies für die Gegenwart, denn der Sport ist nicht wegzudenkender Bestandteil der Freizeitgesellschaft geworden.

Einleitung

Viele halten sich privat durch Jogging, Walking oder gymnastische Übungen fit, trainieren im Rahmen eines Sportvereins regelmäßig oder nehmen sogar an Wettkämpfen teil, die in vielen Sportarten auch in verschiedenen Altersklassen angeboten werden. Als Aktive, aber auch als Schiedsrichter, Trainer und Funktionäre sind Millionen Deutsche Teil des sog. Breitensports. Doch auch die meisten derjenigen, die nicht oder nicht mehr in einer aktiven Rolle am Sport teilnehmen, sind an seinen Veranstaltungen interessiert, v.a. an denen des Profisports. Sie gehen regelmäßig als Zuschauer in die Stadien und Wettkampfarenen oder definieren sich sogar als Fans und haben Teil an entsprechenden Aktivitäten. Zumindest aber verfolgen sie die von ihnen bevorzugten Sportarten am Fernseher oder informieren sich über die neuesten Sportergebnisse in den Zeitungen oder im Internet. Dies gilt natürlich in aller erster Linie für *König Fußball*, der – wie es heißt – die Welt regiert.

Der v.a. als Semiotiker, Schriftsteller und Kolumnist hervorgetretene Umberto Eco hat sich einmal (1969) extrem kritisch über die Sportkommunikation geäußert. In einem kleinen Essay, der *Das Sportgerede* betitelt ist, sind u.a. die folgenden Sätze zu lesen:

> »Doch der Athlet als Monstrum entsteht, wenn der Sport ins Quadrat gehoben wird, das heißt, wenn er aus dem persönlich und selber gespielten Spiel, das er war, zu einer Art Rede oder Diskurs über das Spiel wird, beziehungsweise zu einem Schauspiel für andere und damit zu einem Spiel, das andere spielen und dem ich als Zuschauer beiwohne. Der Sport hoch zwei ist das Sportspektakel. [...]

> Doch dieser Sport hoch zwei (auf den bereits Spekulationen und Märkte, Börsen und Transaktionen, Verkaufsstrategien und Konsumzwänge einwirken) generiert einen Sport hoch drei, nämlich das Reden über den Sport als Spektakel. Dieses Reden ist in erster Instanz ein Reden *über* die Sportpresse, also ein Reden hoch *n*. Das Reden über die Rede der Sportpresse ist das Gerede über ein Reden über das Sehen des Sporttreibens anderer als einer Rede. [...] Irgendwo hinter drei Trennscheiben gibt es noch den real betriebenen Sport, aber im Grenzfall bräuchte er gar nicht mehr zu existieren.« (Eco 1969, 188f.)

Diese Unterscheidung des Sports[1] vom inszenierten Sportspektakel als Sport^2, von der Sportpresse als Sport^3 und dem Reden darüber als Sport^n ist nachvollziehbar und medientheoretisch gerechtfertigt. Bei aller berechtigten Kritik an den Auswüchsen des Profisports muss man Eco aber in der negativen Bewertung dieser Ebenenstruktur der Sportkommunikation nicht folgen. Auch in seiner Bestimmung des Sports als »die größte Aberration und Verselbständigung der *phatischen* Rede« (ebd., 187) ist der Semiotiker Eco ganz sicher zu weit gegangen. Es ist aber richtig, einen Teil der Sportkommunikation als *phatisch* zu bezeichnen, denn als Kontakt-Thema, auf das – auch im Gespräch mit Fremden – jederzeit zurückgegriffen werden kann, hat er im Alltag das beliebte Thema *Wetter* bis zu einem gewissen Grade verdrängt. Sport, insbesondere Fußball, ist der Super-Diskurs unserer Zeit. Wie viel Raum gerade die Fußballkommunikation inzwischen im gesellschaftlich-medialen Leben einnimmt, merkt man vor allem dann, wenn sie in der Winter- oder in der Sommerpause fehlt.

Weil der Sport, insbesondere der Fußball, ständig im Fokus der Aufmerksamkeit eines großen Teils der Öffentlichkeit steht und sehr viele Menschen mit ihm recht gut vertraut sind, ist es nicht erstaunlich, dass er sprachlich auch auf andere Bereiche der Gesellschaft ausstrahlt und d.h. vor allem: Metaphern exportiert. Das gilt für die Alltagssprache: Wer hätte noch nie einen *Elfmeter* bekommen oder ein *Eigentor* fabriziert? Das gilt aber auch für die Sprache der Politik.

Im Folgenden möchte ich zunächst die politische Sprache kurz bestimmen. Sodann möchte ich erklären, was Metaphern sind und wie sie funktionieren, und dabei auch auf typische Metaphern und Metaphernsysteme in der Politik eingehen, bevor ich schließlich auf die Sportmetaphern zu sprechen komme und, v.a. am Beispiel der

Fußballmetaphern, zeige, wie diese zu politischen Zwecken eingesetzt werden.

Was ist politische Sprache?

Politik ist die Regelung von Interessen- und Ideologiekonflikten, die kommunikativ entweder durch öffentliche Meinungskonkurrenz ausgetragen oder durch gewaltsame Meinungsmonopolisierung entschieden werden können, wie sie historisch in vielfältigen Maßnahmen der Zensur und Sprachlenkung aufgetreten ist. In Gesellschaftssystemen aller Art macht die Durchsetzung politischer Ziele und die Sicherung von Herrschaft jedoch zumindest eine gewisse Grundakzeptanz auf Seiten der Bevölkerung erforderlich, die sich durch Gewaltandrohung und -anwendung allein wohl ›fördern‹, aber nicht erzwingen ließe, sondern im Wesentlichen kommunikativ herbeigeführt werden bzw. erhalten werden muss. Anders als in totalitären Systemen, wo einseitige Agitation und Propaganda die mediale Kommunikation bestimmen, blüht in pluralistischen Demokratien der öffentlich-kontroverse Diskurs. Im Wechselspiel der politischen Kräfte finden hier die diskutierten Inhalte ihre passenden Ausdrucksformen.

Walther Dieckmann hat innerhalb der politischen Sprache zwischen einer *Funktionssprache* als »der organisatorischen Verständigung innerhalb des staatlichen Apparates und seiner Institutionen« dienender und einer *Meinungssprache* als ideologische Deutungen nach außen an die Öffentlichkeit vermittelnder Sprachschicht unterschieden (1969, 81). Auch wenn sich die diversen Schichten in der Praxis vielfältig überkreuzen, könnte man die Erstere als institutionsinterne ›Sprache *in* der Politik‹ von der Letzteren als auf Außenwirkung berechneter, institutionsextern über die Medien an die Bürger gerichteter ›Politikersprache‹ abheben. Als unterschiedliche situations- und adressatenspezifische Sprechweisen politischer Funktionsträger ließen sich beide Bereiche unter dem gemeinsamen Dach einer *Politiksprache* zusammenfassen. Die *Politiksprache* an die Bürger vermittelt die *politische Mediensprache* als Kommunikationsform des politischen Journalismus. Für alle Arten öffentlichen oder privaten Sprechens über politische Fragen innerhalb wie außerhalb des institutionellen Rahmens der Politik kann der Begriff *politische Sprache* als Oberbegriff dienen.

Die Politikersprache ist der Teil der politischen Sprache, der die öffentliche Diskussion bestimmt und deswegen in der Linguistik stets die meiste Beachtung gefunden hat. Ihre wesentlichen

Merkmale sind der Gebrauch von Schlag- und Fachwörtern und ein politiktypischer Sprach- bzw. Redestil. Den politischen Wortschatz unterteilt Dieckmann (1969, 50) in »Ideologiesprache«, »Institutionssprache« und »Fachsprache des verwalteten Sachgebietes«, wobei die Ideologiesprache »aus den Bezeichnungen für die politische Doktrin und die Miranda«, die Institutionssprache »aus den Bezeichnungen für die einzelnen Institutionen und Organisationen eines Gemeinwesens, ihre interne Gliederung, die Aufgaben, die sie erfüllen und die Prozesse, in denen sie funktionieren«, und die Fachsprache des verwalteten Sachgebietes »aus den politikeigenen Sprachformen, die sich mit der Verwaltung der verschiedenen Sachgebiete ergeben«, besteht (vgl. dazu auch Bachem 1979, 15f.). Es handelt sich also um die Wortschätze der verschiedenen ideologischen Richtungen, um die jeweiligen, zumeist einzelstaattypischen Bezeichnungen des politischen und verwaltungstechnischen Apparats und um die innerhalb der verschiedenen Ressorts verwendeten Fachsprachen (z.B. der Wirtschafts-, Kultur- und Landwirtschaftspolitik, die mit den Fachsprachen der Volkswirtschaftslehre, der Geisteswissenschaften oder der Land- und Forstwirtschaft nicht identisch, aber an sie angelehnt sind). Weil die Sprache der Politik in sich vielschichtig ist und viele verschiedene Teilgebiete umfasst, aus deren Fachsprachen und Expertenwissen sie sich dann bei Bedarf bedient, haben sie die meisten Autoren ganz aus dem Kreise der Fachsprachen ausgeschlossen (z.B. Fluck 1985, 75). Am besten lässt sich die Politikersprache als »Fachsprache der Politik« als eine Zwischenschicht zwischen Fachsprachen und Gemeinsprache beschreiben (vgl. dazu auch Hoberg 1988).[1]

Da politisches Handeln und Sprechen interessegeleitet ist und auf möglichst breite Zustimmung abzielt, ist politische Kommunikation unter *perlokutionären* Gesichtspunkten generell zwischen den Polen (argumentativ-rationales) *Überzeugen* und (eher gefühlsmäßig-rhetorisches) *Überreden* ausgespannt und bedient sich daher nicht selten der plakativen Metaphorik.

Was sind und wie funktionieren Metaphern?

Am Anfang aller Geschichte der Metapherntheorie steht die aristotelische Bestimmung als »Übertragung« (Aristoteles Poe, § 21). Der Begriff enthält von Anfang an eine Theorie u n d eine Meta-

---

[1] Zu den Charakteristika der politischen Sprache im Allgemeinen und der Politikersprache im Besonderen vgl. v.a. Burkhardt (2003, 117ff.).

pher. Das griechische *metaphérein* bedeutet ›anderswohin tragen, übertragen‹. Für Aristoteles ist die Metapher das Hinübertragen eines Wortes in einen anderen Sprach- bzw. Sachbereich. Und sie dient dem Zweck, den einen durch den anderen verständlich(er) zu machen.

Etwas moderner ausgedrückt sind Metaphern implizite oder explizite Klassenaussagen, in denen ein Referenzobjekt in vom allgemeinen Sprachgebrauch abweichender, ja sogar in nicht selten überraschender Weise unter ein Prädikat subsumiert wird, zu dem es den konventionellen Sprachregeln gemäß eigentlich nicht gehört, um durch die abweichende Prädikation einige Eigenschaften des angesprochenen Gegenstandes besonders hervorzuheben. Der Hörer muss die Bedeutung der beteiligten Wörter einschließlich ihrer Konnotationen aktualisieren, um herauszufinden, welche mögliche Bedeutung die Metapher hat und dann über den Vergleich der beiden im metaphorischen Ausdruck genannten Gegenstände – oder genauer: zwischen dem, was wir bei Nennung der betreffenden Wörter assoziieren – den durch die Regelverletzung vordergründig zerbrochenen Sinn neu stiften. Weil sie implizite oder explizite Klassenaussagen sind, lassen sich Metaphern – wie Lakoff/Johnson (1980) das getan haben – am besten mit Sätzen der Form X IST/FÄLLT UNTER Y beschreiben. Die Leistung der Metapher ganz allgemein beruht auf dem Erkennen bzw. der Behauptung einer Ähnlichkeit und/oder Analogie zwischen den Denotaten der beiden Metaphernteile und besteht im Erhellen fokussierter und im Ausblenden[2] nicht-intendierter Eigenschaften bzw. Merkmale auf beiden Seiten.

Was sind und wie funktionieren politische Metaphern?

Zu den charakteristischen Merkmalen der Politikersprache, insbesondere in der politischen Rede, gehört sowohl die punktuelle Suche nach der originellen, plastischen Metapher als auch der stereotype Gebrauch politiktypischer Metaphern.

Die kommunikative wie kognitive Leistung der Metapher besteht im »highlighting« und »hiding«: »In allowing us to focus on one aspect of a concept (e.g., the battling aspects of arguing), a metaphorical concept can keep us from focusing on other aspects of the concept that are inconsistent with that metaphor.« (Lakoff/

---

[2] Mit Eco (1985, 123) könnte man hier auch vom »Narkotisieren« sprechen.

Johnson 1980, 10) Aber nicht nur nicht übereinstimmende, sondern auch (politisch) unerwünschte Aspekte können in den Hintergrund treten. Gerade bei jeder politischen Metapher ist daher die entscheidende Frage immer die nach dem, was ausgeblendet wird, d.h. in ihrem »toten Winkel« (Brünner 1987, 107) bleibt: Die Gorbatschowsche Metapher vom »Haus Europa«[3] z.B. stiftet einen Zusammenhang gemeinsamen Wohnens, von Freundschaft und Nachbarschaft. Über soziale, politische und andere Verschiedenheit zwischen den Wohnungsnachbarn sagt sie nichts. Und doch ist es ein erheblicher Unterschied, ob jemand in der Belle Etage oder im Souterrain wohnt. Diese Unterschiede verbleiben im »toten Winkel«. Die im Rahmen der internationalen Finanzkrise eingeführte Metapher vom »Euro-Rettungsschirm« fokussiert auf das Merkmal ›Schutz, Abwehr von Gefahren oder Unannehmlichkeiten‹. Dass innerhalb der Diskussion auch andere (aggressive) Merkmale im Spiel sind, die jedoch in der zentralen Metapher selbst ausgeblendet bleiben, zeigt sich darin, dass der »Schirm« inzwischen auch »schlagkräftig« sein und »mehr Feuerkraft« entwickeln soll.[4]

Der politischen Sprache ist nicht selten ihre inhaltsleere Formelhaftigkeit (vgl. Topitsch 1960) vorgeworfen worden. In der Tat sind nur die wenigsten der dort verwendeten Metaphern originell, zumeist wird an die traditionellen Muster angeknüpft, die die Alltagssprache bereitstellt. Man darf daher annehmen, dass die auffällige Stereotypie und Vagheit politischer Sprache nicht zuletzt auch auf den überhöhten Gebrauch vorgefertigter, bereits eingespielter, konventionaliserter, sogenannter »toter« oder »verblasster« Metaphern zurückzuführen ist. Der Übergang zu den Schlagwörtern ist dabei fließend. Das ist aber nur die halbe Wahrheit, denn gleichwohl dienen auch die verblassten Metaphern dazu, Ereignisse zu konzeptualisieren und Wahrnehmung zu strukturieren. Indem sie nicht mehr als Metaphern verstanden werden, als Metapherntyp und -bildungsmuster jedoch im allgemeinen sehr

---

[3] Diese für die späten 80er Jahre typische Metapher war keineswegs neu, denn, wie D. Schirmer (1992) zeigen konnte, wurde sie bereits in der Weimarer Zeit verwendet.
[4] Dazu nur ein Textbeispiel: »Wie der Rettungsschirm schlagkräftiger wird – Mit ‚mehr Feuerkraft' will die EU den Euro-Rettungsschirm ausgestattet sehen, um eine Ausbreitung der Euro-Krise zu vermeiden. Doch weitere Garantien wollen Deutschland und die anderen Euro-Länder nicht mehr bereitstellen.« (21.10.11; http://www.welt.de/wirtschaft/article13672889/Oekonomen-laufen-gegen-Frankreichs-Euro-Plan-Sturm.html)

lebendig sind und ständig fortgesponnen und reproduziert werden, sind sie allenfalls als Individuen »tot« (vgl. dazu Lakoff/Johnson 1980). Hier können nur einige wenige genannt werden, die für die politische Sprache besonders charakteristisch sind:

A. POLITIK IST EIN GEBÄUDE/THEORIEN SIND GEBÄUDE

Wenn etwa Politik bzw. Volkswirtschaft im Sinne der Gebäude-Metapher konzeptualisiert wird, dann müssen innerhalb dieses Bildes Stabilität, solide Fundamente und tragende Pfeiler als zentrale Werte, Instabilität und Zusammenbruch dagegen als Gefahren erscheinen. Die produktiven Kräfte der Instabilität, d.h. ihre dynamischen Aspekte, werden dagegen ausgeblendet: In diesem Sinne war etwa in der »Wende-Debatte« des Deutschen Bundestages (1. Oktober 1982) von *tragenden Pfeilern, soliden Fundamenten*, dem »geistigen und moralischen *Grundlagen* unseres Zusammenlebens« und vom »*Ausbau* des Rechtsstaats« die Rede. Auch die Paulskirchen-Metapher vom zu errichtenden Staat als »Dom«, der die Freiheit begründe (vgl. Burkhardt 1999/2000), gehört in diesen Zusammenhang.

B. POLITIK IST DAS ZURÜCKLEGEN EINES WEGES/ IST EINE REISE

Diese Metapher fokussiert auf die Zielgerichtetheit politischen Handelns, blendet jedoch zugleich neben alternativen Reisemöglichkeiten auch die Landschaft aus, durch die gegangen oder gefahren wird. Metaphern wie *Politik der kleinen Schritte, der Weg aus der Krise, getrennte Wege gehen, an einem Kreuz- oder Scheideweg angelangt sein* sind für die politische Sprache charakteristisch.

C. DER STAAT IST EIN SCHIFF

Durch die altehrwürdige Metaphorisierung des STAATES als SCHIFF, bei der es sich um die Säkularisierung einer ursprünglich religiösen Metapher handelt, wird der Aspekt der Schicksalsgemeinschaft hervorgehoben. Beispiele für besonders frequente nautische Metaphern dieses Typs sind vor allem *den Kurs bestimmen, einen Kurs einhalten* bzw. *einschlagen, gegensteuern, eine Wende* bzw. *Wendemanöver durchführen* usw. Die Analogie zwischen Staat und Schiff geht dahin, dass es Mannschaften, Offiziere, einen Steuermann gibt, dass die Besatzung gemeinsam auf einem Gewässer fährt, dass der Kapitän den Kurs bestimmt und entsprechend navigieren lässt, dass die Mannschaft zusammenstehen muss, wenn sie die Reise im gefährlichen Element be- bzw. überstehen will. Ausgeblendet werden in dieser Metapher konkurrierende Flottenverbände, ungünstige Winde und Strömungen sowie hierarchische Unterschiede und divergierende Interessen innerhalb der Crew. Zudem sind Staatskatastrophen, anders als die Gefahren des Meeres, menschengemacht. In der »Wende« [sic!] von 1989/90 wurden zahlreiche nautische Metaphern dieses Typs aktiviert, besonders exponiert in Christa Wolfs Rede auf dem Alexanderplatz am 4. November 1989, in der die Grundmetapher zugleich allegorisch ausgebaut und kritisch hinterfragt wird:

> »Mit dem Wort ›Wende‹ habe ich meine Schwierigkeiten. Ich sehe da ein Segelboot, der Kapitän ruft: ›Klar zur Wende!‹, weil sich der Wind gedreht hat, und die Mannschaft duckt sich, wenn der Segelbaum über das Boot fegt. Stimmt dieses Bild? Stimmt es noch in dieser täglich vorwärtstreibenden Lage?« (Wolf 1990, 119)

D. PROBLEME SIND KRANKHEITEN/POLITIKER SIND ÄRZTE

Im Lichte der Metaphern dieses Typs erscheinen wirtschaftliche oder politische Ereignisse als Fehlentwicklungen am Gesamtorganismus, deren »Erreger« von den verantwortlichen Personen unter Rückgriff auf geeignete Behandlungsmethoden zu bekämpfen sind. Ein Verzicht auf therapeutische Maßnahmen ist ebenso ausgeschlossen wie eigenes Verschulden. Hierher gehören Metaphern wie die vom *Kollaps des Sozialismus* ebenso wie die von der *Gesundung der Staatsfinanzen*. Medizinische und Krankheitsmetaphorik ist zwar heute überwiegend in Bezug auf die Wirtschaft gebräuchlich; sie findet sich jedoch auch im Umfeld kriegerischer Auseinandersetzungen: Es sei hier nur an die von amerikanischen Militärs während des Golf-Kriegs eingeführte Metapher vom »chirurgischen Krieg« bzw. »Schlag« (am. *surgery strike*) erinnert, die z.B. in der folgenden Formulierung des französischen Fernsehens wieder aufgenommen wurde: »Chirurgisch präzis operieren sie den Krebs aus dem Saddam-Geschwulst« (*BILD* vom 21. Januar 1991, S. 2).

Eine widerwärtige Radikalisierung der Krankheitsmetapher liegt vor, wenn politische Gegner oder ethnische Gruppen als Krankheiten (*Pest, Cholera, Krebs, Syphilis, Geschwür*) oder als deren Erreger bzw. Überträger (*Ungeziefer, Parasiten, Bazillen, Ratten, Schmeißfliegen*) metaphorisiert werden (vgl. Bachem 1979, 128ff.). Weil diese Krankheiten und folglich auch deren Erreger bzw. Überträger gefährlich sind, gehört zur ›deontischen‹ Bedeutung ihrer

Bezeichnungen, dass sie beseitigt bzw. »ausgemerzt« werden müssen. Wer derartige Metaphern auf andere Personen anwendet, entmenschlicht diese daher nicht nur, sondern stiftet implizit zur Gewalt gegen sie an (vgl. Kurz 1982, 26). In der antisemitischen Propaganda der Nationalsozialisten erreichte diese inhumane Metaphorik ihren traurigen Höhepunkt und hat sicherlich in nicht unerheblichem Maße zur psychologischen Vorbereitung des Holocaust beigetragen.

E. INNENPOLITIK IST KRIEG/KAMPF

Dieses Metaphernmuster ist ein Spezialfall des Typs ARGUMENT IS WAR (vgl. dazu Lakoff/Johnson 1980, 4ff.). Metaphern dieses im innenpolitischen Diskurs (auch in der Presse) besonders häufig gebrauchten Typs fokussieren auf Konkurrenz und Polarisierung im Streit um Machterhalt und -erwerb. In der Sprache des *Torpedierens*, des *Unterminierens*, der *Gemetzel*, *Trommel-*, *Stör-* und *Sperrfeuer*, des *Vorstoßes* bzw. *-marsches*, aber auch des *Rückzugs* und des *Wundenleckens*, der *Graben-* und *Richtungskämpfe*, *Scharmützel* und *Scheingefechte*, der *Fronten*, *Schützengräben*, *Flügelkämpfe* und *Friedensoffensiven*, der *Wahlkampfschlachten*, aber auch der *Rededuelle*, *Rundumschläge* und des nur allmählich verrauchenden *Pulverdampfs* bleiben kooperative Aspekte der Politik notwendig ebenso ausgeblendet wie das Gemeinwohl als oberstes Ziel politischen Handelns.

Metaphern reproduzieren bzw. konstituieren alltägliche oder wissenschaftliche Vorstellungsmuster. In der Politik dienen sie der politischen Überzeugungsarbeit und können dort Schlagwortstatus erlangen. Ihr Wert für den Benutzer liegt in der erhellend-verstellenden Kraft der durch sie erzeugten Bilder, von denen sich manche immer wieder anbieten, während andere gerade aufgrund ihrer historischen Reminiszenz von den Späterlebenden wieder aufgegriffen werden. »Aktive« Metaphern sind Modelle der Welt- oder Ereignisdeutung, die paradigmatischen Charakter gewinnen und dann durch abgeleitete oder bildverwandte Metaphern abgestützt oder fortgesponnen werden können. Nach ihrem Gewicht im jeweiligen Diskurs ließen sich »exponierte« (zumeist originelle) Basismetaphern, »routinierte« Metaphern (Ableitungen aus diskurstypischen Bildfeldern) und »konventionelle« (»verblasste«, »tote«) Metaphern, die in der Regel unreflektiert übernommen werden, unterscheiden.

Über die oben beschriebenen hinaus gibt es weitere Metapherntypen, die für die politische Sprache charakteristisch sind. Dazu gehört neben der Metaphorisierung der Politik als BUCH, als THEATER oder als GESCHÄFT auch die metaphorische Beschreibung des politischen Geschehens mit Begriffen aus dem Bereich des SPORTS.

Was sind und wie funktionieren Sportmetaphern in der politischen Sprache?

Metaphern aus der Welt des Sports spielen heute in der Politikersprache und der politischen Mediensprache eine immer größere Rolle (vgl. dazu auch Haubrich 1963, 83ff.). Auch wenn hier nicht der statistische Nachweis dieser These geführt werden kann: Das Auftreten von Sport-, insbesondere Fußballmetaphern in der Politik ist immerhin so auffällig, dass der Sportjournalist Gerhard Delling diesem Phänomen in seinem Büchlein *Fußball-Deutsch Deutsch-Fußball* einen eigenen Abschnitt gewidmet hat, in dem er u.a. schreibt:

> »Fußball und Politik gehören einfach zusammen. [...] Besonders vor Wahlen verfallen auffällig viele Politiker in Fußballjargon und warnen vor dem *Abstieg* im internationalen Wirtschafts- oder Bildungsranking. Ein Platz im *Mittelfeld* muss unbedingt vermieden werden. Deutschland muss in die *Champions-League!*
> So mancher Politiker *läuft* dann *zur Höchstform auf*, obwohl er gar nicht im Stadion ist und erst recht nicht läuft, sondern wie angewurzelt am Rednerpult steht. Manche Aktion hat schließlich ein *Nachspiel* vor Gericht, und dann machen viele einen *Rückzieher* und nehmen sich vor, *den Ball flach zu halten*, um nicht gänzlich ins *Abseits* zu geraten. Andere *treten* kräftig *nach*, was die Gegner wiederum als *Vorlage* nutzen, um die *rote Karte* für diese *Unfairness* zu fordern. Natürlich ist jede Partei im Wahlkampf bemüht, *mannschaftliche Geschlossenheit* zu demonstrieren und *bis zur letzten Minute zu kämpfen*. Und trotzdem passieren immer wieder Fehler, die zur *Steilvorlage* für den Gegner werden. Darüber hinaus wird verbal so manches *Eigentor geschossen*.« (Delling 2006, 55f.)[5]

---

[5] Hervorhebungen im Original.

Auch in einem Kommentar in der *Braunschweiger Zeitung* war bereits vor einigen Jahren der Hinweis zu lesen, dass »es in der Politik seit langer Zeit beliebt [ist], die Nähe zum Sport zu suchen und wenigstens verbale Anleihen vor allem beim Fußball zu nehmen.« (Kerl 2004)[6] Es mag sein, dass die Fußballweltmeisterschaft 2006, einschließlich ihrer langjährigen Vorbereitung, dazu beigetragen hat, dass der Sport als Metaphernreservoir entdeckt oder eigentlich: wiederentdeckt worden ist. Denn es hat schon einmal eine Zeit gegeben, in der die Sportmetaphorik besonders häufig Verwendung fand. Es war die dunkle Epoche des Nationalsozialismus. Hier waren Sport und Sportmetaphorik Teil der Massenpropaganda. Schon Victor Klemperer hat in *LTI* (Klemperer 1947) ausführlich beschrieben, wie ausgiebig sich gerade Propagandaminister Dr. Goebbels, der Schandfleck der Germanistik, der Sprachbilder aus dem Bereich des Sports bedient hat:

> »Die weitaus meisten, die einprägsamsten und dazu die allerrohesten Bilder [...] sind durchweg dem Boxsport entnommen. Alles Erwägen, wie das Verhältnis zur Sport- und speziell zur Boxsprache zustande gekommen sind, hilft da nichts: man steht fassungslos vor dem totalen Mangel an menschlichem Gefühl, der sich hier offenbart. Nach der Katastrophe von Stalingrad, die so viele Menschen verschlungen hat, findet Goebbels keinen besseren Ausdruck ungebrochener Tapferkeit als diesen Satz: ›*Wir wischen uns das Blut aus den Augen, damit wir klar sehen können, und geht es in die nächste Runde, dann stehen wir wieder fest auf den Beinen.*‹ Und ein paar Tage darauf: ›*Ein Volk, das bisher nur mit der Linken geboxt hat und eben dabei ist, seine Rechte zu bandagieren, um sie in der nächsten Runde rücksichtslos in Gebrauch zu nehmen, hat keine Veranlassung, nachgiebig zu werden.*‹ Im nächsten Frühjahr und Sommer, als überall Deutschlands Städte zusammenbrechen und ihre Einwohner unter sich begraben, als die Hoffnung auf den Endsieg mit den unsinnigsten Vorspiegelungen

---

[6] In ähnlichem Sinne äußert sich z.B. Fücks (2008), und Erhardt (2007) schreibt u.a.: »Ob nun Deutschland in der zweiten Liga spielt, der Mittelstand aus einem gestärkten Mittelfeld heraus operieren soll, die Opposition nicht in die Abseitsfalle laufen dürfe, die Regierungspartei eine geschlossenere Mannschaftsleistung oder die Polizei Parksündern häufiger die Rote Karte zeigen müsse – es ist alles Fußball und umgekehrt stimmt's auch. Zumindest sprachlich. Volkssprachlich." Vgl. dazu auch Herzog (2002, 20f.).

> aufrechterhalten werden muß, findet Goebbels dafür diese Bilder: ›*Ein Boxer pflegt nach Erringung der Weltmeisterschaft, auch wenn sein Gegner ihm dabei das Nasenbein eingeschlagen hat, nicht schwächer zu sein als vordem.*‹ Und: ›*... was tut selbst der feine Herr, wenn ihn drei ordinäre Flegel anfallen, die nicht nach Komment, sondern nach Erfolg boxen? Er zieht den Rock aus und krempelt die Ärmel hoch.*‹ Dies ist die genaueste Nachahmung der proletenhaften Boxverehrung, wie sie Hitler betreibt, und dahinter verbirgt sich nun gewollt offenkundig die Vertröstung auf die unkommentmäßige, die neue Waffe.« (Ebd., 247f.) [Hervorhg. v. Verf., A.B.]

Nun ist der Boxsport, der sein alltagsweltliches Pendant in der Schlägerei hat, immerhin in der Nähe des prototypischen Kampfes als eigensüchtiger Gewaltanwendung und insofern auch in der Nähe des Krieges. Trotzdem sieht Klemperer in der Verwendung der Boxmetaphern mit Recht eine Verharmlosung, in der »jedes Gefühl dafür erstorben [sei], daß zwischen Boxsport und Kriegführen ein unermeßlicher Unterschied besteht, der Krieg hat alle tragische Größe verloren« (ebd., 248). Der »ungeheure Unterschied zwischen Sportspiel und blutigem Kriegsernst« (ebd., 244) wird durch die Verwendung des Metaphernmusters DER KRIEG IST EIN BOXKAMPF verdeckt.

Daneben hat Goebbels aber auch Metaphern aus anderen damals populären Sportarten propagandistisch eingesetzt. Neben dem Radsport ist hier auch der Fußball zu nennen. Am 18. Juli 1943 schreibt er nämlich im *Reich*:

> »Wie die Sieger eines großen Fußballkampfes in einer anderen Verfassung das Spielfeld verlassen, als sie es betreten haben, so wird auch ein Volk wesentlich anders aussehen, ob es einen Krieg beendet oder damit beginnt ... Die militärische Auseinandersetzung konnte in dieser (ersten) Kriegsphase in keiner Weise als offen angesprochen werden. *Wir kämpften ausschließlich im gegnerischen Strafraum*« [Hervorhg. v. Verf., A.B.]

»Und«, so fährt Klemperer, der diese Stelle zitiert (ebd., 247), fort,

> »jetzt fordere man von den Achsenpartnern Kapitulation! Das sei genau so, *wie wenn der Spielführer einer unterlegenen an den Spielführer der siegenden Mannschaft das Ansinnen stellt, das Spiel bei einem Vorsprung von etwa 9:2 abzubrechen* ... Man würde eine Mannschaft, die darauf einginge, mit Recht auslachen und anspu-

cken. Sie hat schon gesiegt, sie muß ihren Sieg nur verteidigen‹. [Hervorhg. v. Verf., A.B.]

Wie der Krieg verharmlosend als Boxkampf metaphorisiert wurde, so hier als Fußballspiel, beides jedoch im Rahmen der politischen Sprache. Während die Boxmetaphern das Kämpferische in den Vordergrund schieben, es aber zugleich auf das überschaubare Maß einer Zweiergruppe reduzieren,[7] stellen die Fußballmetaphern die Gemeinschaft in den Vordergrund und lassen die Anwendung von militärischer Gewalt im »toten Winkel« verschwinden. Interessant ist deswegen auch die gleichzeitige Verwendung des »inklusiven«, genauer: des »nationalen Wir« (vgl. dazu Burkhardt 2003, 406ff.).

Schon 1937 hat Manfred Bues von der »Versportung der deutschen Sprache« gesprochen, zugleich aber an literarischen Beispielen gezeigt, dass dieser Prozess »schon am Ende des 19. und zu Beginn des 20. Jahrhunderts anhebt, sich dann breit entfaltet und um 1930 ein wesentliches Kennzeichen unserer Sprache geworden ist« (Bues 1952, 18), also – anders als Klemperer meint – schon vor der Nazi-Zeit begonnen hat, und als »Hauptwellen« sportsprachlichen Einflusses hat er das Fußballspiel, das Boxen und die Olympischen Spiele 1936 genannt (ebd., 21). Haubrichs Studie (1963) kann man entnehmen, dass sich die expansive Tendenz im Gebrauch sportsprachlicher Metaphern nach dem Krieg ungebrochen fortgesetzt hat.

Cornelia Berning hat in ihrem Aufsatz *Die Sprache des Nationalsozialismus. Sportliche Ausdrücke und Bilder in der Sprache des Nationalsozialismus* aus der Fülle der gefundenen Belege den Schluss gezogen: »Offensichtlich erscheint das spielerische Element der Sportsprache als besonders geeignet, den Ernst des Krieges zu verharmlosen.« (Berning 1962, 109; vgl. dazu Dankert 1969, 122) Diese Aussage bezog sich natürlich auf die Zeit des Zweiten Weltkriegs und seine totalitäre Vorgeschichte in Deutschland. Nach den Erfahrungen von damals wird aber in Deutschland weder in der Politik noch in den von einer überwältigenden Mehrheit genutzten Medien der Krieg mit Hilfe von Sportmetaphern beschrieben und so euphemisiert bzw. bagatellisiert. Und das ist auf jeden Fall zu begrüßen. Dennoch ist die Basismetapher: POLI-

---

[7] Bues (1952, 24) nennt in diesem Zusammenhang als Hauptgrund für die besondere Eignung solcher Metaphern, »dass gerade beim Boxen der Kampf Mann gegen Mann mit dem Ziel der tatsächlichen Kampfunfähigkeit (k.o.) ausgetragen wird".

TIK IST EIN FUSSBALLSPIEL weiterhin sowohl in der Politik selbst als auch bei den über diese berichtenden Journalisten sehr beliebt. Allerdings kommen nur noch solche mit zivilem Bezug zur Verwendung.

In einem früheren Aufsatz (Burkhardt 2006, 64ff.) wurde zur semantischen Charakterisierung der verschiedenen Teilwortschätze des Fußballs die Unterscheidung zwischen *Tabellensprache*, *Positionssprache* und *Spielsprache* eingeführt. Die *Tabellensprache* bezieht sich auf die mathematisch-abstrakte zusammenfassende Darstellung einer Sequenz von Sportereignissen, die *Positionssprache* dient der Verständigung über die Mannschaftsaufstellung und die virtuellen Spielpositionen, während mit der *Spielsprache* die Teilhandlungen des eigentlichen Sportereignisses selbst beschrieben werden. Diese Unterscheidung kann auch als grobes Einteilungsprinzip für Fußballmetaphern in der Politik dienen. Es werden jeweils zunächst einige Beispiele gegeben und diese dann im Anschluss zusammenfassend kommentiert.

(a) Tabellensprache
Roland Koch schwört CDU Main-Kinzig auf die Landtagswahl ein – ›Hessen ist *Spitzenreiter* unter den Bundesländern‹ (19.11.07, www.cdu-hammersbach.de/regionales/PMKreisparteitag2007.pdf)[8]

Seelenmassage für die gebeutelten Sozialdemokraten: Betont kämpferisch haben SPD-Chef Franz Müntefering und Kanzlerkandidat Frank-Walter Steinmeier zum Beginn des Parteitages in Berlin den Bundestagswahlkampf eingeläutet und *zur Aufholjagd geblasen*. Müntefering stärkte dabei Steinmeier als Kanzlerkandidat den Rücken. (14.6.09; http://nachrichten.t-online.de/c/19/06/60/18/19066018.html)

SPD stemmt sich gegen den Abstieg – *Die PDS darf nicht vorbeiziehen* – Kritik am Kurs von Strieder und Momper (21.9.1999, http://www.welt.de/print-welt/article584717/SPD_stemmt_sich_gegen_den_Abstieg.html)

Die Agenda 2010 gehe nicht weit genug, findet der Ballzauberer, *Deutschland spiele längst gegen den Abstieg*. (Oliver Bierhoff, zit. nach Kerl 2004)

Politbarometer
SPD bleibt Kellerkind – Die Sozialdemokraten stecken weiter in einem Umfragetief. Wäre am Sonntag Bundestagswahl, könnte die SPD nur mit 31 Prozent der Stimmen rechnen. *Nach einem kurzen Höhenflug* verlieren sie laut einer aktuellen [Umfrage] wieder einen Prozentpunkt.

---

[8] Hervorhebungen durch Kursivierung hier wie im Folgenden vom Verf., A.B.

Auch die Union *sackte um einen Punkt ab* - allerdings nur auf komfortable 45 Prozent. (22.8.03, http://www.spiegel.de/politik/deutschland/0,1518,262379,00.html)[9]

Die Tabellensprache lebt vor allem von der Oben-/Unten- und Vorne-/Hinten-Metaphorik. Tabellenstände und ihre Veränderungen werden so zumeist als *Gipfelsturm* und *Verfolgungsjagd* (als Pferderennen) inszeniert. Das Gute ist immer oben oder vorn, das Schlechte unten oder hinten. Durch die politische Verwendung dieser Sportmetaphern werden Sieg und Niederlage, Gewinn und Verlust mit Erfolg und Misserfolg im Sport analogisiert und, hier wie dort, gleichsam auf einer Skala darstellbar. Die Analogisierung mit dem Sport bewirkt jedoch, dass der Ernst und die tatsächlichen politischen Folgen, v.a. von Wahlen, in den Hintergrund treten und Politik als eine relativ folgenlose Spielart sportlicher Unterhaltung erscheint. Da häufig keine Ursachen genannt werden, entsteht zugleich der Eindruck von Zufall und Beliebigkeit. Der Wähler bleibt mehr oder weniger im »toten Winkel«.

(b) Positionssprache

Edmund Stoiber: »Es ist wie beim Fußball: Eine starke Mannschaft wie CDU und CSU hat für jede Position mehrere hervorragend geeignete Mitspieler. Die endgültige Mannschaftsaufstellung wird dann erst kurz vor dem Spiel bekannt gegeben.« (aus Blackboxx 1/2002)

In der großen Koalition, sagt Angela Merkel, sei sie weniger Schiedsrichterin als »*Kapitän einer Mannschaft, die Spielführerin. Wenn man es so nimmt, bin ich Ballack*« (zit. nach Klemm 2004).

Hagebölling zeigte neben der repräsentativen Rolle des Bundespräsidenten die neuen Möglichkeiten des Staatsoberhauptes auf: in neutraler, in überparteilicher Rolle – als »Integrationsorgan«. Das Motto dieses Verständnisses entlehnt er der Fußball-Taktik: »Ein *Libero* muss überall gut spielen können.« (Braunschweiger Zeitung v. 19.3.2011)

Es liege ihm, *aus der Tiefe des Raumes zu kommen* – so begründete Wulff einmal, warum er sich »als Bundespräsident wohler fühlen würde denn als Bundeskanzler«. Der Raum, der diesem Bundespräsidenten noch geblieben ist, hat keine Tiefe mehr. (04.01.2012; http://www.faz.net/aktuell/politik/inland/kommentar-die-leere-des-raumes-11590398.html)

Politische Sportmetaphern der Positionssprache beschränken sich in der Praxis auf wenige Ausdrücke: *Mannschaft, Kapitän/Spielführer* und *Libero*. Metaphorische bzw., wenn man so will, Meta-metaphorische Verwendungen von *Innenverteidiger, Torwart, Doppelsechs, Abfangjäger, Mittelfeldregisseur* oder *Mittelstürmer/Knipser* dürften nicht bis

---

[9] Auch im Kontext der Sprachwissenschaft und Genetik habe ich ein Beispiel für Tabellensprache gefunden: »Die größte Schwierigkeit aber ist, dass *Gene und Phoneminventare nicht in derselben Liga spielen*.« (http://www.spiegel.de/wissenschaft/mensch/0,1518,762134,00.html – einges. 17.5.11)

selten auftreten. Den Kern bildet die Basismetapher EINE PARTEI IST EINE MANNSCHAFT, die auch die einzelnen Spielpositionen als Mannschaftspositionen erscheinen lässt. Wieder wird zwar Kooperativität und Gemeinschaftlichkeit betont, doch auch hier bleiben Machtstreben und Ernsthaftigkeit im »toten Winkel« zurück. Über die Zuordnung der einzelnen Positionen ließe sich streiten, schließlich ist es der Trainer und nicht der Kapitän, der die Mannschaftsaufstellung vornimmt.

(c) Spielsprache

»*Wir müssen aus der Tiefe des Raumes angreifen, über die linke Seite in die Mitte flanken und den Ball reinköpfen, da das Tor in der Mitte steht. Aber welche Rückennummer das sein wird, kann ich noch nicht sagen.*« (Müntefering im Interview des YAEZ-Jugendmagazins vom 22. Aug. 2002; zit. nach Klemm 2004)

Die Zusammenarbeit zwischen ihm [Müntefering] und Kanzler Gerhard Schröder: »*Vorlage geben. Dann verwandeln.*« (Braunschweiger Zeitung v. 16.4.04)

Dass jüngere SPD-Politiker heimlich schon für die Oppositionszeit ab 2006 ohne Schröder planen, kommentiert er [Müntefering] so: »*Wir sind jetzt in der 85. Minute, bei uns diskutieren einige schon, mit wem sie duschen gehen. Das geht nicht, wir müssen kämpfen bis zum Ende.*« *Die SPD liege 1:3 zurück, könne aber gewinnen, wenn sie das Spiel endlich auf das Feld des Gegners trage.* (Braunschweiger Zeitung v. 16.4.04)

Jetzt aber ist der Industriepräsident [M. Rogowski] Koordinator einer Millionen-Kampagne, die für Gerhard Schröder eine ungeahnte *Steilvorlage* im Wahljahr 2006 werden dürfte: »1. FC Deutschland 06« heißt die Initiative, mit der Politik und Wirtschaft rund um das Großereignis Fußball-Weltmeisterschaft für den Standort Deutschland werben werden. (Braunschweiger Zeitung v. 19.11.2004)

Steinbrück ähnelt immer mehr einem legendären Spieler in seinem Lieblingsverein HSV: *Manfred Kaltz verhalf seiner Elf mit seinen gefürchteten ›Bananenflanken‹ in den achtziger Jahren zu vielen Siegen. Aber ›Manni‹ traf auch so oft wie niemand sonst in der Bundesligageschichte das eigene Tor. Steinbrück sollte aufpassen, dass seine rhetorischen Flanken nicht mit Eigentoren enden.* (6.10.08, http://www.handelsblatt.com/politik/handelsblatt-kommentar/steinbruecks-bananenflanken;2056611)

In der Union wurde der FDP *Foulspiel* vorgeworfen, durch ein öffentliches Vorpreschen zugunsten Gaucks die Absprache gebrochen zu haben, die Koalition solle in der Personalfrage zusammen bleiben. (20.02.2012; http://www.faz.net/aktuell/politik/inland/nach-der-kuer-gaucks-unfrieden-in-der-koalition-11655981.html)

Tatsächlich hat sich Söders politische Entwicklung rasant beschleunigt. Vor einem halben Jahr konnte er nicht sicher sein, welche Rolle er in der Welt von CSU-Chef Horst Seehofer spielen würde. Heute sitzt er fest im Sattel und wird selbst von denen respektiert, die ihn eigentlich nicht mögen. ›*Der traut sich auch einmal eine Blutgrätsche*‹, sagt einer der zahlreichen Söder-Gegner nicht ohne Anerkennung. (03.06.09; http://www.sueddeutsche.de/bayern/180/470725/text/4/)

Die JU Niedersachsen zeigt daher Ministerpräsident Gabriel und seiner Mannschaft die »*rote Karte*« für eine verfehlte Bildungspolitik und die damit einhergehenden falschen Weichenstellungen für nachfolgenden Schülergenerationen. (10.06.04, http://ju-niedersachsen.de/nachrichtenleser/items/rote-karte-fuer-spd-bildungspolitik.html)

Elfmeter, hatte Franz Müntefering vorab klar gemacht, schießt in der SPD nur einer: der Vorsitzende Gerhard Schröder. Der bekam mit einem Wahlergebnis von 86,3 Prozent auf dem Parteitag eine gute Ausgangsposition. (8.12.99; http://www.spiegel.de/politik/deutschland/0,1518,55749,00.html)

Brüderle [...] setzt Griechenland in ungewohnter Schärfe die Daumenschrauben an: Wenn Griechenland seine Staatsausgaben nicht in den Griff bekomme, dann müsse es eben andere Wege gehen. Brüderle bemüht die Fußballsprache: »*Wer sich nicht an die Regeln hält, wird notfalls vom Platz gestellt.*« Da gelte es seinen Prinzipien treu zu bleiben. (08.0.2011; http://www.sueddeutsche.de/politik/debatte-um-euro-rettung-von-d-mark-chauvinisten-und-dummschwaetzern-1.1140583-2)

Spielsprachliche Metaphern beziehen sich auch in der Politikersprache auf einzelne Handlungen. Der Gebrauch solcher Metaphern beschränkt sich im Allgemeinen auf einige wenige Wörter und Wendungen, die ebenso prototypisch wie bekannt sind: *Elfmeter, Flanke, Eigentor, Doppelpass, Steilvorlage* oder *Rote Karte*. Speziellere spielsprachliche Bezeichnungen wie: *Blutgrätsche, Bananenflanke* oder *reinköpfen* erscheinen selten. Auch hier dienen die Sportmetaphern dazu, den Ernst politischer Handlungen und Entscheidungen auf das Spielerisch-Folgenlose des Sports herunterzubrechen. Kein Zufall ist dabei sicher, dass konkretere Bezeichnungen wie *Seitfallzieher, Übersteiger, Kopfballtorpedo, Hackentrick* oder *tiqui-taca* eher gemieden werden, denn hier würde die Analogie wohl erkennbar überstrapaziert.

Besonders gern werden Fußballmetaphern – aus allen drei Teilwortschätzen – allegorisch zu Sequenzen von Metaphern aus demselben Bildfeld fortgesponnen, so dass die einzelnen fußballsprachlichen Metaphern Teilen oder Sequenzen von politischen Handlungen entsprechen und gleichsam eine ganze Szene metaphorisiert wird. Für den Rezipienten kommt es darauf an, die Analogien zwischen den einzelnen Positionen der allegorischen und der intendierten Aussage zu erkennen bzw. zu rekonstruieren. Dies bleibt jedoch häufig im Vagen, so dass keine konkreten Aussagen zustande kommen:

Interviewer: Welche Auswirkungen wird das morgige Wahlergebnis auf die Bundestagswahl im September haben?

Müntefering: Keine unmittelbare, aber es wird natürlich ein Zeichen sein, was – äh – jetzt bei der Europawahl herauskommt, dass für den September die Sache *unentschieden* ist, und das ist etwas … *Wir schießen sozusagen die Anschlusstore*. Wir waren unten, aber es wird am Sonntag klar sein, dass für die Bundestagswahl 27.9. *alles offen* ist. [...]

Interviewer: Wird man in der kommenden Zeit wieder mehr von Ihnen hören?

Müntefering: Hm. Darauf kommts nicht an. Es kommt darauf an, dass die SPD, dass die sozialdemokratische Idee erfolgreich ist allüberall, und dazu will ich meinen Beitrag leisten. *Wenn man in einer Mannschaft spielt, dann ist man nicht immer Spielführer, dann ist man nicht immer derjenige, der die Tore schießt, aber vielleicht einer, der mithilft, dass das Mittelfeld sich vernünftig aufbaut und dass der Angriff nach vorne organisiert werden kann.* (Interview zur Europawahl mit Franz Müntefering, NDRInfo am 6.6.09)

Zugleich zeigte Lindner Verständnis für die Unzufriedenheit von Parteimitgliedern mit der FDP, seitdem die Liberalen wieder in Regierungsverantwortung sind. »Die Erwartung war, es gibt schnell auch spürbare Reformschritte.« Diese hätten sich aber zu spät eingestellt. »Ich sehe dass die FDP harte Arbeit vor sich hat, Zustimmung und Glaubwürdigkeit sich wieder zu erarbeiten«, sagte Lindner. »*Es geht nicht nur um die Diskussion um den Trainer – Tore müssen fallen.*« (13.12.10; http://www.welt.de/politik/deutschland/article11602714/Lindner-fordert-solide-Arbeit-Kubicki-legt-nach.html)

Die deutliche Dominanz der Fußballmetaphern in der Politik bzw. in der medialen Berichterstattung bedeutet jedoch nicht, dass Metaphern aus anderen Sportarten nicht mehr vorkämen. Dies gilt – neben solchen aus dem Pferdesport (*Aufgalopp, die Fünf-Prozent-Hürde überspringen*), dem Fechten (*die Klingen kreuzen, Finte*), der Leichtathletik (*Anlauf, Marathondebatte*) und anderen Disziplinen – v.a. für Metaphern aus dem Boxsport, der sich als Metaphernreservoir weiterhin großer Beliebtheit erfreut, allerdings nicht im Kontext von Krieg. Besonders gern werden rhetorische

»Zweikämpfe«, wie z.B. das TV-Duell der Kanzlerkandidaten vor der Bundestagswahl, mit Hilfe von Boxmetaphern beschrieben:

Nun sollen sich Edmund Stoiber und Gerhard Schröder ja nicht wirklich prügeln, wenn sie am Sonntag zum ersten TV-Duell unter Kanzlerkandidaten aneinander geraten. Aber ihr *Zweikampf* wird schon wie ein Boxspektakel angekündigt: Die Kandidaten, so ist überall zu lesen, *steigen in den Ring zum offenen Schlagabtausch*. Und es dürfte kaum ein Zufall sein, dass als Debattenregisseur ein gewisser Volker Weicker fungiert, der mit Boxübertragungen bei RTL gezeigt hat, wie eine Stunde der Wahrheit oder ein Kampf der Kämpfe zu inszenieren ist.

In dem nebenstehenden Formular finden Sie, verehrte *Ringrichter*, eine Möglichkeit, beim bevorstehenden Gigantenkampf den Sieger nach Punkten zu ermitteln. Einfache Strichlisten, in denen die wichtigsten Auffälligkeiten vermerkt werden, ergeben Zwischensummen, die dann zum Endergebnis zu addieren sind. (Achtung: Plus- und Minuspunkte getrennt zusammenzählen!) (http://www.zeit.de/2002/35/Das_Duell; einges. 18.10.2010)

Die Metaphern aus dem Bildfeld des Boxens mischen einem außersportlichen Zusammenhang »Momente der Härte, der Unerbittlichkeit« bei und unterstellen »den beteiligten Akteuren den Wunsch, den politischen Gegner kampfunfähig zu machen« (Küster 2009, 78). Letztlich sind sie jedoch weniger als Nutzung von Sportmetaphorik zu verstehen, sondern als Vorkommen der Basismetapher ARGUMENT IS WAR (vgl. Lakoff/Johnson 1980, 4ff.), die man etwas allgemeiner auch als ARGUMENT IS FIGHT formulieren könnte (so dass der Krieg davon nur ein extremer Beispielfall wäre).

6. Was macht Sport- bzw. Fußballmetaphern für die politische Sprache so geeignet?

Thesenartig lässt sich diese Frage wie folgt beantworten:
- Da der Sport in der modernen Gesellschaft breiten Raum einnimmt und zudem affektiv besetzt ist, gehört er zu den expandierenden[10] Wortschatzbereichen, die auf andere ausstrahlen.
- Es gibt zahlreiche Analogien zwischen beiden Bereichen: Fußball und Politik sind durch die Kooperation/das Zusammenspiel zahlreicher Personen und durch viele verschiedene Teilhand-

---

[10] Im Sinne von Sperber (1923, 45ff.), der die affektbedingten Phänomene von ›Expansion‹ und ›Attraktion‹ als wesentliche Mechanismen des Bedeutungswandels betrachtet.

lungen gekennzeichnet; bei beiden geht es um Sieg oder Niederlage und um unterschiedliche Rollen, die vor einem Publikum ausgeübt werden, so dass auch die Publikumsgunst von Bedeutung ist. Zudem spielen auch Ehre und Anstand (und Verstöße dagegen) eine Rolle.
- Der Sport, insbesondere das Fußballspiel, ist populär und fast allen gut bekannt. Dies ermöglicht es, komplizierte politische Sachverhalte in eine den Adressaten vertraute Vorstellungswelt zu übersetzen und sprachlich Volksnähe zu demonstrieren. Dies ist allerdings mit z.T. unzulässigen Vereinfachungen verbunden.
- Sportmetaphorik ist abstrakt und unverbindlich und insofern eine gute Methode, klare Aussagen und Festlegungen zu umgehen und trotzdem den Anschein von Plausibilität zu erzeugen.
- Die Metaphern des Sports sind lustig. Wer sie verwendet, kann sich als humorvoll inszenieren und hat die Lacher auf seiner Seite.

Was Bild.de am Beispiel der Unternehmenssprache diagnostiziert:

> »Der Grund für den Siegeszug der sportlichen Floskeln in die Chef-Etagen: Fußball-Sprache ist für jeden anschaulich und verständlich. Laut Management-Berater Dr. Reinhard K. Sprenger, Autor des Buches *Gut aufgestellt. Fußballstrategien für Manager* ist der Kickersport in den letzten Jahren sogar geradezu ein Modell für modernes Management geworden.
> Sprenger: ›Man kann den Ball wegdenken und ihn durch ein Produkt ersetzen. Und man kann sich die gegnerische Mannschaft als Wettbewerber, die Fans als Kunden vorstellen. Die Spieler sind die Mitarbeiter, der Trainer ist der Chef und die Flanke ein Kooperationsangebot.‹«
> (Gast 2009),

lässt sich – mutatis mutandis – ohne Weiteres auf die politische Sprache übertragen.

Sport-, insbesondere Fußballmetaphern dienen hier der Komplexitätsreduktion: Komplizierte, für den Einzelnen häufig nicht überschaubare Sachverhalte oder gruppendynamische Prozesse werden in das einfache, fast allen bekannte Spielmodell übersetzt. Das muss nicht unbedingt ein Nachteil sein, hat aber häufig einen verharmlosenden oder, wie Burkhard Wehner schreibt, »banalisierenden« Effekt:

> »Der medienwirksam inszenierte Sport wird [...] für Politiker zur Chance, sich nicht nur mit fremden Federn zu

> schmücken, sondern auch von eigenen Unzulänglichkeiten und von denen der Politik als solcher abzulenken. Die medienwirksame Indienstnahme des Sports für eigene Zwecke indessen ist eine Form von Banalisierung, die dem eigentlichen Zweck des Politischen offensichtlich diametral entgegenläuft. Die eigentlichen Anliegen der Politik nämlich sind natürlich alles andere als banal. Politik, die sich wie der Sport auf die Unterhaltsamkeit symbolischen Handelns einlässt, verlässt damit das ihr eigentlich adäquate Niveau der Ernsthaftigkeit. Sie lässt sich im Ringen um die begrenzten Aufmerksamkeitspotentiale der Öffentlichkeit auf eine Banalität ein, durch die ihr jene Aura von Wichtigkeit und Unersetzlichkeit und eben auch Ernsthaftigkeit verwehrt bleibt, die sie von Erlebensbereichen wie dem Sport fundamental unterscheiden könnte. Politik wird auf solche Weise insgesamt populistischer, ohne dass es hierzu des Wirkens besonderer populistischer Parteien oder Bewegungen bedürfte.« (Wehner 2006)

Die Banalisierung kommt dadurch zustande, dass v.a. die für die Politik zentralen Merkmale der Ernsthaftigkeit, Gemeinwohlorientierung und realen Wirksamkeit im ›toten‹ Winkel der Sportmetaphern bleiben (vgl. dazu auch Küster 2009, 78). Die darin liegende Verharmlosung, die man freilich nicht mit der Bagatellisierung des Krieges durch die Nazis verwechseln darf, vernebelt zugleich die Verantwortlichkeit der politischen Akteure. Vielleicht muss man aber diese Einsicht nicht nur von ihrer bierernsten Seite nehmen, weil es ja auch in der Politik erlaubt sein muss, humorvoll zu sein und mit der Sprache zu spielen. Dennoch bringt der überaus häufige Gebrauch insbesondere von Fußballmetaphern eine simplifizierende Darstellung der Welt mit sich und führt zu der von Wehner diagnostizierten Banalisierung. ›Politik‹, schreibt Michael Klemm (2004) in einem Beitrag für LEO (*Lingua et Opinio*), die studentische Online-Zeitschrift der philosophischen Fakultät der TU Chemnitz,

> »ist ein dröges und kompliziertes Geschäft – Millionen Verdrossene können nicht irren. Fußball hingegen ist, nicht nur in Deutschland, ein leidenschaftliches Spiel, mit überschaubaren Regeln und eindeutigen Siegern und Verlierern. Die Sprache der Politik ist abstrakt, bürokratisch, undurchschaubar. Die Sprache des Fußballs ist lebendig, bildlich und verständlich. Und so liegt es eigentlich nahe, dass sich die abstrakte Politik der blumigen

> Sprache des Sports bedient, um bei den Wählern zu punkten.« (Ebd.)

Insofern handelt es sich bei der Sportmetaphorik in der politischen Sprache um eines der typischen Merkmale von Populismus.

Schluss

Sport-, insbesondere Fußballmetaphorik ist in der heutigen politischen Sprache sehr präsent und schöpft aus einem reichen Reservoir an sportsprachlicher Lexik. Anders als früher dient sie jedoch weniger der Verharmlosung des Bösen als der Banalisierung und Popularisierung (der Person wie ihrer politischen Haltungen und Entscheidungen). Eine klare Meinungsäußerung wird durch sie geradezu vermieden. Gleichwohl wäre sie wohl am ehesten der Schicht »Meinungssprache« zuzuordnen. Obwohl die Sportmetaphern heute weit verbreitet sind, kann man sie aber noch nicht zu den konventionellen, toten oder verblassten Metaphern rechnen, weil dazu die mit ihnen verbundenen Vorstellungen noch zu lebendig sind. Auf der anderen Seite sind sie nicht originell genug, um als »exponiert« bezeichnet zu werden. Am ehesten wären sie daher wohl als »routinierte« Metaphern zu betrachten.

Dass sich auch die Journalisten gern der Sportmetaphorik bedienen, wurde mehrfach betont. Den Abschluss dieses Beitrags soll daher eine kleine fußballsprachlich geschriebene Politgeschichte bilden, die den Titel »Mannschaftssport« trägt und zeigt, dass man die Sportmetaphorik – in allergorischer Fortführung – auch kritisch einsetzen kann:

> »Es waren einmal zwei Fußball-Nationalmannschaften. Die eine war austrainiert und taktisch blendend eingestellt, denn sie hatte einen kompetenten Trainer. Der machte seine Arbeit mit Freude, denn der Fußball-Verband gab ihm alle Möglichkeiten. Die Spieler waren schnell und technisch raffiniert – ihre Vereine hatten sie früh und konsequent gefördert. Die Spieler hatten begriffen, dass selbst der Überragendste von ihnen nur mit der Mannschaft siegen konnte. Der Erfolg hatte jedem Einzelnen Selbstbewusstsein gegeben – und der Mannschaft ein starkes Gefühl der Zusammengehörigkeit. Wenn sie mal ein dummes Gegentor kassierten, kämpften sie gemeinsam und gewannen doch.
> Die andere Mannschaft hatte goldene Zeiten hinter sich. Alle wichtigen Titel hatte sie gewonnen, die Aufstellung strotzte vor berühmten Namen und stolzen Erinnerun-

gen. Aber die Spieler waren ein wenig zu saftig geworden rund um die Hüften. Sie glaubten, der große Name und die vergangenen Siege würden das Konditionstraining ersetzen. Ihr Trainer, kein großer Psychologe und oft eher laut als klug, sagte ihnen die Meinung und hatte recht, aber die Spieler wurden bockig. Fürs Training waren sie oft auch zu müde, denn sie zogen durch die Nobeldiskos bis der Morgen graute. Fußball war längst nicht mehr ihr Leben.

Und wenn es mal wieder nichts war mit den Punkten, Toren, Siegen, dann zogen sie übereinander her. Der eine müsse mehr laufen. Der andere habe spielerisch abgewirtschaftet und solle lieber seine Finca bewirtschaften. Der dritte habe nie verstanden, was moderner Fußball sei. Die Journalisten zogen nebenher und schrieben auf. Am nächsten Morgen konnten die Spieler dann ausführlich lesen, was ihre Mannschaftskameraden über sie dachten.

Die Stimmung war schlecht. Mit jedem Misserfolg wuchs die Frustration, wuchs die Spannung zwischen dem alten Ruhm der Mannschaft und ihrer Bedeutungslosigkeit in der Gegenwart. Die Spieler waren immer noch große Fußballer, aber sie hatten den Erfolg verlernt.

Eines Tages traten beide Mannschaften gegen einander an. Die hungrige Mannschaft spielte mit den altgewordenen Champions nach Belieben; die Veteranen lernten nichts und stritten sich im Schein des Flutlichts, sie verloren, gingen sauer und vergnatzt in die Kabine. Und jeder war sich mit seinen Mannschaftskameraden nur in einem einzigen Punkt einig: dass er selbst an der Niederlage schuldlos sei.

Raten sie mal, mit welcher der beiden Mannschaften Deutschland zu vergleichen wäre.« (Maus 2004)

Literatur

Aristoteles (Poe): Poetik. Übers. und hg. v. M. Fuhrmann. Stuttgart: Reclam 1972.

Bachem, R. (1979). Einführung in die Analyse politischer Texte. München: R. Oldenbourg Verlag.

Berning, C. (1962). Die Sprache des Nationalsozialismus. Sportliche Ausdrücke und Bilder in der Sprache des Nationalsozialismus. *Zeitschrift für deutsche Wortforschung* 18, 108-118.

Brünner, G. (1987). Metaphern für Sprache und Kommunikation in Alltag und Wissenschaft. *Diskussion Deutsch* 18 (94), 100–119.

Bues, M. (1937). Die Versportung der deutschen Sprache im 20. Jahrhundert. Greifswald: Universitätsverlag L. Bamberg.

Bues, M. (1952). Der Sport und unsere Sprache. *Muttersprache. Vierteljahrsschrift für deutsche Sprache* 62, 17-25.

Burkhardt, A. (1999/2000). »[...] wir bauen einen deutschen Dom der Freiheit und Einheit«. Zur Rhetorik der Paulskirche. In W. Bunzel; U. Lemm & W. Schmitz (Hrsg.), Umbruch der Kulturen – Die europäischen Revolutionen 1848/49. *Internationales Jahrbuch der Bettina-von-Arnim-Gesellschaft*. Forum für die Erforschung von Romantik und Vormärz 11/12, 55-78.

Burkhardt, A. (2003). Das Parlament und seine Sprache. Studien zu Theorie und Geschichte parlamentarischer Kommunikation. Tübingen: Max Niemeyer Verlag.

Burkhardt, A. (2006). Sprache und Fußball. Linguistische Annäherung an ein Massenphänomen. *Muttersprache. Vierteljahrsschrift für deutsche Sprache* 116, 53-73.

Dankert, H. (1969). Sportsprache und Kommunikation. Untersuchungen zur Struktur der Fußballsprache und zum Stil der Sportberichterstattung. Tübingen.

Delling, G. (2006). Fußball – Deutsch. Deutsch – Fußball. Für Fans und solche, die es werden wollen. Berlin/München/Wien/Zürich/New York: Langenscheidt.

Dieckmann, W. (1969). Sprache in der Politik. Einführung in die Pragmatik und Semantik der politischen Sprache. Heidelberg: C. Winter Universitätsverlag ²1975.

Eco, U. (1969). Das Sportgerede. In U. Eco, Über Gott und die Welt. Essays und Glossen (S.186-193). München: dtv 1987.

Eco, U. (1985). Semiotik und Philosophie der Sprache. München: Fink.

Erhard, S. (2007). Fußball denken und Fußballdenken. Einige Nachdenklichkeiten bei der Lektüre des hervorragenden Buches ›Abseits denken‹. In Der tödliche Pass (zuletzt online einges. 03.03.2012)

Fluck, H.-R. (1985). Fachsprachen. Einführung und Bibliographie (3. aktualisierte u. erw. Aufl.). München: Francke.

Fücks, R. (2008). Der Fußball der Gesellschaft. (19.6.2008; http://www.boell.de/stiftung/struktur/aesthetik-politik-3683.html)

Gast, N. (2009). Clever einwechseln! Elf Fußball-Regeln für Chefs (http://www.bild.de/BILD/ratgeber/geld-karriere/2008/06/17/ball-flachhalten/elf-fussballregeln-fuer-chefs.html; zuletzt online einges. 13.6.09)

Haubrich, W. (1963). Die Metaphorik des Sports in der deutschen Gegenwartssprache. Diss. Köln.

Herzog, M. (2002). Von der ›Fußlümmelei‹ zur ›Kunst am Ball‹. Über die kulturgeschichtliche Karriere des Fußballsports. In M. Herzog (Hrsg.), Fußball als Kulturphänomen. Kunst – Kultur – Kommerz (S. 11-43). Stuttgart: Verlag W. Kohlhammer.

Hoberg, R. (1988). Politischer Wortschatz zwischen Fachsprachen und Gemeinsprache. In A. Burkhardt; F. Hebel & R. Hoberg (Hrsg.), Sprache zwischen Militär und Frieden. Aufrüstung der Begriffe? (S. 9–17). Tübingen: Gunter Narr Verlag.

Kerl, C. (2004). Spiel gegen den Abstieg. In *Braunschweiger Zeitung* v. 16.4.2004.

Klemm, M. (2004). Politik im Abstiegskampf. Die hohe Politik und die Sprache des Fußballs. (17.06.2004, zuletzt aktualisiert am 07.06.2006; http://www.tu-chemnitz.de/phil/leo/rahmen.php?seite=r_sport/ klemm_politik.php; zuletzt online einges. 13.6.2009)

Klemperer, V. (1947). LTI. Notizbuch eines Philologen. Köln: Röderberg ^{4}1987.

Kurz, G. (1982). Metapher, Allegorie, Symbol. Göttingen: Vandenhoeck & Ruprecht.

Küster, R. (2009). Metaphern in der Sportsprache. In Armin Burkhardt & Peter Schlobinski (Hrsg.), Flickflack, Foul und Tsukahara. Der Sport und seine Sprache (S. 60-79). Mannheim/Leipzig/Wien/Zürich: Dudenverlag.

Lakoff, G. & Johnson, M. (1980). Metaphors We Live By. Chicago/London: The University of Chicago Press.

Laven, P. (1956). Sprache und Stil und die Welt des Sports. *Muttersprache. Vierteljahrsschrift für deutsche Sprache* 66, 413-419.

Maus, A. (2004). Mannschaftssport. In *Braunschweiger Zeitung* v. 10.07.2004, 4.

Schirmer, D. (1992). Auf der Baustelle des gemeinsamen Hauses. Zur Struktur eines politischen Symbols. In A. Burkhardt & K.P. Fritzsche (Hrsg.), Sprache im Umbruch. Politischer Sprachwandel im Zeichen von ›Wende‹ und ›Vereinigung‹ (S. 211–232). Berlin/ New York: W. de Gruyter.

Sperber, H. (1923). Einführung in die Bedeutungslehre. Bonn/Leipzig: Kurt Schroeder.

Topitsch, E. (1960). Über Leerformeln. Zur Pragmatik des Sprachgebrauchs in Philosophie und politischer Theorie. In E. Topitsch (Hrsg.), Probleme der Wissenschaftstheorie. Festschrift für V. Kraft (S. 233-264). Wien: Springer.

Wehner, B. (2006). Fußball über Politik Sport und Neokratie – Nachgedanken zu einer Weltmeisterschaft. (http://www.reformforum-neopolis.de/ files/fu_ball__ber_politik_1.pdf; zuletzt online einges. 03.03.2012)

Wolf, C. (1990). Sprache der Wende. Rede auf dem Alexanderplatz. In C. Wolf. Reden im Herbst (S. 119-121). Berlin/ Weimar: Aufbau-Verlag.

Zivilgesellschaftlicher Widerstand gegen Olympia – inhaltsanalytische Befunde zu den Positionen und der Resonanz der »NOlympia 2018«-Bewegung

Holger Ihle / Jörg-Uwe Nieland

> »Original modern events, such as the World Series and Super Bowl, and various European and Asia team championships have superseded the Olympics in passion, as truly pure competitions. As sport, it is the Olympics that have ended up more sideshow; the most important Olympic competitions now is between cities fighting to host future games.«[1]

Die Geschichte der Olympischen Spiele enthält eine Vielzahl von Brüchen. Verantwortlich dafür zeichnen nicht nur die politische Instrumentalisierung, sondern zunehmend auch die Kommerzialisierung und Mediatisierung des Sports. Ob diese Veränderungen so weit gehen, dass die olympischen Wettbewerbe hinter die Auseinandersetzung um die Austragung der Spiele zurückfallen, ist zunächst eine starke Behauptung. Im Folgenden wird diese Behauptung zum Ausgangspunkt genommen, um beispielhaft die Rolle der Medien im jüngsten Bewerbungsprozess zu untersuchen.

Die Medien »kommen ins Spiel«, da sie die öffentliche Meinungs- und Willensbildung während der Bewerbungs- und Vergabephase maßgeblich bestimmen. Kritik an der Vergabepraxis des IOC findet sich dabei nicht nur in den Ländern, deren Bewerbung keinen Erfolg hatte, sondern vermehrt auch im Vorfeld der Abstimmung. Dabei gewinnen zivilgesellschaftliche Kräfte an Bedeutung und die Argumente gegen die Bewerbungen beziehen sich nicht mehr nur auf die Finanzierung. Vielmehr stellen die Proteste die Bewerbung grundsätzlich in Frage. Wenn *die Medien* diese Extremposition aufgreifen, dann unterlaufen sie nicht nur einen *nationalen Konsens* im Sinne einer politischen Entscheidung für die Bewerbung, sondern fordern auch ein neues Verfahren über die Repräsentation des gemeinsamen *Wir*. In diesem Fall geht es um

---

[1] Frank Deford im *National Geographic* 1996, zit. n. Rivenburgh (2002, 38).

(notwendige) Veränderungen an der Bestimmung des Olympismus. Wenn der Olympismus mit Coubertin als Selbstvergewisserung unserer normativen Werte verstanden werden kann, dann wird mit der Bewerbung um die Olympischen Spiele entschieden, wo (und wie) sich das gemeinsame *Wir* (und damit unsere normativen Maßstäbe) präsentieren darf. Einen Ausschnitt dieses Diskurses behandelt der vorliegende Beitrag. Er ist in drei Schritten aufgebaut. Zunächst wird die gesellschaftspolitische Dimension bearbeitet. Konkret wird erläutert, dass die mediale Auseinandersetzung mit Protest und Partizipation in sportpolitischen Fragen über gesellschaftliche Sprengkraft verfügt. Im zweiten Schritt werden die Befunde einer Inhaltsanalyse zur Olympiabewerbung präsentiert und zwar auf Ebene der Artikel, der Akteure und der Argumentation – bevor im dritten Schritt ein Fazit und ein Ausblick angeboten werden.

Zivilgesellschaftliche Ansprüche in der Postdemokratie

Der Begriff Zivilgesellschaft[2] berührt zwei Ebenen, die der sozialen Integration und der *politischen Integration und Artikulation*. Mit seinem Rückblick auf die Phasen des Bedeutungszuwachses der zivilgesellschaftlichen Kräfte betont Adloff (2005, 10) den Impuls durch die Widerstandsbewegungen im Ostblock. Durch den schrittweisen Ausbau kultureller Freiheiten und selbst organisierter Öffentlichkeiten suchten sie nach mehr Autonomie. Diese Bewegungen wollten weniger politische Macht erobern, als vielmehr eine Begrenzung derselben von innen heraus erreichen (ebd.). In einem weiteren Entwicklungsschritt »verband man mit den sozialen Bewegungen und dem Konzept der Zivilgesellschaft die Hoffnung auf eine Selbststeuerung der Gesellschaft. Während es im Osten und im Süden um die Überwindung totalitärer und autoritärer Regime ging, verknüpfte sich im Westen in jenen Jahren mit der Zivilgesellschaft das Projekt, die Demokratien demokratisieren zu wollen« (ebd., 12).

Dies ist ein Anzeichen dafür, dass mit Michael Greven (2009) unsere Gesellschaft als eine *politische Gesellschaft* bezeichnet werden muss, da es in ihr keinen Bereich gibt, der prinzipiell der Politisierung entzogen wäre. Und die Zivilgesellschaft ist jener außer-

---

[2] Adloff (2005, 155) definiert Zivilgesellschaft als »die sozialen Beziehungen zwischen Bürgern und Bürgerinnen. Zivilgesellschaft meint den Raum, wo sich Bürger und Bürgerinnen in ihrer Rolle als Bürger treffen und solidarisch oder konflikthaft handeln.«

staatliche Bereich, in dem dies reflektiert werden kann. Denn nur im Medium der Öffentlichkeit, dem Gespräch unter Bürgern, kann die politische Durchdringung der Gesellschaft thematisiert und einer Reflexion zugänglich gemacht werden (Adloff 2005, 153).

Die durch zivilgesellschaftliche Kräfte angeregte Reflexion dreht sich um den Zustand und die Zukunftsfähigkeit der Institutionen und Verfahren der Demokratie. Die Bevölkerung stellt die demokratische Staats- und Gesellschaftsform nicht in Frage und erwartet weiterhin viel vom Parlament und den Parteien. Gleichzeitig aber wird die Arbeit der Politik zunehmend kritischer eingeschätzt (Böhnke 2011, 19). Synonym und Symbol für diese Kritik, die in vielen Fällen zu einem Protest angeschwollen ist, ist *Stuttgart 21*.

Protest – zur Wiederkehr eines demokratischen Prinzips

Der Vertrauensverlust in Politik und die politischen Verfahren verweist auf Partizipations- und Repräsentationsprobleme in modernen Gesellschaften. In diesem Klima haben sich in den letzten Jahren zahlreiche und unterschiedliche Proteste auf den verschiedenen politischen Ebenen Bahn gebrochen (Jörke 2011, 15f.). Einen Schwerpunkt bildet der Widerstand gegen Infrastrukturprojekte.[3] Den Ausgangspunkt markieren dabei zumeist Einwände gegen einzelne Aspekte eines (Groß-)Projektes. Im Vordergrund steht die Kritik an Eingriffen in die Natur, weshalb Umwelt- und Naturschutzverbände den Protest unterstützen. Häufig werden die Konflikte von Parteien aufgegriffen und teilweise für bevorstehende Kommunal- und Landtagswahlen instrumentalisiert (vgl. Brettschneider 2011, 40). An zweiter Stelle ist der Widerspruch gegen zu hohe Kosten zu nennen. Andere Ursachen des Protestes sind Zweifel am grundsätzlichen Sinn eines Vorhabens oder die wahrgenommenen bzw. befürchteten Einschränkungen der eigenen Lebensqualität (ebd.). Während solche Aspekte von den direkt Betroffenen vor Ort als Ursachen angeführt werden, erlangen Proteste dann eine Dynamik, wenn eine grundsätzliche Skepsis gegenüber *der Politik* oder *der Wirtschaft* artikuliert wird und dabei die Art des Umgangs der Parteien, der Parlamente und der Projektträger sowie der Bürokratie mit der *Bürgerschaft* bemängelt wird (ebd.). Die inzwischen umfangreiche Forschung (Hoecker 2006;

---

[3] Brettschneider (2011, 40) zählt Flughafenerweiterungen, den Ausbau von Autobahnen, Eisenbahnstrecken, die Fehmarnbelt-Querung, Strom-Überlandleitungen, Kraftwerksneubauten und CO_2-Endlager auf.

Geiselberger 2007; Roth & Rucht 2008) konnte herausarbeiten, dass es den Protestierenden in der Regel um mehr als nur die bloße Bekundung von Stimmungen und Meinungen geht. Sie setzen sich aktiv und kreativ zur Wehr – mit dem Ziel, die in ihren Augen ungerechtfertigten Belastungen und Nachteile abzuwenden oder auch den Status Quo zu verteidigen (Rucht 2007, 184). Der Protest zielt auf institutionelle Reformen, dabei sind sich die Protestierenden in der Regel darüber im Klaren, dass diese Reformen bei »jedem einzelnen Bürger« ansetzen (müssen) (Leggewie 2011, 19). Aus Sicht der Protestierenden geraten die instrumentellen, funktionalen und interaktiven Aspekte des Protestes ins Blickfeld. An erster Stelle ist die *auf Aufmerksamkeit zielende Inszenierung* zu nennen, an zweiter Stelle die *auf Zustimmung und Empathie gerichteten Techniken des Werbens und Überzeugens* und schließlich drittens die *Selbstbezüglichkeit als Vergewisserung kollektiver Identität und Stärke* (Rucht 2007, 184).

Im Wettbewerb um (massen-)mediale Aufmerksamkeit stehen Protestgruppen vier grundlegende Ressourcen zur Verfügung: *Masse, Radikalität, Kreativität und Prominenz*. Rucht (2007, 188f.) identifiziert fünf Techniken der Aufmerksamkeitserzeugung: Erstens die (bloße) Andeutung von Protestaktionen, zweitens das Gegenwartshandeln mit einer weithin bekannten Heroik oder der Vergangenheit zu verbinden, drittens ein externes und weithin stark beachtetes Ereignis als Rahmen oder Bühne für den Protest zu nutzen, viertens Erzeugen von starken Bildern des Protestes und schließlich fünftens die ostentativ dargestellte Risiko- und Opferbereitschaft der Protestierenden. Ziel der Protestierenden ist es, Aufmerksamkeit zu gewinnen und mit Argumenten überzeugen. Dies geschieht über den Akt des öffentlichen Widerspruchs und das *framing*. Es schließt sich die Frage an, ob die von den Protestierenden eingebrachten frames von den Massenmedien akzeptiert und übernommen werden. Letztlich führt erfolgreiches framing zu einer wachsenden Mobilisierungsfähigkeit.

Protest und Sport

Auch der Sport dient als Instrument zur Artikulation von Protest. Formuliert werden gesellschaftliche, politische oder ökonomische Anliegen. Sport, insbesondere Fußball, ist eine gesellschaftliche Projektionsfläche und gleichzeitig kommt es zur Verknüpfung von sportlichen und außersportlichen Interessen. Dabei hat sich das

Ausmaß an Vereinnahmungsprozessen im Sport in den letzten Jahren deutlich erhöht und weiter ausdifferenziert.[4]

In seinem Überblick über die Historie des Wechselverhältnisses von Sport und Protest hat Mittag (2011) zwei Hauptströmungen identifiziert: Zum einen jene Protestereignisse, die keine unmittelbar sportlichen Interessen verfolgen sowie zum zweiten den Protest mit sportlichen Interessen, gemeint sind also jene Ereignisse, bei denen der Anlass des Protests unmittelbar mit dem Sport verbunden ist (vgl. im Einzelnen den Beitrag von Mittag im vorliegenden Band).

Die im Sport beobachtbaren Protestformen und Protestereignisse sind keine (soziale) Bewegung im strengen Sinn. Gleichwohl protestieren nicht nur enttäuschte Fans, sondern zunehmend auch andere und größere Gruppen.[5] Aber der Protest ist zumeist situativ, punktuell und nur begrenzt nachhaltig – bislang sind auch keine originären Protestformen in Verbindung mit dem Sport zu beobachten. Von sportpolitischen Bewegungen im Sinne sozialer Bewegungen kann also nicht die Rede sein. Aufgrund der durch die Medien hergestellten Öffentlichkeit eignet sich der medial vermittelte (Spitzen-)Sport besonders für Proteste. Vor diesem Hintergrund sollen kurz die Kennzeichen des Mediensports aufgezeigt werden.

Der vorliegende Beitrag greift mit der Olympiabewerbung Münchens für die Winterspiele 2018 in München, Garmisch-Partenkirchen und Berchtesgaden, einen besonderen Fall auf. Zur Verdeutlichung der Spezifika sei zunächst der Verlauf der Bewerbung dargestellt. Nachdem der Bundestag, die Bundesregierung (insbesondere die Bundeskanzlerin und die zuständigen Bundesinnenminister) sowie die Landesregierung Bayerns und die Stadt München im Schulterschluss mit dem Deutschen Olympischen Sportbund (DOSB) für die Bewerbung eingetreten waren, setzten sich – für die meisten Verantwortlichen und Beobachter überraschend – Grundstückbesitzer in Garmisch-Partenkirchen gegen (weitere) Eingriffe in Natur und Landschaft zur Wehr. Die zunächst lokalen Proteste sammelten sich in der »NOlympia«-Initiative und erhielten bundesweiten Zulauf. Neben den ökologischen Argumenten wurden Bedenken gegenüber der Finanzierung des Konzeptes laut und

---

[4] Vgl. mit einer Reihe von Beispielen zur Instrumentalisierung des Fußballs Mittag & Nieland 2007.
[5] Diese Proteste beziehen sich auf Kommerzialisierungs- und Mediatisierungstendenzen des Sports (vgl. Dohle & Vowe 2006, 26).

Kommunikationspannen bei der Bewerbungsgesellschaft führten zu einer kritischen Berichterstattung. Angesichts der öffentlichkeitswirksamen Auftritte der »NOlympia«-Initiative formierte sich die »PROlympia«-Bewegung. Die beiden Initiativen erreichten, dass am 08. Mai 2011 die Bürger von Garmisch-Partenkirchen in einem Bürgerentscheid über die mögliche Austragung der Winterspiele 2018 im Werdenfelser Land abstimmten. Die Gegner der Bewerbung unterlagen in dieser Abstimmung knapp. Beim ersten der beiden Bürgerentscheide stimmten 58 Prozent dafür, dass Olympia gemäß Bewerbung in sieben Jahren in Garmisch-Partenkirchen stattfinden soll. Ebenso eine Mehrheit der Bürger von knapp 51 Prozent votierte beim zweiten Bürgerentscheid der Olympiagegner gegen deren Ansinnen, die bereits beschlossenen Verträge prüfen zu lassen. Eine eventuelle Stichfrage wurde somit obsolet. Die Wahlbeteiligung betrug 60 Prozent. Zwei Monate später, am 8. Juli entschied das IOC auf seiner Sitzung in Durban, dass die Olympischen Winterspiele 2018 im südkoreanischen Pyeongchang stattfinden werden. Über die Rolle der Medien bei der Bewerbung wurde an verschiedenen Stellen diskutiert.[6] Der folgende Text reflektiert deshalb die mediale Darstellung der Bewerbung und vor allem der Gegner und Befürworter.[7] Um zu Aussagen über die Zukunftsfähigkeit der Parteien sowie Interpretationen des Kommunikationsverhaltens der Parteien zu gelangen, wird der Blick auf die am Konflikt und seiner medialen Vermittlung beteiligten Parteien liegen.

Der Aufstieg des Mediensports im Angesicht des neuen Strukturwandels der Öffentlichkeit

Nicht nur in der Politik, sondern auch im Sport ist die mediale Angebotsproduktion das Ergebnis von miteinander konkurrierenden oder sich verstärkenden Logiken, Interessenlagen und Systembezügen. Dabei lassen sich Differenzierungen innerhalb der Medien

---

[6] Unter anderem auf der Konferenz des Deutschlandfunks »Diktat Gefälligkeits-Journalismus? Der Sport, die Medien und die deutschen Verhältnisse« am 02.10.2011 oder in der Reportage »Olympiapoker« von Albert Knechtel und Jens Weinreich (ausgestrahlt am 29. Juni 2011 im Ersten Programm der ARD).

[7] Die hier präsentierten Daten stammen aus einem größeren Projekt am Institut für Kommunikations- und Medienforschung an der Deutschen Sporthochschule, das von den beiden Autoren geleitet wird (vgl. Ihle & Nieland 2012).

und ein erhöhter Einfluss von außermedialen Akteuren in den Medien beobachten.[8]

Der Aufstieg des Mediensports erfolgt unter den Bedingungen des *neuen* Strukturwandels der Öffentlichkeit. Dieser Trend lässt sich mit der Ausdifferenzierung des Mediensystems vom politischen System und der Koppelung der Medien an die Marktlogik auf den Punkt bringen.

Mit Bezug zu den Arbeiten von Kurt Imhof (2003, 2006) sind fünf Indikatoren des neuen Strukturwandels der Öffentlichkeit zu nennen. Erstens die *mediale Resonanz*, die sowohl soziale Bewegungen als auch Protestparteien erhalten. Zweitens die *Zunahme der Skandalisierung* der öffentlichen Kommunikation. Drittens die *Privatisierung des Öffentlichen und Personalisierung* der politischen Kommunikation. Insgesamt stellt die Politik ihre Entscheidungsfindungsprozesse auf Sympathie/Antipathie um. Viertens existieren Verschiebungen in der intermedialen Themen- und Meinungsresonanz, nimmt die *Referenzialität* zu und lässt sich ein Schwund des Meinungsstreits beobachten. Schließlich drücken fünftens die Aufmerksamkeitsregeln *symbolischer, resonanzorientierter Politik* auf die Entscheidungspolitik durch. Im Rahmen des vorliegenden Beitrags von besonderer Bedeutung ist die Zunahme kritischer Teilöffentlichkeiten.

Vor dem Hintergrund der fünf Indikatoren lassen sich zwei Mediatisierungseffekte benennen: Erstens die Zunahme der Produktion von Ereignissen ausschließlich für die Medien und zweitens die wechselseitige Instrumentalisierung (nicht nur politischer und medialer Akteure). Als Folge des neuen Strukturwandels der Öffentlichkeit sind zu identifizieren erstens ein verschärfter Wettbewerb um Aufmerksamkeit und zweitens eine äußere und innere, strukturverändernde Medialisierung, denen die (politischen) Organisationen ausgesetzt sind. Im Ergebnis muss Gemeinschaftsbildung durch mediale Orientierungsangebote hergestellt werden. Damit sind Medien beides: *Mitursache wie Lösung des Problems der Sozialintegration moderner Gesellschaft.*

---

[8] Vgl. grundlegend zum Verhältnis von Sport und Medien die Beiträge in Schierl 2007.

Forschungsinteresse und Anmerkungen zu Untersuchungsgegenstand und Methode

Im Folgenden richtet sich das Forschungsinteresse auf drei Aspekte. Zum einen auf die *mediale Darstellung der Olympiabewerbung* (dies schließt die Frage ein, ob es sich bei der Bewerbung um ein reines Sportthema handelt), zum zweiten auf die *mediale Darstellung neuer Protestformen und Protestakteure* und zum dritten auf die *Argumente der Befürworter und Gegner* der Bewerbung (wie sie sich in der Presseberichterstattung wiederfinden).

Bei der Darstellung der Forschungsergebnisse der Studie wird zunächst das Untersuchungsmaterial und die Methode vorgestellt. Im Anschluss erfolgt die Präsentation der Befunde auf Ebene der Artikel, der Akteure und der Argumente.[9]

Um den Fragen, die sich aus dem genannten Forschungsinteresse ergeben, auf den Grund zu gehen, wurde eine standardisierte Inhaltsanalyse[10] von neun deutschen Tageszeitungen[11] durchgeführt. Bei der Auswahl der Tageszeitungen wurden die fünf überregionalen Meinungsführerblätter berücksichtigt sowie zwei Münchner Tageszeitungen (davon eine Boulevardzeitung). Damit soll sowohl der nationale also auch regionalen Dimension des Themas Rechnung getragen werden. Zum Vergleich der Befunde auf regionaler Ebene wurden zudem zwei Berliner Tageszeitungen in die Untersuchung aufgenommen. Der Untersuchungszeitraum umfasst den Zeitraum vom 24. Oktober 2010 bis zum 24. März 2011. Während dieser Zeit fanden sowohl bewerbungstechnische als auch politische Vorgänge statt, ohne dass endgültige Entscheidungen[12] getroffen worden sind. Damit ist zu erwarten, dass die öffentliche Diskussion vom Austausch der Argumente geprägt ist

---

[9] Präsentiert werden können hier nur Ausschnitte der Studie; vgl. Ihle & Nieland 2012.

[10] Den Terminus »standardisierte Inhaltsanalyse« schlägt Rössler (2005, 16) zur Vermeidung der missverständlichen Begriffe *quantitative* und *qualitative Methode* vor; vgl. dazu auch Früh (2007, 39, 67).

[11] Dies waren im Einzelnen: die Süddeutsche Zeitung (SZ), die Frankfurter Allgemeine Zeitung (FAZ), Die Welt, die Frankfurter Rundschau (FR), die tageszeitung (taz), der Münchner Merkur, die Abendzeitung (AZ), die Berliner Zeitung und Der Tagesspiegel.

[12] Der endgültige Beschluss über die Vergabe der Olympischen Spiele wird durch das IOC getroffen. Die hier ebenfalls gemeinten politischen Entscheidungen (Soll eine Kandidatur erfolgen? Muss die Kandidatur aus Rücksicht auf den Willen der Bürger geändert oder zurückgezogen werden?) sind demgegenüber nicht als final anzusehen. Sie können aber im Einzelfall den Ausgang des Verfahrens maßgeblich beeinflussen.

und nicht einseitig vom Ausgang (sport-)politischer Entscheidungen. Analysiert wurden alle Artikel, in denen die Münchner Olympiabewerbung mindestens als Nebenthema behandelt wurde. Die im Folgenden vorgestellten Ergebnisse beziehen sich auf die Analyseeinheit *Artikel* und die Codiereinheiten *Akteure* und *Argumente*. Akteure sind Personen, die innerhalb der Artikel genannt werden.[13] Argumente sind mit Früh (2007, 243) als »semantisch eigenständige Aussagen zu eindeutig identifizierbaren bzw. klar abgrenzbaren Teilaspekten des Themas [...] mit implizit oder explizit bewertendem Charakter« definiert.[14]

Insgesamt wurden 441 Artikel, 1374 Akteure und 504 Argumente identifiziert und analysiert.[15] Am häufigsten berichteten der *Münchner Merkur* (143 Artikel; 32 Prozent von allen Artikeln) und die *SZ* (76, 17 Prozent). Die weiteren Artikel verteilen sich folgendermaßen: *Abendzeitung* (60, 14 Prozent), *FAZ* (52, 12 Prozent), *Die Welt* (31, 7 Prozent), *Berliner Zeitung* (27, 6 Prozent), *FR* (22, 5 Prozent), *taz* (22, 5 Prozent) und *Der Tagesspiegel* (8, 2 Prozent).[16]

Die Analyse der Argumente basiert auf dem von Früh (2007, 241-270) vorgeschlagenen Verfahren zur Analyse impliziter Bewertungen. Dieses Verfahren rekurriert auf die Tatsache, dass es zu »einem kontrovers diskutierten Sachverhalt [...] Argumente [gibt], die für bzw. gegen diesen Sachverhalt sprechen [...]. Überwiegen in einem Argumentationszusammenhang [...] die Pro- oder die Kontra-Argumente nach Anzahl und Gewicht, so ist eine Tendenz gegeben« (Früh 2007, 242). Früh unterscheidet explizite und im-

---

[13] Aus forschungsökonomischen Gründen wurde die Erhebung der Akteursdaten auf die ersten sechs Personen, die pro Artikel vorkommen beschränkt. In der deutlichen Mehrzahl der Artikel kommen weniger als sechs Personen vor.

[14] Solche Argumente müssen nicht zwangsläufig von Akteuren innerhalb der Berichterstattung geäußert werden, sondern können auch durch die Journalisten vorgebracht werden.

[15] Die Datenerhebung fand im Rahmen des Seminars *Ausgewählte Felder der Medieninhaltsforschung* (im Sommersemester 2011) des Masterstudiengangs *Sport, Medien und Kommunikationsforschung* an der Deutschen Sporthochschule statt. Stellvertretend für alle Teilnehmenden sei hier insbesondere Fabian Buß, Kathrin Duffner, Stefan Jäntsch, Annekathrin Rudolph, Christian Schubert und Johan von Suchodoletz gedankt, die auch an der Erstellung des Kategoriensystems und des Codebuchs mitgewirkt haben.

[16] Die Unterschiede zwischen Anzahl und Umfang der Artikel wird hier nicht ausgewiesen; vgl. dazu Ihle & Nieland 2012.

plizite Argumente. Aussagen, die explizit für bzw. gegen den Sachverhalt Stellung nehmen, werden als explizite Argumente bezeichnet. Durch Einsatz von Stilmitteln können diese Argumente in ihrer Tendenz verstärkt oder abgeschwächt werden. Früh setzt diese Logik in eine siebenstufige Ordinalskala um, auf der der Wert 1 die vollständige Ablehnung des Sachverhalts bedeutet, der Wert 7 die vollständige Zustimmung. Explizite Kontra-Argumente erhalten auf dieser Skala zunächst obligatorisch den Wert 2, explizite Pro-Argumente den Wert 6. »Wird ein solches Argument durch latente Wertungen verstärkt, so verändert es sich um eine Position in Richtung des jeweiligen Extrempols (Rang 1 bzw. 7). Wird ein manifestes positives Argument oder negatives Argument durch ein latentes Argument abgeschwächt, so verliert es einen Rang in Richtung der neutralen Position. Wird es durch mehrere latente Argumente abgeschwächt, dann gilt es als neutralisiert« (ebd., 244) Die Identifizierung der Argumente als wichtigster Arbeitsschritt der Codierung basiert auf einer Liste möglicher Argumentkategorien. Gemäß der Definition des Arguments, soll es sich um Aussagen zu Teilaspekten der Olympiabewerbung handeln. Diese Teilaspekte sind von uns im Rahmen der (empiriegeleiteten) Kategorienbildung definiert worden. Die Oberkategorien der Argumente bilden die Bereiche *Politik, Umwelt und Nachhaltigkeit, Bewerbung (Durchführung, Image, Vergabe), Sport*.[17]

---

[17] In die Argumentoberkategorie *Politik* fallen alle Argumente, die die Bewerbung aus politischen Gründen befürworten oder ablehnen. Solche Gründe können das Finanzierungskonzept (Kosten-Nutzen-Relation für Steuerzahler), das Sicherheitskonzept (sowohl Sicherheit gegen äußere Gewalteinwirkungen (Terror) sowie das Sicherheitskonzept der Großveranstaltung in sich) oder auch die Bevölkerungsmeinung sein. Die Argumentkategorie *Umwelt und Nachhaltigkeit* bezieht sich auf die ökologischen Aspekte der Bewerbung (sind die Spiele ›umweltfreundlich‹?) und die Aspekte der späteren Nutzungsmöglichkeiten und langfristigen Folgen der Olympischen Spiele für die betroffenen Regionen. Die Argumentoberkategorie *Bewerbung* umfasst alle Aspekte, die die Durchführung der Bewerbung und die Arbeit der Bewerbergesellschaft sowie die Vergabepraxis des IOC betreffen. Hierunter fallen alle Fragen danach, ob bspw. die Bewerbung handwerklich gut gemacht ist, ob geeignete Testimonials bestimmt wurden, ob die Münchner Bewerbung Vorteile oder Nachteile gegenüber den Konkurrenten hat – aber auch die Frage danach, ob die Vergabe der Spiele durch das IOC ein transparentes Verfahren darstellt. Die Kategorie *Sport* umfasst alle sportlichen Aspekte, die für oder gegen die Bewerbung sprechen. Damit ist etwa gemeint, wie sich die Spiele auf den heimischen Wintersport auswirken, insbesondere in Bezug auf Nachwuchsförderung, Attraktivität Bayerns

Befunde

Analyse auf Ebene der Artikel

Der Verlauf der Berichterstattung lässt sich anhand der Anzahl der Beiträge nachvollziehen. Werden die Artikel nach Kalenderwochen zusammengefasst, so ergeben sich insgesamt vier Zeitpunkte, zu denen überdurchschnittlich häufig über die Bewerbung berichtet wird (vgl. Abbildung 1). Diese lassen sich auf bestimmte Ereignisse zurückführen: In Kalenderwoche 47/2010 wurde umfangreich über die Bundesdelegiertenkonferenz der Grünen berichtet. Dort wurde beschlossen, sich gegen die Olympiabewerbung auszusprechen.

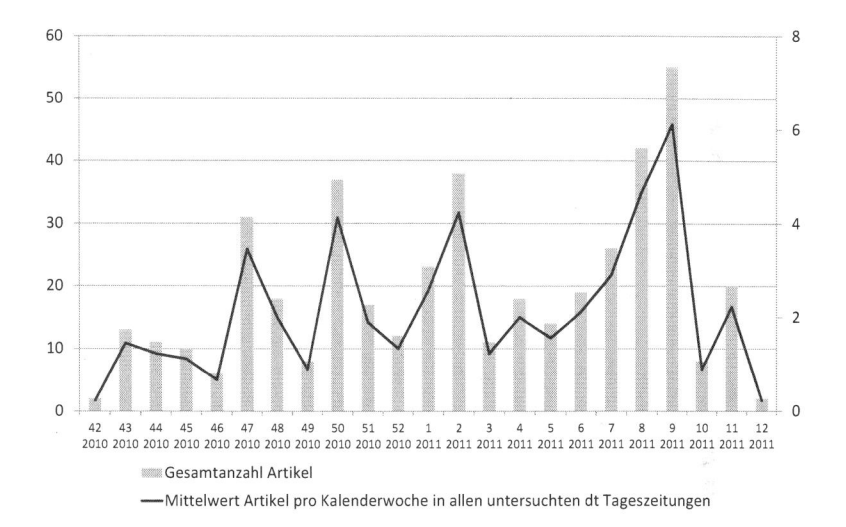

Abbildung 1: Verlauf der Berichterstattung anhand der Gesamtartikelanzahl pro Kalenderwoche (n=441)

Die Konsequenz dieses Parteitagsbeschlusses war, dass sich die Vorsitzende Claudia Roth aus dem Bewerbungskuratorium zurückziehen musste. In Kalenderwoche 50/2010 richteten die Garmischer Landwirte ein Ultimatum an die Staatskanzlei. Ziel dessen war der Rückzug aus dem Bewerbungsprozess. Anfang des Jahres 2011 standen dagegen Ereignisse im Mittelpunkt der medialen Aufmerksamkeit, die mit dem eigentlichen Bewerbungsprozess in Verbindung stehen: In Kalenderwoche 2/2011 wurde zunächst das *Bid Book*, also die offizielle Bewerbung beim IOC eingereicht. An-

---

als Wintersportregion sowie Dopingprävention bzw. Dopingbekämpfung.

fang März (KW 8 und 9/2011) war die Evaluierungskommission in München zu Gast.

Ein besonderes Interesse gilt der Frage, ob das Thema Olympiabewerbung ausschließlich im Sportressort verhandelt wird oder auch darüber hinaus Geltung beansprucht. Letzteres kann als ein Indikator dafür verstanden werden, dass auch sportpolitische Prozesse einer zivilgesellschaftlichen Legitimation bedürfen. Sie erscheinen so nicht mehr als Prozesse innerhalb des gesellschaftlichen Teilbereichs Sport allein, sondern als Gegenstand gesamtgesellschaftlicher Aushandlung. Ein Blick auf die Verteilung der Artikel auf die unterschiedlichen journalistischen Ressorts zeigt, dass die Olympiabewerbung nicht nur im Sportteil (44 Prozent der Artikel) der Zeitungen behandelt wurde. Über ein Drittel der Artikel entfallen auf das Lokal- und immerhin noch knapp ein Fünftel auf das Politikressort. Dies zeigt, dass es sich bei der Diskussion auch und gerade um eine lokalpolitische Kontroverse handelte.

Wie oben begründet, richtete sich das Untersuchungsinteresse auf die Berücksichtigung politischer Protestformen. Diese werden in insgesamt 105 Artikeln mindestens erwähnt. Politisch-administrative Prozesse[18] kommen in 94 Artikeln vor. Im *Münchner Merkur* werden am häufigsten sowohl der Protest (31-mal) als auch die etablierten institutionalisierten politischen Abläufe (33-mal) berücksichtigt. Dies ist allerdings nicht zuletzt der ohnehin hohen Anzahl von Artikeln zum Thema Olympiabewerbung im *Merkur* geschuldet. Das ist in den anderen untersuchten Zeitungen seltener der Fall. So erwähnt etwa die *SZ* 18-mal Protestformen und 14-mal politisch-administrative Prozesse, die *Abendzeitung* 16- bzw. 9-mal.[19]

Analyse auf Ebene der Akteure
Ein Blick auf die in den untersuchten Artikeln genannten Personen zeigt, dass durchgängig und in allen Zeitungen Befürworter der Bewerbung deutlich häufiger vorkommen als deren Gegner. Von

---

[18] Aufgrund der Einbindung sowohl der Bundespolitik als auch des Internationalen Olympischen Komitees, verwenden wir diesen Begriff hier in einem weiten Sinne. Das heißt, dass nicht nur politisch-administrative Prozesse im klassischen (engen) Sinne gemeint sind, sondern auch sportpolitische Entscheidungsfindungsprozesse, die auf internationaler und nationaler Ebene der (Sport-)Verbände geschehen (also auch des intermediären Systems).

[19] *FAZ*: 10, 13 / *FR:* 8, 5 / *Die Welt:* 6, 5 / *taz:* 9, 7 / *Berliner Zeitung:* 1, 5 / *Der Tagesspiegel:* 6, 3.

insgesamt 1686 erfassten Personen[20] sind 1005 Unterstützer, 205 Gegner und 476 lassen sich keiner Seite zuordnen. Dieses Ungleichgewicht wirkt sich auch auf die Anzahl zu Wort kommender Akteure aus. Allerdings lässt sich beobachten, dass von den 820 Befürwortern mit 477 Personen bzw. 58 Prozent verhältnismäßig weniger Akteure wörtlich zitiert werden. Von den Gegnern kommen dagegen mit 125 Personen über zwei Drittel im direkten Zitat zu Wort. Dieser geringfügig höhere *Zitationsimpact* lässt sich allerdings nicht eindeutig aus der Position zur Bewerbung erklären, da der bestehende Zusammenhang nur ausgesprochen schwach ist.[21]

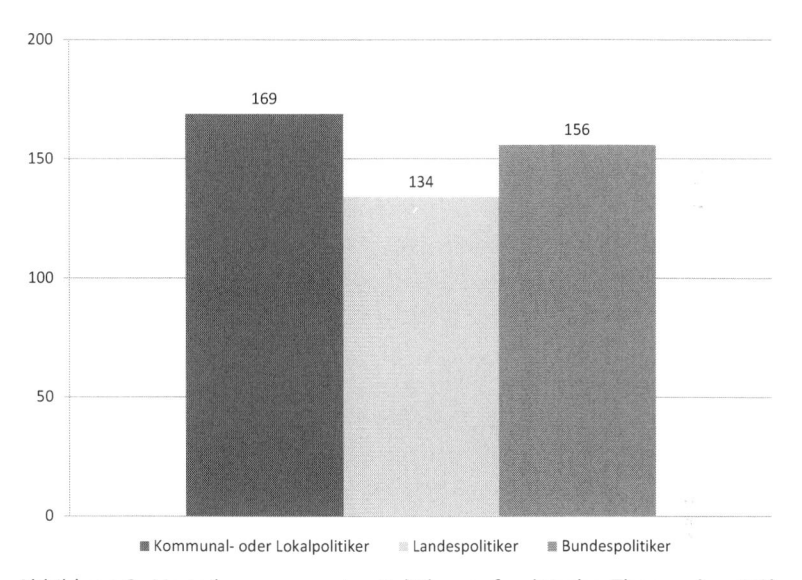

Abbildung 2: Verteilung genannter Politiker auf politische Ebenen (n=459)

Neben der reinen Zuordnung zu den beiden konträren Positionen wurden die vorkommenden Personen auch hinsichtlich ihrer gesellschaftlichen Funktionen analysiert. Insbesondere die Anzahl der vorkommenden politischen Mandatsträger soll hier die Frage beantworten, wie politisiert der Konflikt ist bzw. dargestellt wird. Dies steht auch in Verbindung mit der Frage, ob Politiker als Pro-

---

[20] Auf Ebene der Analyseeinheit Artikel wurde zunächst die Anzahl genannter Befürworter, Gegner und die Gesamtzahl vorkommender Personen erfasst. Deshalb liegt die Anzahl der Personen hier über der Zahl der eingeschränkten Stichprobe der jeweils ersten sechs vorkommenden Personen (Codiereinheit *Person*).
[21] Cramer-V liegt bei lediglich 0.1 (Chi-Quadrat 9.8; df=2).

blemlöser (an-)erkannt werden und auf welcher politischen Ebene der Konflikt um die Bewerbung ausgetragen wird.

Abbildung 2 zeigt, wie sich die in der Berichterstattung genannten Politiker auf die politischen Entscheidungsebenen verteilen. Am häufigsten werden kommunale Politiker (37 Prozent aller genannten Akteure) genannt, die zweithäufigsten Nennungen entfallen auf Politiker der Bundesebene (34 Prozent). Die Landesebene findet dagegen weniger Beachtung. Hier bestätigt sich, dass die Debatte im Wesentlichen als eine lokalpolitische Kontroverse geführt wurde. Diese Befunde relativieren sich zum Teil, wenn nur jene Politiker ausgewiesen werden, die in den Artikeln (wörtlich oder indirekt) zitiert werden. Dann verstärkt sich zum einen die Bedeutung der lokalen Ebene (47 Prozent aller zitierten Politiker) und die Bundespolitik erscheint als weniger wichtig (19 Prozent). Auch hier erscheint die Landesebene aber als weniger an der Debatte beteiligt als die Kommunalpolitik. Die hohen Werte lokalpolitischer Entscheidungsträger sind vor allem der starken medialen Präsenz des Münchner Oberbürgermeisters Ude geschuldet.

In jedem Fall kann konstatiert werden, dass Politiker die am häufigsten genannte Akteursgruppe sind. Dies bedeutet in Hinblick auf die oben gestellten Fragen, dass die Debatte um die Bewerbung als in hohem Maße politisierte Auseinandersetzung erscheint. Gleichzeitig kann gemutmaßt werden, dass damit auch eine Zuschreibung der Entscheidungskompetenz an die politische Kaste verbunden ist. Die Frage der Olympiabewerbung ist damit nicht auf den gesellschaftlichen Teilbereich Sport beschränkt, sondern muss im Benehmen mit den politischen Entscheidungsinstanzen getroffen werden.

Vertreter der neuen Protestformen kommen insgesamt 45-mal in der Berichterstattung vor. Verglichen mit der Anzahl etablierter Berufspolitiker ist das ein sehr niedriger Wert. Gegner, die sich der Protestbewegung angeschlossen haben, kommen doppelt so häufig vor wie die Mitglieder der befürwortenden Bürgerinitiative. Die vergleichsweise hohe Anzahl nicht zuzuordnender *Protestler* ist auf Angehörige von Bürgerinitiativen und Protestformen zurückzuführen, die sich nicht mit der Olympiabewerbung befassen.[22]

---

[22] Entsprechend werden diese Personen fast gar nicht zitiert – in der Untersuchung wurde nur eine zitierte Person gefunden.

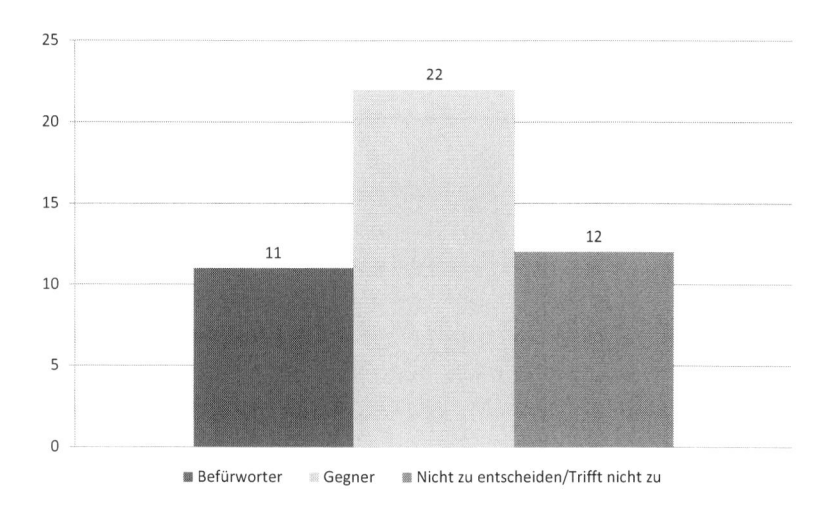

[Balkendiagramm: Befürworter 11, Gegner 22, Nicht zu entscheiden/Trifft nicht zu 12]

Abbildung 3: Anzahl des Vorkommens von Vertretern nicht-klassischer Protestformen in der Berichterstattung, verteilt auf Positionen zur Olympiabewerbung (n=45)

Neben dem Blick auf die politischen Ebenen gilt es, nach der Parteizugehörigkeit der zitierten Politiker zu fragen. Da es sich – wie bereits gezeigt wurde – bei der Kontroverse um die Olympiabewerbung nicht nur um ein sportliches, sondern auch um ein politisches Thema handelt, sollen im Folgenden die politischen Akteure in der Presseberichterstattung fokussiert werden. Abbildung 4 zeigt, dass die Debatte im Wesentlichen von Vertretern aus SPD, CSU und Grünen beherrscht wird. Daneben kommen auch einige Politiker der CDU zu Wort. FDP, Linkspartei und Freie Wähler kommen dagegen nur in marginalem Umfang vor. Führt man sich die Ergebnisse der bayerischen Landtagswahl im Jahr 2008 vor Augen, bei der die CSU 43,4 Prozent ein historisches Tief erlangte (sie verlor 17,2 Prozentpunkte und musste eine Koalition mit der FDP eingehen), die SPD mit 18,6 Prozent ebenfalls ein sehr mageres Ergebnisses einfuhr, die Freien Wähler mit 10,2 Prozent (einem Plus von 6,2 Prozent) vor den Grünen (die 9,4 Prozent erreichten) und der FDP (mit 8 Prozent) lagen, dann offenbaren sich deutliche Unterschiede zum Vorkommen der Parteien in der Berichterstattung über die Olympiabewerbung. Insbesondere die geringe Präsenz der Freien Wähler ist überraschend. Ein Teil der Befunde lässt sich aus dem Verlauf der Debatte bzw. dem politischen Agieren der Parteien erklären. Die CDU taucht aufgrund des bundespolitischen Bezugs vergleichsweise häufig auf (obwohl der Bundesverkehrsminister und nach zu Guttenbergs Rücktritt auch der Innenminister aus der CSU kommen). Die SPD ist dagegen aufgrund des Engagements von Ude häufig präsent. Politiker der Grünen werden häufig zitiert, da es zum einen die Auseinandersetzung bzw. Entscheidung auf der Bundesdelegiertenkonferenz gab und zum zweiten, da sie sich auf lokaler und regionaler Ebene gegen[23] die Olympiabewerbung äußerten. FDP-Politiker werden im Zusammenhang mit der Olympiabewerbung kaum zitiert.

Teilt man die zitierten Politiker zusätzlich zur Parteizugehörigkeit nach ihrer Position in der Olympiadebatte ein, ergibt sich ein eindeutiges Bild, das in Abbildung 5 dokumentiert ist: Die zu Wort kommenden Gegner der Bewerbung rekrutieren sich beinah ausnahmslos aus den Reihen der Grünen,[24] daneben gibt es eine einzige Stimme aus der CSU gegen die Olympischen Spiele. Getragen wird die Bewerbung vor allem von der SPD und der CSU. Wie auch bei der Gesamtzusammensetzung der Politiker ist der hohe Wert der SPD auf das häufige Vorkommen des Oberbürgermeister Ude zurückzuführen. Von dieser Präsenz profitiert die SPD vor allem in

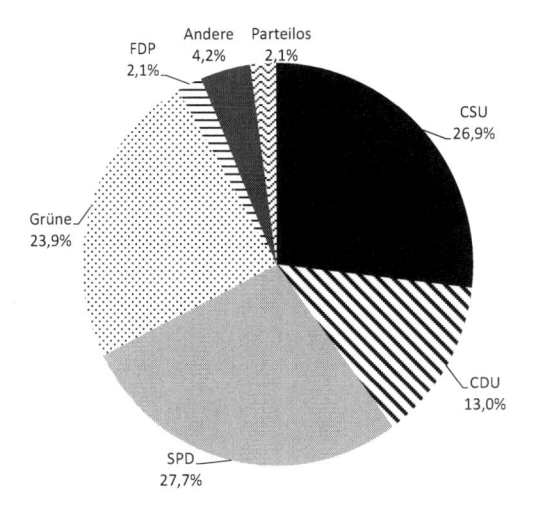

Abbildung 4: Verteilung der in allen untersuchten Artikeln zitierten Politiker auf die politischen Parteien (n=238)

---

[23] Wobei – jedenfalls bis zum Parteitagsbeschluss – die Grünen-Stadträte in München, anders als die Landespartei, für die Bewerbung votierten.
[24] Die dennoch vorhandenen grünen Befürworter sind in der Regel Politiker, die sich vor dem entsprechenden Parteitag noch anders positioniert hatten.

den untersuchten bayrischen Lokalzeitungen und zum Teil in der in München beheimateten *SZ*. In den überregionalen Tageszeitungen schlägt sich Udes Präsenz zwar zum Teil in den relativen Anteilen, nicht jedoch in den absoluten Zahlen nieder (vgl. Ihle & Nieland 2012).

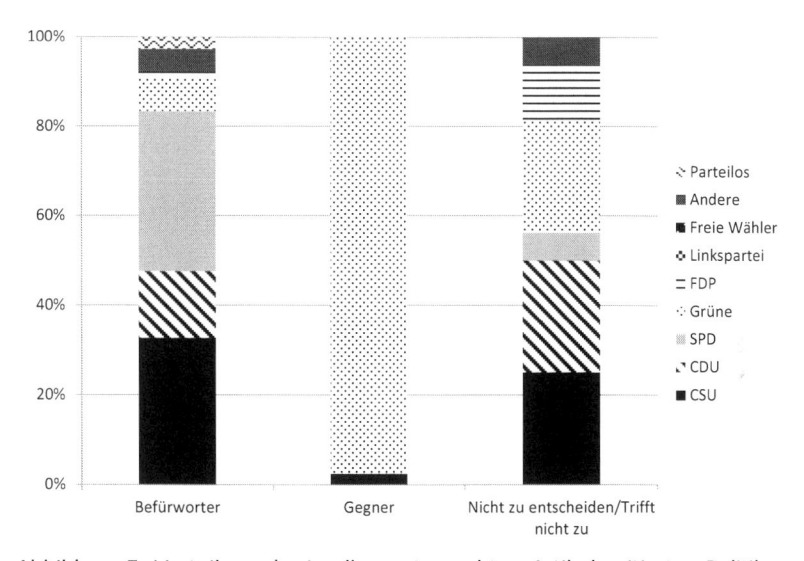

Abbildung 5: Verteilung der in allen untersuchten Artikeln zitierten Politiker auf Position zur Bewerbung und politischen Partei (n=238)

Wie zu erwarten zeigen sich deutliche Unterschiede in der Berichterstattung der untersuchten Zeitungen. In der *SZ* liegen in der Kategorie *zitierte Politiker* die SPD und die Grünen mit 27,5 Prozent gleichauf. Die CSU erreicht über 32 Prozent, während die CDU auf 10 Prozent kommt. Bei der überregionalen *taz* werden Politiker/innen der CDU gar nicht zitiert, dafür erreichen Grünen über 53 Prozent. Eine SPD-Parteizugehörigkeit lag nur in 6,3 Prozent der Fälle vor. Der *Münchener Merkur* dagegen lässt SPD-Politiker/innen (es handelt sich fast ausschließlich um den Münchener Oberbürgermeister Ude) in 31 Prozent zu Wort kommen. Mit gut 23 Prozent kommen CSU- und Grünenpolitiker gleich oft vor.

Hinsichtlich der untersuchten Zeitungen im Einzelnen ergeben sich teils deutliche Unterschiede in der Berücksichtigung der verschiedenen Parteien. Hierfür sind aber nicht zwangsläufig parteipolitische Präferenzen der Redaktionen verantwortlich. Vielmehr erscheint die Verteilung dann ausgeglichen, wenn sehr viele politische Akteure vorkommen. Werden dagegen nur wenige Politiker zitiert, erhöhen bereits sehr geringe Unterschiede in den absoluten Zahlen den prozentualen Anteil. Insofern ist das Vorkommen von Parteipolitikern als ein weiterer Indikator auf die (unterschiedliche) Politisierung der Debatte um die Bewerbung zu verstehen.

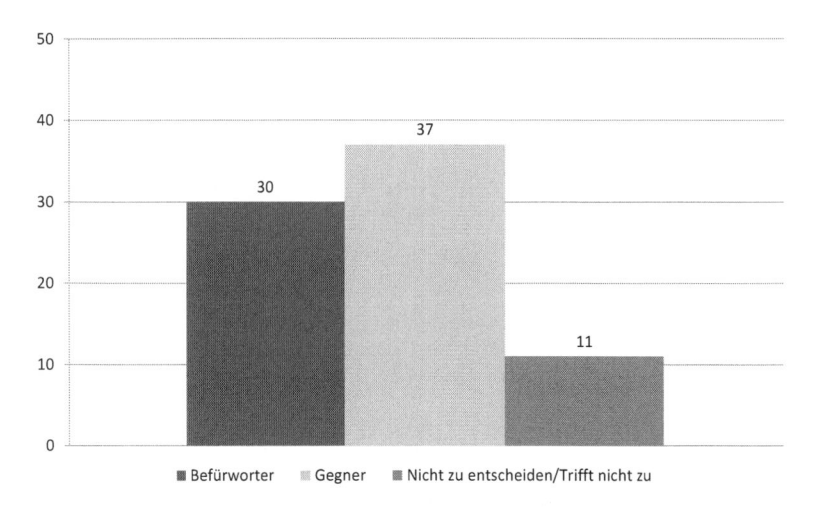

Abbildung 6: Anzahl zitierter betroffener Anwohner in der Berichterstattung, verteilt auf Positionen zur Olympiabewerbung (n=78)

Die Presse gibt auch Anwohnern, die von einer Ausrichtung der olympischen Spiele betroffen wären, Gelegenheit, sich öffentlich zu äußern. Dies geschieht insgesamt 78-mal. Die relative Mehrheit der Anwohner äußert sich dabei ablehnend zur Bewerbung (vgl. Abbildung 6). Am häufigsten werden Anwohner im *Münchner Merkur* (22), der *SZ* (17) und der *taz* (13) zitiert. Die weitaus meisten zu Wort kommenden betroffenen Anwohner stammen aus Garmisch-Partenkirchen (48 bzw. 62 Prozent) und Berchtesgaden (21; 27 Prozent). Davon kommen die meisten Gegner der Bewerbung aus Garmisch-Partenkirchen (76 Prozent), während von betroffenen Münchnern gar keine gegnerischen Stimmen zu vernehmen sind.

Aktive und ehemalige Sportler sprechen sich beinah ausnahmslos für die Bewerbung aus. Vereinzelte Kritiker aus diesem Personenkreis werden allenfalls erwähnt, im Zitat kommen sie gar nicht zu Wort (insgesamt nur vier von 325 genannten, vgl. Abbildung 7). Zieht man auch Sportfunktionäre hinzu, so werden Angehörige des *Sportsystems* insgesamt 697-mal genannt und 359-mal zitiert.

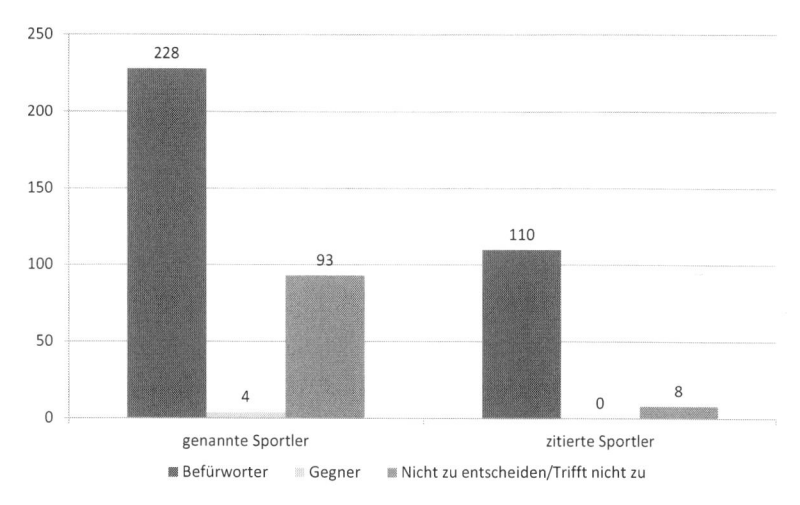

Abbildung 7: Haltung aktiver und ehemaliger Sportlerinnen und Sportler zur Olympiabewerbung
Vergleich genannter und zitierter Sportlerinnen und Sportler
(Genannte n= 325, Zitierte n=118)

Auch aus diesem erweiterten Kreis gibt es kaum kritische Stimmen zur Olympiabewerbung: 14 der Genannten (2 Prozent) bzw. 6 der Zitierten (1,7 Prozent) aus dem organisierten Sportsystem sprechen sich gegen die Spiele in München und Garmisch aus.

Die bisher präsentierten Befunde nehmen strukturelle Eigenschaften der Berichterstattung in den Blick. Auf dieser Ebene konnten wir vor allem die Beteiligung der verschiedenen Akteursgruppen an der Auseinandersetzung aufzeigen. Diese Unterschiede beziehen sich dabei auch auf den differierenden Einbezug der politischen Ebenen. Neben diesen eher formalen Eigenschaften zeichnet sich eine öffentlich geführte Debatte aber stets auch durch ihre eigentlichen Inhalte aus. Aus diesem Grund wurde auch eine tiefergehende Analyse durchgeführt. Das Vorgehen und die Ergebnisse werden im Folgenden dargestellt.

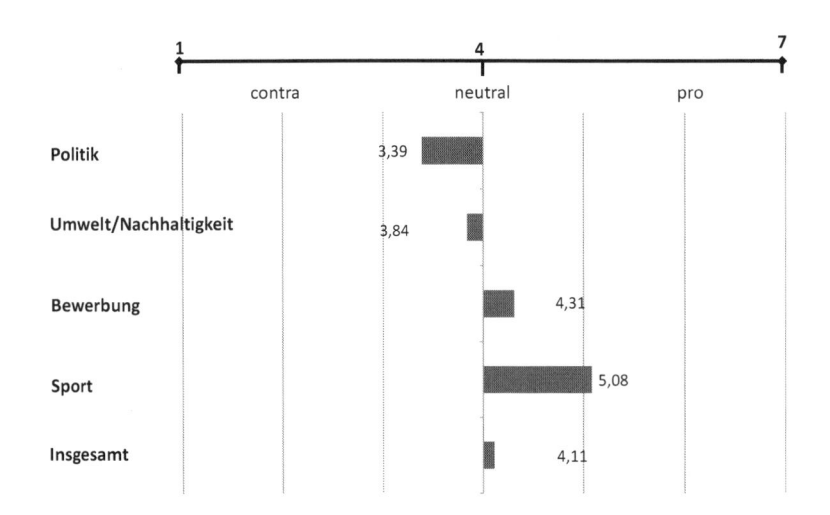

Abbildung 8: Gesamttendenz der untersuchten Berichterstattung zur Olympiabewerbung nach Argumentkategorien
Mittelwerte der Zustimmung bzw. Ablehnung auf siebenstufiger Skala; 1=völlige Ablehnung bis 7=völlige Zustimmung (Basis: n=504)

Argumentationsanalyse
Eine Argumentationsanalyse ermöglicht zweierlei. Zum einen macht sie die Tendenz der Berichterstattung erkennbar und antwortet so auf die Frage, ob in der Presse die Bewerbung eher befürwortet oder eher abgelehnt wurde. Zum zweiten wird eine differenzierte Betrachtung ermöglicht, aus welchen Gründen die eine oder andere inhaltliche Ausrichtung zustande kommt. Dies gilt gleichermaßen für die untersuchte Presseberichterstattung insgesamt als auch für die einzelnen analysierten Titel. Eine klare Tendenz der Printberichterstattung im Ganzen lässt sich nicht erkennen. Vielmehr gleichen sich alle vorgebrachten Argumente (inkl. ihrer latenten Bewertung) soweit aus, dass der Mittelwert nur knapp über der Neutralposition der Bewertungsskala liegt. Anders sieht dies für die Begründungen in den einzelnen Argumentkategorien aus. Hier ist zu erkennen, dass Hauptgründe der Ablehnung der Bewerbung aus dem Bereich der Politik stammen (Mittelwert 3,39 bei insgesamt 140 Argumenten). Gründe für die Bewerbung sind vor allem solche aus dem Sport (5,08/132). Dagegen stammen die meisten Argumente aus dem Bereich *Umwelt/Nachhaltigkeit* (158). Dieses Bild ergibt sich vor allem daraus, dass die politische und sportliche Einschätzung tendenziell in der

Mehrzahl der untersuchten Zeitungen gleich ausfällt, während im Bereich *Umwelt/Nachhaltigkeit* kein so eindeutiges Meinungsklima zum Ausdruck kommt (vgl. Abbildung 9). Darüber wird deutlich, dass in FAZ, Münchner Merkur und Abendzeitung eher für die Bewerbung argumentiert wurde, während sich SZ, FR und vor allem die taz gegen die Spiele positioniert haben

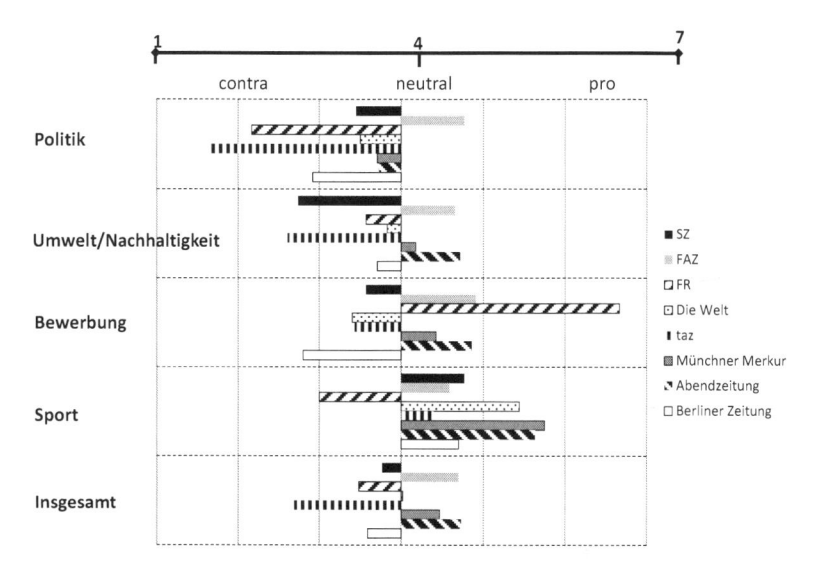

Abbildung 9: Tendenzen der Berichterstattung zur Olympiabewerbung in den untersuchten Zeitungen nach Argumentkategorien
Mittelwerte der Zustimmung bzw. Ablehnung auf siebenstufiger Skala; 1=völlige Ablehnung bis 7=völlige Zustimmung (Basis: n=504; SZ: 90 Argumente, FAZ: 63, FR: 21, Welt: 44, taz: 42, Merkur: 139, Abendzeitung: 63, Berliner Zeitung: 34)[25]

---

[25] In die Abbildung wurde der Tagesspiegel nicht mit aufgenommen, wohl aber in die Mittelwertsberechnungen der unter *Insgesamt* zusammengefassten Tendenzen. Im Tagesspiegel konnten insgesamt lediglich acht Argumente identifiziert werden. Dadurch sind die Mittelwerte in den einzelnen Argumentkategorien von ein bis maximal drei einzelnen Argumenten abhängig, so dass eine Angabe dieser Werte hier nicht sinnvoll erschien. Der Gesamtmittelwert liegt hier bei 3,62 – also in der Gesamttendenz leicht ablehnend gegenüber der Bewerbung.

Zusammenfassung der Ergebnisse der Inhaltsanalyse

Die Berichterstattung über die Olympiabewerbung findet sich nicht nur im Sportteil, sondern auch im Lokal- und Politikressort. Feststellbar ist nur eine geringe Berücksichtigung neuer Protestformen. Die Befürworter der Bewerbung überwiegen zahlenmäßig deutlich; gleichwohl kommen die Argumente der Gegner in der Berichterstattung vor. Bezogen auf die Frage nach dem Zusammenhang von Sport und Zivilgesellschaft lässt sich festhalten, dass die Proteste gegen die Olympiabewerbung 2018 in den deutschen Medien Aufmerksamkeit erzeugt hat. Die Möglichkeit, mit Argumenten zu überzeugen, bestand für beide Seiten. Es handelt sich jedoch eher um lokalen Protest, als um eine größere Bewegung. Eine Besonderheit der Berichterstattung über die Münchener Olympiabewerbung ist eine hohe Beteiligung politischer Akteure (aller Parteien) und insgesamt eine hohe (sport-)politische Aufladung. Die hohe politische Beteiligung führt (möglicherweise) dazu, dass die zivilgesellschaftlichen Gruppen (Bürgerbewegungen) weniger mediale Durchschlagskraft hatten. Die Partizipations- und Repräsentationsprobleme sind in dem Fall der Olympiabewerbung offensichtlich geworden und durch das Bürgerbegehren ansatzweise gelöst.

In den untersuchten Zeitungen zeigen sich unterschiedliche Beurteilungen der Olympiabewerbung. Dabei herrscht insgesamt betrachtet im Bereich *Politik* eine eher ablehnende Haltung vor, im Bereich *Sport* eine eher positive Einschätzung. Besonders kontrovers werden die Argumente zum Aspekt der *Umwelt und Nachhaltigkeit* behandelt.

Fazit: Die Olympiabewerbung unter Mediatisierungseinfluss

Die Olympiabewerbung Münchens liefert Indizien für die zunehmende Mediatisierung des Sports, denn der gestiegene Einfluss außermedialer Akteure und die Differenzierung innerhalb der Medien (in Form von Themen- und Akteursvielfalt) sind zentrale Befunde der vorgestellten Analyse. Bestätigt werden kann der von Imhof als *neuer Strukturwandel der Öffentlichkeit* bezeichnete Umbruch, da die Mehrzahl seiner Indikatoren in der Berichterstattung über die Olympiabewerbung Münchens wiederzufinden sind. Gezeigt werden konnte, dass die Medien den neuen sozialen Bewegungen Aufmerksamkeit verschafft haben, wenn auch nicht in sehr hohem Ausmaß. Auch die (unsichere) Finanzierung sowie die (befürchtete) Umweltzerstörung wurden öffentlich thematisiert. Inwiefern eine Skandalisierung im Sinne Imhofs stattgefunden hat, lässt sich mit der vorliegenden Analyse nicht beantworten. Doch so deutlich die untersuchten Zeitungen Sympathien und Antipathien gegenüber den verschiedenen Akteursgruppen verteilten und die symbolische wie inszenatorische Politik in den Vordergrund stellten – und damit weitere Indikatoren Imhofs bestätigten –, so klar muss auch gesagt werden: der Meinungsstreit wurde nicht weniger.

Gleichzeitig werden auch die Grenzen der Mediatisierung und vor allem der Kommerzialisierung des Sports deutlich, denn die Kritik am Verband (DOSB), der Wirtschaft / den Sponsoren, die ihre Finanzzusagen nicht einhielten, und der (Sport-)Politik fand in den ausgewählten Tageszeitungen ihren Niederschlag. Insgesamt scheint die öffentliche Debatte um die Bewerbung die zivilgesellschaftlichen Kräfte im Sport gestärkt zu haben. Darüber hinaus bleiben das Engagement der Sportler für die Bewerbung, die professionelle Präsentation der Bewerbung durch Katharina Witt sowie der Einsatz der Politik in Erinnerung. Der damalige Bundespräsident Christian Wulf unterstützte die Delegation bei der IOC-Sitzung in Durban, die Bundeskanzlerin wie auch der bayerische Ministerpräsident und vor allem der Münchener Oberbürgermeister haben der Bewerbung eine gute Visitenkarte ausgestellt. Die zivilgesellschaftlichen Kräfte haben die Politik nicht vor sich hergetrieben – aber zu einer weiteren Professionalisierung und Öffnung gedrängt.

Vergleichbar der Auseinandersetzung um *Stuttgart 21* zeigt sich für den DOSB (und die Bewerbungsgesellschaft) das Dilemma für die Kommunikation über Großprojekte: »Die Aufmerksamkeit ist in der Regel dann am größten, wenn sich die Fronten bereits verhärtet haben.« (Brettschneider 2011: 43) Auf dieses Dilemma haben die Vertreter aus den Verbänden und der Politik nur mit Verzögerung reagiert.

Literatur

Adloff, F. (2005). Zivilgesellschaft. Theorie und politische Praxis, Frankfurt a.M./New York: Campus.

Böhnke, P. (2011). Ungleiche Verteilung politischer und zivilgesellschaftlicher Partizipation. *APuZ* 61 (1/2), 17-25.

Brettschneider, F. (2011). Kommunikation und Meinungsbildung bei Großprojekten. *APuZ* 61 (44/45), 40-47.

Dohle, M. & Vowe, G. (2006). Der Sport auf der ›Mediatisierungstreppe‹? Ein Modell zur Analyse medienbedingter Veränderungen des Sports. *Merz* (medien und erziehung) Themenheft: Sport und Medien 50 (6), 18-28.

Früh, W. (2007). Inhaltsanalyse. Theorie und Praxis (6. überarb. Aufl.). Konstanz: UVK.

Geiselberger, H. (Hrsg.) (2007). Und jetzt? Politik, Protest und Propaganda. Frankfurt a.M.: Suhrkamp.

Greven, M. (2009). Die politische Gesellschaft. Kontingenz und Dezision als Probleme des Regierens und der Demokratie (2. akt. Aufl.). Wiesbaden: VS.

Hoecker, B. (Hrsg.) (2006). Politische Partizipation zwischen Konvention und Protest. Opladen: B. Budrich.

Ihle, H. & Nieland, J.-U. (2012). Die Olympiabewerbung 2018 im Spiegel der deutschen Medien. Köln (Schriftenreihe des Instituts für Kommunikations- und Medienforschung) [in Vorbereitung].

Imhof, K. (2003). Politik im neuen Strukturwandel der Öffentlichkeit. In A. Nassehi & M. Schroer (Hrsg.), Der Begriff des Politischen. Grenzen der Politik oder Politik ohne Grenzen? (Sonderband der *Sozialen Welt*, S. 313-329). Baden Baden: Nomos.

Imhof, K. (2006). Mediengesellschaft und Medialisierung. *Medien- & Kommunikationswissenschaft* 54 (2), 191-215.

Jörke, D. (2011). Bürgerbeteiligung in der Postdemokratie. *APuZ* 61 (1/2), 13-18.

Leggewie, C. (2011). Mut statt Wut. Aufbruch in eine neue Demokratie. Hamburg: Edition Körber Stiftung.

Mittag, J. (2011). Sport und Protest. *APuZ* 61 (16-19), 9-14.

Mittag, J. & Nieland, J.-U. (Hrsg.) (2007). Das Spiel mit dem Fußball. Interessen, Projektionen und Vereinnahmungen. Essen: Klartext.

Rivenburgh, N.K. (2002). The Olympic Games: Twenty-First Century challenges as a global Media Event. *Culture, Sport, Society* 5 (3), 32-50.

Rössler, P. (2005). Inhaltsanalyse. Konstanz: UVK.

Roth, R. & Rucht, D. (Hrsg.) (2008). Die sozialen Bewegungen in Deutschland seit 1945. Ein Handbuch. Frankfurt a.M./New York: Campus.

Rucht, D. (2007). Einführung (Protestbewegungen). In Geiselberger (Hrsg.), Und jetzt? Politik, Protest und Propaganda (S. 183-201). Frankfurt a.M.: Suhrkamp.

Schierl, Th. (Hrsg.) (2007). Handbuch Medien, Kommunikation und Sport. Schorndorf: Hofmann-Verlag.

Sport und Protest: Motive und Repertoires von Sportprotest als Ausdruck zivilgesellschaftlichen Engagements

Jürgen Mittag

Politischer Protest zieht als Ausdrucksform gesellschaftlicher Willensbekundung gegenwärtig erhebliche Aufmerksamkeit auf sich.[1] Die Kundgebungen und Demonstrationen zu Beginn der zweiten Dekade des 21. Jahrhunderts – ob nun in Stuttgart, Kairo oder New York (Roth 2012, Kraushaar 2012) – zeugen von höchst spezifischen Artikulations- und Aktionsformen, gleichermaßen aber auch von der anhaltenden Bereitschaft zu »kollektiver, öffentlicher Aktion«. Kennzeichnend für politischen Protest ist, dass von einzelnen gesellschaftlichen Gruppen, die in der Regel nicht über institutionalisierte Zugänge oder formelle Einflussnahme in der Politik verfügen, »Kritik oder Widerspruch zum Ausdruck« gebracht wird, um damit – so ein weiteres typisches Merkmal von Protest – die »Formulierung eines gesellschaftlichen oder politischen Anliegens« zu verbinden (Neidhardt & Rucht 2001, 28).

Sport hat im Zuge der jüngsten Protestereignisse ebenfalls beträchtliche Aufmerksamkeit erzielt, die sich in so unterschiedlichen Formen wie dem Widerstand der Grundstückseigentümer in Garmisch-Partenkirchen gegen die Olympiabewerbung Münchens im Jahr 2010 oder den Protesten von Fußballfans gegen das Mubarak-Regime im Rahmen des »arabischen Frühlings« 2011 widerspiegelt. Dass der (Spitzen-)Sport nicht nur der Popularitätssteigerung dient, sondern dass er auch als Plattform zur Artikulation von Protest dient, findet zwar in zunehmendem Maße in den Medien Beachtung, aus wissenschaftlicher Perspektive gibt es bislang jedoch kaum Untersuchungen zum Thema (vgl. zu den wenigen Ausnahmen Coalter 2007, Zirin 2008).[2] Vor dem Hintergrund dieser Forschungslage beabsichtigt der vorliegende Beitrag exemplarisch

---

[1] Dem vorliegenden Text liegt eine Kurzfassung zugrunde, die im Jahr 2011 (Mittag 2011) veröffentlicht wurde.

[2] So existiert im 250-seitigen Register der achtbändigen *International Encyclopedia of Revolution and Protest. 1500 to the Present* (Ness (Hg.) 2009) kein Eintrag zum Thema Sport. Zum Problemfeld liegen vor allem essayistisch oder akteurszentriert geprägte Abhandlungen vor.

Zusammenhänge zwischen Sport und Protest in Geschichte und Gegenwart aufzuzeigen, um mit Blick auf die beträchtliche Bandbreite dieser Proteste sowohl Motive als auch Artikulationsformen sportbezogenen Protests herauszuarbeiten. Verbunden mit dieser typologisch-systematisierenden Herangehensweise ist darüber hinaus die Frage nach den Wirkungen und nach der Nachhaltigkeit des Protests zu stellen. In diesem Zusammenhang wird insbesondere auf die Frage eingegangen, ob bzw. inwieweit der sportbezogene Protest auch zu strukturellen zivilgesellschaftlichen Reformen im Sinne der Herausbildung von sozialen Bewegungen geführt hat.

Berücksichtigt man die zentrale Rolle, die der Mobilisierung der Massen für Protest zugewiesen wird und die Annahme, dass es eines »Agenten« bedarf, »der kraft seiner Initiative und dank besonderer Mittel und Umstände die Massen produziert, der Menschen aufruft, motiviert und überzeugt, sich auf einen gemeinsamen Auftritt beziehungsweise ein gemeinsamen Handeln einzulassen« (Rucht 2012, 3), dann wird die besondere Bedeutung des Sports deutlich. Sport im Allgemeinen und – angesichts seiner weltweit hohen medialen Aufmerksamkeit – Fußball im Besonderen kann bei der Artikulation von Interessen eine wichtige Rolle zugewiesen werden. Angesichts seines herausragenden Mobilisierungs- und Kommunikationspotenzials (Bette 1990) eignet sich der Sport in ganz besonderer Weise, um als Projektionsfläche für die unterschiedlichsten gesellschaftlichen und politischen Anliegen zu dienen. Damit zeichnet sich eine Verbindung von sportlichen und außersportlichen Anliegen ab, bei der nicht mehr alleine die Ereignisse auf dem Platz zählen, sondern potenziell das gesamte Spektrum politisch-gesellschaftlicher Willensbekundungen berührt wird.

Wenn es um den Zusammenhang von Politik und Sport geht, wird traditionell vor allem das Beispiel von internationalen Sportgroßereignissen angeführt, die von Diktatoren oder Militärregierungen genutzt werden, um durch Erfolge bei Olympischen Spielen oder Fußballweltmeisterschaften sportliche Leistung in politische Zustimmung umzumünzen und letztlich den eigenen Machterhalt zu sichern (vgl. etwa Emmerich 2011). Auch der sogenannte Fußballkrieg zwischen Honduras und El Salvador lässt sich in diese Kategorie einordnen. Jenseits dieser bereits eingehender thematisierten Instrumentalisierung des Sports haben die Überlagerungen von sportlichen und politisch-gesellschaftlichen Interessen in jüngster Zeit weiter zugenommen und sich vor allem ausdifferenziert (Mittag & Nieland 2007). Im vorliegenden Beitrag stehen diejenigen Protestthemen und -formen im Vordergrund, die einen deutlich erkennbaren Sportbezug aufweisen. Dabei kann in motivationaler Perspektive grundlegend zwischen zwei Typen des Protests unterschieden werden: Zum einen haben wir es mit Protestereignissen zu tun, bei denen sportliche Interessen nur am Rande von Bedeutung sind. Hier spielt der Sport insofern lediglich eine Nebenrolle, als das tatsächliche Anliegen des Protests mit dem Sport nur vage zusammenhängt. Der Sport ist hier nur Vehikel für sozialen oder politischen Protest. Daneben gibt es indes auch denjenigen Protest, bei dem genuin sportliche Interessen im Vordergrund stehen und Protestanlass und Protestereignis nur schwerlich vom Sport zu trennen sind.

Protest und Protestforschung im Wandel

Die Forschung zu sozialen Bewegungen hat in den letzten Dekaden einen beträchtlichen Schub erfahren. Es wurden nicht nur traditionelle Forschungsfelder vertiefend erschlossen, wie etwa die sozialen Bewegungen in Lateinamerika, über die nun ein deutlich umfangreicherer empirischer Kenntnisstand vorliegt (vgl. exemplarisch Boris 1998, Eckstein 2001, Mittag & Ismar 2009, Burchardt & Öhlschläger 2012), sondern es wurden auch neue Bewegungen wie beispielsweise die *Occupy-Bewegung* oder die Sozialproteste in Israel einer eingehenderen Analyse unterzogen (Roth 2012). Zugleich gewann die methodische und theoretische Auseinandersetzung mit sozialen Bewegungen an Intensität und Differenzierung (Goodwin & Jasper 2002, Klandermans & Staggenborg 2002, Roth & Rucht 2008, Kern 2008, Opp 2009). Neu aufkommende theoretische Konzepte, wie beispielsweise Ansätze zum Aktionsrepertoire einer Bewegung, Ansätze kollektiver Identität, Framing-Ansätze oder der Ressourcenmobilisierungsansatz, bereicherten die Debatte und führten zu eingehenderen methodischen und theoretischen Diskussionen. Ungeachtet der Bandbreite der vorliegenden, zum Teil miteinander konkurrierenden Ansätze der Bewegungsforschung ist der Analyse des Protests bzw. der Protestereignis in diesem Zusammenhang jedoch vergleichsweise geringe Beachtung als eigenständiges Forschungsfeld gewidmet worden (Koopmans & Rucht 2002).

Der Begriff des kollektiven Protests unterliegt nicht nur zahlreichen Zuschreibungen, sondern er wird auch mit den unterschiedlichsten Deutungszusammenhängen verbunden (z.B. ziviler Ungehorsam, Unruhen/Aufstände, politische Gewalt usw.). Bisweilen werden diese verschiedenen Konzepte – insbesondere seitens der Soziologie – in umfassendere Konflikt, Krisen- und Gesellschaftstheorien eingebunden, vielfach weisen sie jedoch auch keinen oder nur geringen Theorieanspruch auf. Eine klar abgegrenzte Definition von kollektivem Protest oder gar eine einheitliche, kohärente Theorie des Protests ist bislang weder aus historischer noch aus sozialwissenschaftlicher Sicht entwickelt worden (Bonacker & Schmitt 2004, Kolb 2007). Konzentriert man die unterschiedlichen Konzepte und Ansätze auf ihren Kern, lassen sich vier »Leitmerkmale« von Protest ausmachen (Gailus 2005, 130f). 1) Öffentlichkeit/Erregung von Aufmerksamkeit: mit diesem Merkmal ist der grundsätzlich offene, für jeden prinzipiell zugängliche Zugang zu Protest angesprochen, aber auch die Besetzung des öffentlichen Raums im Rahmen der Protestaktivitäten. 2) Kollektivität: in diesem Zusammenhang wird der überindividuelle Charakter von Protestanliegen betont. 3) Direkte Aktion: diese Ausprägung zielt auf die Partizipation und den Ereignischarakter; verdeutlicht wird, dass Proteste in und durch Aktion konstruiert und organisiert werden. 4) Konfliktdimension: das vierte Merkmal betont den Auseinandersetzungscharakter von Protesten und den Anspruch von Kollektiven, ihre Interessen gegen Andere und bestehende Ordnungen durchzusetzen.

Neben diesen vor allem auf die Rahmenbedingungen und Voraussetzungen rekurrierenden Merkmalen wird auch die Reichweite von Protest häufig als wissenschaftliches Analysekriterium für Proteste herangezogen: Drei häufig diskutierte Metakategorien seien kurz genannt: 1) Einteilung nach Mikro- bzw. Makroerklärungsansätzen (Pollack 2000, 48): Mikroperspektiven gehen von handelnden Protestakteuren aus, während Makroansätze hingegen Veränderungen auf der Ebene gesellschaftlicher Strukturen und Rahmenbedingungen betonen, die als Schlüssel für die Entstehung von Protest zu verstehen sind. 2) Einteilung nach dem unterstellten Grad der Rationalität: Hier steht die Vorstellung irrationaler Massen, in denen »sich der Mensch in der Masse zum Tier zurück[entwickelt]« (Hellmann & Koopmans 1998, 94), jenen Ansätzen gegenüber, die die Rationalität der Ziele von Protestbewegungen in den Vordergrund stellen. 3) Einteilung nach identitätsorientierten bzw. strategieorientierten Perspektiven (Cohen 1993): Diese Dimension umfasst einerseits Ansätze, die eine hohe Selbstreferenz und damit Identitätsaspekte des sozialen Protests betonen. Andererseits werden hier Ansätze gebündelt, die an Zielen orientierte Strategien in den Vordergrund stellen.

Die hier knapp skizzierten Merkmale und Dimensionen von kollektivem Protest, die zum Teil in enger Verbindung mit der Bewegungsforschung entwickelt wurden, markieren wesentliche Schwerpunkte und Zugänge westlicher Protestforschung der letzten Jahrzehnte. Die frühe Protestforschung wurde wesentlich von der Generation der 1968er bzw. der Post-1968er getragen, die Diskussionen und Proteste als soziale, fast alltägliche Praxis in der Bundesrepublik etablierte; die Forschung konzentrierte sich historisch primär auf die vor- und frühindustrielle Zeit, etwa auf den Zeitraum zwischen 1790 und 1850. In der älteren Protestforschung wurde hierbei ein stark positiv konnotierter Protest der unteren Schichten – der Unterdrückten, der Macht- und Rechtlosen, der einfachen und ehrlichen Menschen – betont (Gailus 2005, 137ff). Erst zu Beginn der 1990er Jahre kam es zu einer grundlegenden Veränderung in der Protest- und Bewegungsforschung. In Verbindung mit weiteren wissenschaftlichen Kategorien – so etwa der Gewalt – erhielt die akademische Auseinandersetzung mit Protest neue Impulse (Schumann 2001). Nicht zuletzt Protestforschung und Gewaltforschung haben dabei zahlreiche Gemeinsamkeiten und Schnittmengen entwickelt, sind aber keineswegs deckungsgleich.

Zu Beginn der 1990er Jahre differenzierte sich auch die sozialwissenschaftliche Protestforschung weiter aus. Besondere Beachtung erzielte der Ansatz der Protestanalyse,[3] der von einer Reihe von Wissenschaftlern des Wissenschaftszentrums Berlin für Sozialforschung (WZB) unter Führung von Dieter Rucht maßgeblich weiterentwickelt und zu einem eigenständigen wissenschaftlichen Ansatz ausgearbeitet wurde (Neidhardt & Rucht 2001, 31-34). Wie Rucht (2001, 13f) darlegt, verfolgt die Protestanalyse vor allem das Ziel, durch die Auswertung empirischer Beobachtungen von Protestereignissen Erkenntnisse über die Häufigkeit, Beschaffenheit, Form, die beteiligten Akteure, Themen, Mobilisierung sowie die zeitliche und räumliche Dimension der Proteste zu gewinnen. Protest wurde in diesem Zusammenhang als ein interaktiver Prozess zwischen den Protestierenden und der Öffentlichkeit, als ein Sys-

---

[3] Der Begriff der Protestanalyse wird hier synonym mit dem auch häufig in der Literatur verwendeten Begriff der Protestereignisanalyse gebraucht. Als Protestereignis definiert Rucht dabei »kollektive, öffentliche Aktion nicht-staatlicher Träger, die Kritik oder Widerspruch zum Ausdruck bringt und mit der Formulierung eines gesellschaftlichen oder politischen Anliegen verbunden ist« (Rucht, Hocke & Ohlemacher [1992], zitiert nach: Rucht 2001, 19).

tem von Aktion und Reaktion begriffen. Kollektiver Protest galt damit als Ausdruck, sowohl für als auch gleichzeitig gegen etwas einzutreten und im selben Moment für eine Alternative Zeugnis abzulegen (Rucht 2001, 9).

Mit Blick auf die Ausdrucksformen erlaubt der Ansatz der Protestanalyse, Rückschlüsse auf das Aktionsrepertoire des Protests zu ermitteln (vgl. Neidhardt & Rucht 2001, 53-56).[4] Unterschiedliche Aktionsformen können kategorisiert und Ereignisse den Kategorien zugeteilt werden. So kann beispielsweise zwischen Aktionsformen wie justiziellem Protest (etwa dem Anrufen eines Gerichtes), verschiedenen Einspruchsformen (wie Bürgerbegehren), Demonstrationen, Sit-Ins, Blockaden oder Formen von gewaltsamem Protest unterschieden werden. Mit Hilfe dieses Ansatzes, der auch in den nachfolgenden Ausführungen Berücksichtigung findet, lassen sich nicht zuletzt Erkenntnisse über die unterschiedlichen Formen des Protestes und mögliche Veränderungen gewinnen.

Emanzipatorisch motivierter Protest: Appelle an das eigene Milieu und die (Arbeiter-)Turnerbewegung

Dass Sport und anderen Formen der Leibesübungen bereits in historischer Sicht eine wichtige Funktion für Protestanliegen zukam, dokumentiert das Beispiel der deutschen Turnerbewegung. Im frühen 19. Jahrhundert wurden zahlreiche Turnvereine gegründet, die zu Orten des politischen Gedankenaustauschs avancierten. Zu den Zielen der politisierten Turner gehörte vor allem die Forderung nach nationalstaatlicher Einigung. In Abgrenzung zu ausschließlich völkisch-national orientierten Turnern protestierten 1848/49 aber auch zahlreiche Aktive gegen die bestehende Ordnung und kämpften auf den Barrikaden für die revolutionäre demokratische Bewegung. Nach der Niederschlagung der Revolution verzweigte sich die politisch stark fragmentierte Turnerbewegung weiter. Bei den Turnfesten der 1860er Jahre wurde erneut für die Einheit Deutschlands eingetreten. Namentlich Jugendliche und Industriearbeiter, die bald den größten Anteil der Aktiven in den Turnvereinen stellten, begeisterten sich nach dem Ende des ›Sozialistengesetzes‹ 1890 für das Turnen. Es entstanden zahlreiche Arbeiterturnvereine und im Jahr 1893 auch ein zentraler Arbeiter-

---

[4] Anzumerken ist, dass der Begriff des Aktionsrepertoires im Folgenden nicht in dem Sinne verwendet wird, wie er p.e. bei Tilly (1985) Anwendung findet, der sich vor allem auf eine induktiv abgeleitete Kategorisierung der Aktionsformen des Protests bezieht.

Turnerbund (Ueberhorst 1973, Kruke 2012). Dass sich die Arbeiterturnvereine nicht nur als sportliche, sondern auch als gesellschaftliche/soziale Bewegung verstanden, dokumentieren insbesondere politische Forderungen wie die Ablehnung der kapitalistischen Wirtschaftsform und das Eintreten für eine sozialistische Gesellschaft. Die Betonung von spezifischen sozialistischen Elementen des Sports – etwa im Sinne einer Aufhebung der Geschlechtertrennung und demokratisch legitimierter Vereinshierarchien im Sport, aber auch im Lichte eines weniger auf Wettbewerb und stärker auf Solidarität bezogenen Sportverständnisses – charakterisieren die Arbeiterturnvereine als »kritisches Gegengewicht zum bürgerlichen Sport(verständnis)« (Dierker 1983, 54). Der hier zum Ausdruck kommende Gesellschaftsprotest der Arbeiterbewegung ist – zumal sich die bürgerlichen Vereine zunehmend abschotteten – primär als Appell an das eigene soziale Milieu im Sinne gesellschaftlicher Emanzipation zu werten. Zentrale Bedeutung hatten die zahlreichen Arbeitersportfeste, bei denen spezifische Formen des Bewegungsspiels, des Theaters und der Tanz- und Gesangskultur inszeniert wurden. Auf Streiks oder gar gewaltförmige Protestaktionen wurde hingegen verzichtet, so dass die Arbeitersportbewegung eine Mittelstellung zwischen Alternative (zum Bürgertum) und Protest (gegen das kapitalistische Sportverständnis) einnahm (Behrens-Cobet & Zimmer 1983).

Bürger- und menschenrechtlich motivierter Protest: Symbolische Demonstrationen und die Olympischen Spiele 1968

Im Fokus von Protestanalysen zum amerikanischen Sport stehen häufig Beziehungen und Wechselwirkungen zwischen *sport and race*, im Besonderen das Verhältnis von Sport und schwarzen Athleten (Bloom & Willard 2002, Miller & Wiggings 2004, Carrington 2010). Die Rassentrennung führte – wie in zahlreichen Studien nachgewiesen wurde – vor allem in den Südstaaten der USA dazu, dass die afroamerikanische Bevölkerung neben grundsätzlichen Einschränkungen in ihren Bürgerrechten auch Restriktionen bei der Ausübung des Breiten- und Profisports erfuhr. Kritik an dieser Diskriminierung wurde zeitgenössisch u.a. vom amerikanischen Soziologen Harry Edwards geübt, der sich nicht nur gegen die seinerzeitige Bürgerrechtssituation in den USA aussprach, sondern sich in seinen Schriften auch gegen das Apartheids-Regime und den Rassismus in Südafrika wandte. Initiiert wurde von Edwards ein *Olympic Project for Human Rights*, dessen prominenteste Aktivität in der Forderung nach einem Boykott der Olympischen Spiele 1968 in Mexiko durch farbige Sportler bestand. Der Sportlerboykott schlug indes fehl. Zurückzuführen war dies u.a. darauf, dass die Apartheidstaaten an den Olympischen Spielen in Mexiko 1968 letztlich nicht teilnehmen durften. Zu Protestaktivitäten kam es dennoch: Namentlich die beiden afroamerikanischen Leichtathleten Tommie Smith und John Carlos, die beim 200-Meter-Lauf den ersten und dritten Platz belegt hatten, traten mit ihrem symbolischen Protest hervor. Beide erschienen ohne Schuhe, nur auf schwarzen Strümpfen zur Siegerehrung. An ihren Trainingsjacken, wie auch an der des zweitplatzierten Australiers Peter Norman, heftete ein Button des *Olympic Projects for Human Rights*. Auf dem Podest reckten Smith und Carlos ihre jeweils mit einem schwarzen Handschuh bekleideten Fäuste nach oben – das Zeichen der *Black-Power-Bewegung*. Dieser symbolische Protest des *Black Power Salute* ging nicht nur in die Olympiageschichte, sondern als vielfach reproduziertes Bild auch in das kollektive Gedächtnis ein. Für die beiden Leichtathleten hatte der Protest jedoch zunächst unangenehme Konsequenzen: Sie wurden vom US-Verband nicht nur aus dem olympischen Dorf verwiesen, sondern auch aus dem Nationalkader ausgeschlossen und mussten in der Folge ohne Fördergelder auskommen (Henderson 2009). Erst Jahrzehnte später wurden sie rehabilitiert, als ihr Protest als wichtiger Beitrag für den Kampf um Bürgerrechte und Gleichberechtigung anerkannt wurde (Bass 2002, Witherspoon 2008, Brewster 2010). In Deutschland steht der Ringer und Arbeitersportler Werner Seelenbinder für einen symbolisch ähnlichen, politisch aber gänzlich anders motivierten individuellen Protest. Seelenbinder, der Mitglied der KPD war und 1928 zur deutschen Delegation bei der Spartakiade der Roten Sportinternationale in Moskau gehörte, verweigerte nach seinem Titelerfolg bei der Deutschen Ringermeisterschaft 1933 während des Abspielens des Deutschlandlieds ebenso den Hitlergruß wie im gleichen Jahr der Fußballer des VfB Dobberzin, Walther Pahl, der vom DFB ausgeschlossen und gesperrt wurde.

Ein weiteres prominentes Beispiel dafür, dass das Motiv der Verteidigung von Bürger- und Menschenrechten am Ende der 1960er Jahre zu verstärkten Protesten mit demonstrativem Charakter führte, ist das Apartheid-Regime in Südafrika. Hier wurde die nicht-weiße Bevölkerung seit 1948 in sämtlichen Lebensbereichen benachteiligt und eingeschränkt. Diese Benachteiligung schlug sich auch im Sport nieder: bei den Aktiven auf dem Spielfeld und bei den Fans auf den Tribünen, die strikt nach Hautfarbe getrennt wurden. Diese Segregation führte zu starkem internationalen Druck auf das südafrikanische Regime, der letztlich zur Folge hatte, dass Südafrika zum Ende der 1960er Jahre in fast allen Disziplinen die Teilnahme an internationalen Wettbewerben untersagt wurde. Eine maßgebliche Ausnahme bildete indes Rugby, neben Cricket und Fußball die beliebteste Mannschaftssportart in Südafrika. Die nachgiebige Haltung des International Rugby Board provozierte vehemente Proteste gegen Südafrika: Dies wurde vor allem 1969/70 deutlich, als die südafrikanische Rugby-Nationalmannschaft zu einer Tour durch England, Wales und Irland antrat. »Vor den Stadien demonstrierten Zehntausende von Apartheidgegnern. Sie veranstalteten Sitzblockaden, stürmten das Spielfeld, machten das Geläuf durch Glasscherben unbespielbar«, summiert der Afrikaexperte Bartholomäus Grill die Proteste. Doch der Protest beschränkte sich nicht nur auf die Spiele, sondern beeinträchtigte auch den Alltag der Spieler: Im Hotel »verklebten Studentinnen die Schlösser der Hoteltüren, um die Anreise der Aktiven zu verzögern. Busfahrer chauffierten sie an falsche Spielorte. Techniker der BBC weigerten sich, die Begegnungen zu übertragen.« (Grill, 2010, 58) Solchen und ähnlichen weiteren Protestaktionen kommt in politischer Hinsicht erhebliche Bedeutung zu, führten sie doch zur sportlichen Isolierung Südafrikas. Der damit verbundene Prestigeverlust zeigte sich nicht zuletzt beim FIFA-Ausschluss 1976 und setzte das Apartheidsregime, so die bisweilen geäußerte Anschauung, stärker unter Druck als alle Waffenembargos und Wirtschaftsblockaden zusammen (Krumpholz 1991, Booth 1998).

Dass Menschenrechte und Olympia auch in der Gegenwart eine Folie für Proteste bieten, dokumentiert das Beispiel der saudiarabischen Springreiterin Dalma Rushdi Malhas. Neben Qatar und Brunei war Saudi-Arabien der einzige Staat, der bis 2012 keine weiblichen Athletinnen zu den Wettbewerben delegiert hatte. Aufgrund ihrer sportlichen Leistung wurde Malhas – die bei den vorangegangenen Olympischen Jugendspielen, bei denen sie auf Einladung des IOC gestartet war, ohne von ihrem NOK entsandt worden zu sein, und die Bronzemedaille gewann – als ernsthafte Kandidatin betrachtet. Die Religionsführer in Saudi-Arabien akzeptieren dies jedoch nicht und das Nationale Olympische Komitee um Nawaf Bin Faisal schloss sich dieser Perspektive an. Vor diesem Hintergrund sind Stimmen laut geworden, die einen Ausschluss Saudi-Arabiens von Olympia fordern. So plädierte u.a. die Menschenrechtsorganisation *Human Rights Watch* unter Hinweis auf die Olympische Charta für einen entsprechenden Schritt.

Religiös motivierter Protest: Kriegsdienstverweigerung und Sportprominenz

Die Goldmedaille bei den Olympischen Spielen 1960 in Rom im Boxen in der Halbschwergewichtsklasse und vor allem der WM-Titel im Schwergewicht 1964 machten Muhammad Ali, zunächst noch unter seinem Geburtsnamen Cassius Clay, zu einem der populärsten US-amerikanischen Sportler. Neben dem sportlichen Erfolg weckte aber auch die auffällige Selbstinszenierung des Boxers weltweite Aufmerksamkeit. Als er im Jahr 1964 zum Islam konvertierte, sich in Muhammad Ali umtaufen ließ und es aus religiöser Überzeugung ablehnte, seiner Einberufung zum Militärdienst in Vietnam Folge zu leisten, erregte dies weit über die USA hinaus Aufmerksamkeit. Muhammad Ali erklärte im April 1967, dass er als Priester der religiösen Gemeinschaft *Nation of Islam* keinen Militärdienst leisten könne. Daraufhin entzog ihm die New York State Athletic Commission die Boxlizenz, der Weltmeistertitel wurde ihm aberkannt. Muhammad Ali erhielt eine Haftstrafe auf Bewährung, blieb aber gegen Kaution auf freiem Fuß. In den folgenden Jahren durfte er weder in den USA noch im Ausland boxen (Marqusee 2005). Seine Lizenz erhielt er erst im September 1970 zurück; 1971 entschied der Supreme Court zu Muhammad Alis Gunsten, dass er aus Gewissensgründen von der Wehrpflicht zu befreien gewesen wäre, womit das Gerichtsurteil aufgehoben wurde. Mit seiner demonstrativ zur Schau gestellten Haltung avancierte Muhammad Ali als Kriegsdienstverweigerer zeitweilig zur Ikone der schwarzen Protestbewegung bzw. des afroamerikanischen Kampfes gegen das weiße Establishment – und das, obwohl er sich selbst nicht als Teil der Bewegung verstand. In typologischer Hinsicht steht Muhammad Ali als Beispiel dafür, welche Aufwertung die Artikulation von Protest im Sport durch den Faktor Prominenz erfährt.

Die Vielschichtigkeit von religiös motiviertem Protest verdeutlicht ein ganz anders gelagerter Fall, der primär medial inszeniert war. Im ›Sommerloch‹ des Jahres 2009 nahmen türkische Medien in Deutschland eine Passage des Vereinsliedes von Schalke 04 ins Visier, durch die sie den Propheten Mohammed verhöhnt sahen. Angesichts der dort formulierten Aussage, dass Mohammed nichts vom Fußballspielen verstehe, wurde ein Boykott der kommenden Bundesligaspiele von Schalke angedroht. Erst als ein islamwissenschaftliches Gutachten feststellte, dass in der besagten Passage keinerlei den Islam inkriminierende Gesinnung zum Ausdruck komme, verebbte der Protest.

Sozial motivierter Protest: Solidaritätsbekundungen von Bergbau und Fußball

Wiederholt wurde Sport auch zur Bühne von sozial motivierten Protestbekundungen. In Deutschland machte sich dies exemplarisch im Kontext des Strukturwandels des Ruhrgebiets in den 1980er Jahren bemerkbar. Die Diskussionen über Zechenschließungen erreichten im Revier einen vorläufigen Höhepunkt, als die Kumpel der Zeche Westerholt im Gelsenkirchener Parkstadion beim Spiel von Schalke 04 gegen Bayern München für den Erhalt ihrer Arbeitsplätze demonstrierten. Hintergrund war der *Internationale Aktionstag*, zu dem die Bergbaugewerkschaft IGBE am 29. September 1987 im Ruhrgebiet aufgerufen hatte. Dieses Zusammenwirken von Arbeitern und Sport blieb keineswegs ein Einzelfall. Im März 1995 zogen beispielsweise bei einer Partie des saarländischen Regionalligisten Borussia Neunkirchen gegen den Bonner SC rund 3.000 Fußballanhänger zusammen mit Bergleuten von der Innenstadt ins Stadion, wo die Kumpel rund um das Spielfeld eine Menschenkette bildeten, während Borussia Neunkirchen mit dem Statement »Ja zur Kohle« auf den Trikots auflief. Zu ähnlichen Solidaritätsbekundungen kam es zwei Jahre später, als am 14. Februar 1997 mehr als 200.000 Menschen eine Kette vom Osten zum Westen des Ruhrgebiets bildeten und sich auch die Mannschaft des VfL Bochum nahtlos einreihte. Beim Revierderby zwischen Bochum und Schalke einen Monat später liefen beide Mannschaften gemeinsam mit 50 Bergarbeitern auf, die mit Fahnen und Transparenten den Erhalt des Bergbaus forderten (Luh 2002).

Nationalstaatlich motivierter Sportprotest: Olympiaboykotte als Instrumentarium internationaler Politik

Neben Einzelpersonen und Verbänden haben sich auch Staaten der Projektionsfläche des Sports zu Protestzwecken bedient (Riordan & Krüger 1999, Levermore & Budd 2004). Bereits im Jahr 1906, bei den inoffiziellen Zwischenspielen in Athen, hatte der irische Silbermedaillengewinner im Weitsprung Peter O'Connor einen Fahnenmast erklommen und auf diesem die irische Flagge geschwenkt. Er protestierte damit gegen die Bestimmung, unter britischer Fahne antreten zu müssen, da das zu diesem Zeitpunkt nicht unabhängige Irland kein eigenes olympisches Komitee besaß. Bei den Olympischen Spielen 1908 in London war es das gesamte finnische Team, das auf eine Fahne verzichtete, um nicht hinter der Flagge des zaristischen Russlands zu marschieren.

Doch vor allem der Kalte Krieg führte zu einer Vereinnahmung und Funktionalisierung des Sports zu nationalen Zwecken in bisher unbekanntem Ausmaß. 1928 begann sich der Wettstreit der Systeme bereits abzuzeichnen – mit den Spartakiaden trugen die Sowjetunion und weitere Staaten ihre eigenen internationalen Wettkämpfe aus und boykottierten die Olympischen Spiele. Bis 1952 verzichtete die Sowjetunion auf die Teilnahme an Olympia. Auch China verweigerte von 1958 bis 1980 eine Teilnahme an den olympischen Spielen aus ähnlich motivierten Gründen: Da der *Republik China auf Taiwan* die Teilnahme an den Spielen erlaubt worden war, kam für China vor dem Hintergrund der *Ein-China-Politik* die Mitwirkung eigener Sportler nicht infrage.

Drei unterschiedliche, aber durchweg nationalstaatlich motivierte Varianten von Sportprotest kamen bei den Olympischen Spielen 1956 in Melbourne zum Tragen. Der demonstrative Teilnahmeverzicht von Ägypten, dem Irak, Kambodscha und dem Libanon wurde mit dem Protest gegen Israels Invasion der Sinai-Halbinsel im Zuge der Suezkrise begründet. Die Niederlande, Spanien und die Schweiz boykottierten hingegen die Wettbewerbe, um damit gegen die Niederschlagung des Volksaufstands in Ungarn im Kalten Krieg zu protestieren (Wagg & Andrews 2006). Vor Ort zeigten neben den Ungarn als amtierenden Olympiasiegern im Wasserball auch die Zuschauer besonders deutlich ihren Protest: Das Halbfinale im Wasserball zwischen Titelverteidiger Ungarn und der Sowjetunion ist als *Blutbad von Melbourne* in die Annalen der Olympiageschichte eingegangen. Das Spiel wurde nach anfänglichen Provokationen der Ungarn von beiden Seiten mit äußerster Härte geführt. Zugleich protestierten aber auch die australischen Zuschauer gegen die Sowjetunion und ergriffen derart stark Partei, dass das Spiel abgebrochen werden musste.

Ein ähnliches Protestereignis zeigte sich beim Eishockeyspiel zwischen der Sowjetunion und der Tschechoslowakei im Rahmen der Weltmeisterschaft 1969 in Schweden. Der Wettbewerb wurde von Stadionzuschauern und Medien zum Anlass genommen, um ihren Unmut gegen die Niederschlagung des Prager Frühlings zu bekunden (Ganzenmüller 2007). Die deutsch-deutschen Beziehungen im Kalten Krieg führten ebenfalls zu demonstrativem sportbezogenem Protest (Balbier 2006, Stiftung Haus der Geschichte der Bundesrepublik Deutschland 2009). So sorgte der sich an die Flucht des prominenten DDR Mittelstreckenläufers Jürgen May, DDR-Sportler des Jahres 1965, anschließende Protest der DDR gegen eine Starterlaubnis bei der Leichtathletik-Europameisterschaft 1969 in Athen dafür, dass der westdeutsche Leichtathletik-Verband den Entschluss fasste, seinerseits die Wettbewerbe zu boykottieren und lediglich mit Staffeln anzutreten.

Die drei Olympischen Spiele zwischen 1976 und 1984 stellten den Höhepunkt der internationalen Proteste und Boykotte im Sport dar. 1976 reisten über 20 nationale Teams aus Montreal ab, um auf diese Weise gegen die neuseeländische Rugby-Nationalmannschaft zu protestieren, die im Vorfeld der Olympischen Spiele in Südafrika aufgelaufen war. Im Jahr 1980, auf dem Höhepunkt des Kalten Kriegs, erklärten die USA, aus Protest gegen den sowjetischen Einmarsch in Afghanistan nicht an den Spielen in Moskau teilzunehmen. Diese Entscheidung hatte erhebliche Folgen: Rund 40 Staaten, darunter auch die Bundesrepublik, schlossen sich den USA an. Und 16 der in Moskau anwesenden Staaten protestierten dort gegen den Einmarsch der Sowjetunion in Afghanistan – so zeigten sie etwa bei der Eröffnungsfeier keine Nationalflagge, sondern stattdessen die Olympische Fahne bzw. die Flagge des nationalen Komitees; weitere sieben Staaten schickten zwar einen Fahnenträger, aber keine Athleten zur Eröffnung. Die Protestaktivitäten zeigten auch noch vier Jahre später Konsequenzen: Im Jahr 1984 verzichteten neben der Sowjetunion noch 13 weitere Staaten als Reaktion auf den Boykott von Moskau auf ihre Teilnahme an den Sommerspielen in Los Angeles.

Das vorläufige Ende der Boykottaktivitäten von Staaten bzw. Nationalen Olympischen Komitees markierte der Boykott der Olympischen Spiele 1988 in Seoul durch Nordkorea, Kuba, Äthiopien und Nicaragua. Dass Olympische Spiele aber weiterhin einen idealen Resonanzboden für Protest bieten, wurde deutlich, als in Athen 2004 Arash Miresmaeili aus dem Iran sich weigerte, gegen den Israeli Ehud Vaks im Judo anzutreten bzw. vier Jahre später der Schwimmer Mohammad Alirezaei über 100 Meter Brust eine ähnliche Position bezog. Die anhaltende Tendenz zu nationalstaatlich motivierten Sportprotesten, vor allem in Verbindung mit israelischen Athleten, zeigte sich, als die Vereinigten Arabischen Emirate im Februar 2009 der israelischen Tennisspielerin Shahar Pe'er kein Einreisevisum ausstellten, so dass die Spielerin nicht am Frauenturnier teilnehmen konnte. Ihre amerikanische Kollegin Venus Williams nahm dies zum Anlass, bei der Siegerehrung wiederum demonstrativ die »Schande« des Ausschlusses zu brandmarken. Im Jahr 2011 war es die Fechtweltmeisterschaft in Catania, bei der die aus Tunesien stammende Degen-Meisterin Sarra Benes zunächst protestierte, gegen ihre Kontrahentin Noam Mills aus Israel anzutreten und schließlich entschied, sich demonstrativ ohne Gegenwehr besiegen zu lassen.

Die Protestaktivitäten bei den jüngsten Olympischen Spielen wiesen nicht mehr das Ausmaß und den Umfang auf wie die Boykotte der 1970er und 80er Jahre, unverändert wurde das Sportgroßereignis Olympia aber für sportbezogenen Protest genutzt: Im Vorfeld der Olympischen Spiele in China 2008 war es der Fackellauf, der wiederholt zum Ziel von Protesten wurde, bei denen sich vor allem gegen die Tibet-Politik Chinas ausgesprochen wurde (Horne & Whannel 2010). Im Vorfeld der Olympischen Spiele in London 2012 war es hingegen das indische NOK, das gegen den IOC-Sponsor Dow Chemical protestierte, der als Rechtsnachfolger für die Giftgaskatastrophe im Chemiewerk von Bhopal im Jahr 1984 und ausbleibende Entschädigungszahlungen verantwortlich gemacht wurde. Indien drohte in diesem Zusammenhang zeitweilig mit einem Boykott der Spiele.

Freiheitlich motivierter Protest gegen politische Unterdrückung: Identitätsstiftende Demokratiebekundungen

Zu den sichtbarsten Formen von politischem Protest gehören Transparente, Plakate und Banner, die – soweit sie politischen Charakter haben – bei internationalen Sportgroßereignissen jedoch unterbunden werden. Bereits bei der Fußballweltmeisterschaft 1974 in Deutschland hatten in der Halbzeitpause des Vorrundenspiels Chile gegen Australien Jugendliche die Absperrungen überwunden und ein Transparent mit der Aufschrift: »Chile – Socialista« aufgerollt, mit dem sie gegen die Militärjunta in Chile demonstrierten. Der Rekurs auf politische Freiheit bzw. der Protest gegen politische Unterdrückung wurde auch im 21. Jahrhundert wiederholt über den Sport vermittelt: So schlug im Jahr 2001, nach einem Sieg des Irans gegen Irak im Fußball, die Siegesfeier in eine politische Demonstration gegen die Führung des Landes um. In jüngerer Zeit ist es zu verstärkten Protestaktivitäten für die Demokratie gekommen, bei denen vor allem auf symbolischen und identitätsstiftenden Protest gesetzt wurde.

Besonders deutlich macht dies der Protest der beiden zimbabwischen Topspieler Andy Flower und Henry Olonga beim u.a. in Zimbabwe ausgetragenen Kricket-Weltcup 2003. Beide Spieler trugen schwarze Armbänder, um auf den Terror des diktatorisch regierenden Präsidenten Mugabe aufmerksam zu machen. Sie erklärten, dass sie gegen den »*Tod der Demokratie*« protestierten, der in Menschenrechtsverletzungen und der staatlich sanktionierten Folter sichtbar wird. Diese Protestaktion sorgte für erhebliche Einschränkungen der beiden Sportler: Beide Spieler mussten Zimbabwe verlassen und durften nicht mehr im Nationalteam spielen (Batts 2010). Sechs Nationalspieler des Irans machten 2009 beim WM-Qualifikationsspiel gegen Südkorea durch eine ähnliche Protestaktion auf sich aufmerksam: Mit grünen Schweißbänder am Arm trugen sie die Farbe des Oppositionsführer Hossein Mussawi und der Demokratiebewegung. Auch in diesem Fall hatte die Protestaktion Konsequenzen für die Spieler, die sich mit Sanktionen des eigenen Verbands und Nachteilen für die Profikarriere auseinanderzusetzen hatten.

Kaum bekannt sind bislang Aktionen von Sportlern gegen Umweltschäden oder Atompolitik. Eine der wenigen Ausnahmen markiert der Protest der Schweizer Nationalmannschaft gegen französische Atomtests 1995. Beim Spiel gegen Schweden zeigte die *Nati* ein Banner mit der Forderung *Stop it Chirac*. Und auch im Zuge der Bauarbeiten für die Olympischen Winterspiele in Sochi 2014 wurde von Umweltorganisationen wiederholt auf Verstöße gegen russisches Umweltrecht verwiesen.

Der Einsatz von Fans für Demokratieanliegen ist hingegen weitaus stärker belegt. In Ägypten ist unlängst den *Ultras Ahlawy*, einer 2007 gegründeten Ultragruppe, die den ägyptischen Fußballverein Al-Ahly unterstützt, eine zentrale Rolle bei den Protesten gegen den früheren Präsidenten Mubarak zugeschrieben worden, da sie tagelang den Tahrir-Platz verteidigten (Krauss 2011). Auch Einzelpersonen sind im Zuge des arabischen Frühlings als Anwälte der Demokratie in Erscheinung getreten. Ein prominentes Beispiel ist der ehemalige ägyptische Nationaltorwart Nader El-Sayed. Er ergriff vor dem Sturz Mubaraks in Kairo bei einer Demonstration auf dem Tahrir-Platz das Wort und forderte wiederholt »Revolution bis zum Sieg!«. Ein entsprechendes Video dieser Aktion, das ihn in Kairo bei den Aufständen zeigt und seine Sympathie für den politischen Protest dokumentiert, hat Nader El-Sayed auf seiner Facebook-Seite gepostet.

Verteilungskonflikte als Motiv: Streiks und Aussperrungen im Profisport

Bildete bei den bislang angeführten Protestformen und -motiven der Sport eher den Anlass als das Thema, so steht der Sport bei den nachfolgenden Beispielen selbst im Mittelpunkt. Zu den gewissermaßen klassischen sportbezogenen Protestformen gehören die Verteilungskonflikte in den großen amerikanischen Profiligen. Hier ist es in der Vergangenheit wiederholt zu regelrechten Arbeitskämpfen zwischen Spielern und Arbeitgebern gekommen. Während die Spieler dabei auf das Instrument des Streiks zurückgreifen, setzen die Klub- bzw. Ligenbesitzer auf die Möglichkeit der Aussperrung. Einen Höhepunkt der Arbeitskämpfe stellten die Jahre 1994/95 dar. Im Eishockey konnte diese Saison erst mit 103 Tagen Verspätung im Januar 1995 beginnen, da die Klubbosse ihre Spieler aufgrund eines Ausschlusses zunächst nicht auflaufen ließen: Spielergewerkschaft und Klubbesitzer hatten sich nicht auf eine Gehaltsobergrenze einigen können. Während die Fans sich mit Spielen aus der Konserve am Bildschirm begnügen mussten, verbrachten zahlreiche Profis die Ausschlussperiode bei europäischen Teams. Den Baseball-Fans erging es in dieser Saison nicht besser. Hatte es hier seit 1972 bereits sieben Streiks gegeben, in denen es um Arbeitsvertragsregelungen ging, kam es am 12. August 1994 zu einem der längsten Streiks überhaupt. Die Auseinandersetzung konnte erst durch einen Richterspruch nach 232 Tagen beendet werden; man verständigte sich auf eine verkürzte Spielzeit (Staudohar 1997). Im amerikanischen Basketball, bei dem es bis dahin im Gegensatz zu den anderen amerikanischen Major Leagues keine längeren Arbeitsunterbrechungen gegeben hatte, kam es in der Saison 1998/99 zu einem ähnlich langen Streik. Die Besitzer wollten im Rahmen eines neuen Arbeitsvertrages aufgrund der sinkenden Ligaeinnahmen rigide Gehaltsobergrenzen einführen, was die Spieler ablehnten. Nach einem 202-tägigen Ausschluss konnte die Spielzeit erst im Februar 1999 beginnen; statt der der üblichen 82 Begegnungen wurden nur noch 50 Spiele pro Mannschaft ausgetragen. Dass die Arbeitskämpfe im US-Profisport weiter anhielten, zeigte sich 2005, als erstmals in der Geschichte der NHL eine komplette Spielzeit abgesagt wurde.

Im europäischen Sport setzen Profisportler ebenfalls auf Streiks, das Ausmaß der Streikaktivitäten ist hier jedoch weitaus begrenzter. So kam es u.a. in den 1990er Jahren im spanischen Fußball in der Primera División zu Streiks, im März 1996 im Zuge der Proteste gegen das Bosman-Urteil auch in der italienischen Liga. In der laufenden italienischen Saison ist es ebenfalls zu Streikandrohungen im Zuge der Debatte über ein novelliertes Vertragssystem gekommen, das u.a. vorsah, die Kündigungsfristen der Vereine und die Rahmenbedingungen für das Training zu ändern. An Grenzen stießen die Drohungen jedoch in der Öffentlichkeit, da man hier die Forderungen der Spieler für überzogen hielt; vergleichbares gilt für den Trainingsstreik der französischen Équipe tricolore bei der WM 2010.

Erhebliche Aufmerksamkeit zogen auch die Fahrerstreiks bei der Tour de France 1998 und 2007 auf sich. 1998 protestierten die Fahrer gegen die Festnahme von 19 Profis: Bei der nächsten Etappe ging ein Teil der Profis mit 90 Minuten Verspätung ins Rennen, um gegen ihre pauschale Kriminalisierung als Dopingsünder zu protestieren. Der verspätete Start von Angehörigen der im Juli 2007 von acht Teams gegründeten *Bewegung für einen sauberen Radsport* auf der 16. Etappe der Tour de France zielte hingegen auf die des Doping verdächtigten Mitfahrer.

Dass neben öffentlichkeitswirksamen Streiks und den noch weitaus häufiger anzutreffenden Presse- oder Trainingsboykotts von einzelnen Profis oder ganzen Vereinen auch auf rechtliche Protestinstrumente gesetzt wird, um die eigenen ökonomischen Interessen zu behaupten, dokumentiert der viel diskutierte Bosman-Fall, bei dem Jean Marc Bosman zur Wahrung seiner Interessen vor ein belgisches Gericht zog, das seinerseits wiederum zur Klärung der Sachlage den Europäischen Gerichtshof im Rahmen eines Vorabentscheidungsverfahrens anrief.

Kommerzialisierungskritik als Motiv: Fanaktionen im Fußball

Im unmittelbaren Zusammenhang mit Sport – vor allem mit Fußball – stehen auch die Proteste von Fans gegen Kommerzialisierungstendenzen im Profisport. War es lange Zeit allenfalls Protest gegen überteuertes Bier im Stadion oder unbeliebte Spieler, sind in der letzten Dekade Protestverhalten, Protestziele und Protestformen der Fans deutlich differenzierter geworden. Zu den einfachsten, aber wirksamsten Protestformen der Anhänger gehört die schlichte Abstinenz beim Fernsehsport. Besonders deutlich wurde dies, als am 27. August 2001 die 39. Bundesligasaison startete und die *ran*-Fußballshow des Privatsenders *Sat.1* statt um 18.30 Uhr nunmehr um 20.15 Uhr begann. Die Zuschauer quittierten die Verlegung der Sendezeit des Fußballs im frei empfangbaren Fernsehen, die vom Medienmogul Leo Kirch veranlasst worden war, um seinen Pay-TV-Sender *Premiere* zu stärken, mit einer bis dahin nicht gekannten Abstrafung. Eine Quote von nur 2,23 Millionen Fernsehzuschauern zum Saisonauftakt machte deutlich, was der Fan vom neuen Sendeplatz hielt, hatten doch in der Vorsaison noch regelmäßig bis zu sieben Millionen Zuschauer *ran* eingeschaltet. Nach nur wenigen Wochen wurde die Sendung wieder auf den früheren Sendeplatz verlegt.

Einige Monate zuvor hatte bereits ein anderer Protest erhebliche Aufmerksamkeit erzielt: Die Initiative *Pro15.30*, deren Ursprung auf einer Website im Internet lag, forderte mit Plakaten und T-Shirts die deutliche Entzerrung des Spieltags: So wurde am 27. Spieltag beim Spiel München gegen Bremen mit etwa mit 20.000 Papptafeln aufgewartet. Dabei ging es den Protestlern vor allem um die Abschaffung des Sonntags als regulären Spieltag sowie um die Festlegung auf 15.30 Uhr als reguläre Anstoßzeit. Beachtung erfuhren auch Aktionen von Fans, die gegen die Umbenennung von Stadien oder die Änderung von Vereinsfarben protestierten. So wollten Fans des Nürnberger FC den Namen *easyCredit-Stadion* verhindern – und sammelten 5.000 Unterschriften. Protestiert wurde auch gegen zunehmend kommerziellere Bewirtschaftungsformen in den Stadien, gegen reine Sitzplatzarenen oder gegen VIP-Logen. Gegen die Verlegung von Bundesligaspielen auf den Sonntagnachmittag wurde im Frühjahr 2009 im Amateurlager massiv, aber dezentral protestiert, vor allem durch Plakate, aber auch im Rahmen von Gremiensitzungen. Und auch bei den Montagsspielen in der Zweiten Fußballbundesliga wurde in den ersten Minuten von Spielen wiederholt auf Fanunterstützung verzichtet, um so die Ablehnung des ungeliebten Spieltermins zu bekunden.

Nimmt man England in den Blick, muten die sportbezogenen Protestformen Deutschlands noch relativ verhalten an. Wechselnde Eigentümer, horrende Eintrittspreise und die immer stärker kommerzialisierte Eventkultur in den Stadien haben in England zu erheblichen Protesten geführt, die weit über das Ausmaß der Aktivitäten in Deutschland hinausgehen. Am bekanntesten sind sicherlich die vehementen und anhaltenden Proteste in Manchester gegen die Eigentümerfamilie um Malcolm Glazer, die im Jahr 2005 den Verein mit einem Bankdarlehen gekauft hat, dieses dann auf den Verein übertragen und ihn dadurch mit einer enormen Schulden- und Zinssumme belastet hat. Die Fans von Manchester United entwickelten die unterschiedlichsten Proteststrategien: So folgten sie einem Beispiel des AFC Wimbledon und gründeten den *FC United of Manchester* neu, trugen neue Vereinsfarben (Grün-Gold, die Farben des Newton Heath Football Club, wie United bis 1902 hieß) und versuchten, die Mehrheit am Verein zu übernehmen, um dann die Glazers gewissermaßen auskaufen zu können (Brimson 2006). Auch Sportproteste in der Schweiz haben in jüngster Zeit wiederholt Aufsehen erregt. Während die Fans des FC Luzern im Oktober 2010 mit roten Karten in der Fankurve gegen die Verlegung von Kunstrasen protestierten, warfen einen Monat später im gleichen Stadion die Gästefans aus Basel Hunderte von Tennisbällen auf den Platz, um so gegen die Vorverlegung der Partie auf 12.45 Uhr zugunsten einer Tennisveranstaltung zu protestieren.

Fazit: Sportprotest als Frühwarnsystem

Die hier exemplarisch angeführten Protestaktivitäten zeigen, welches Ausmaß das Zusammenspiel von Sport und Protest mittlerweile umspannt. Ebenso wie die grundsätzliche Bereitschaft zur Beteiligung an Demonstrationen zugenommen hat (Neidhart & Rucht 1993), wächst auch die Bedeutung des Sportprotests. Die jeweiligen Protestmotive sind dabei ebenso variantenreich wie die Aktionsrepertoires und lassen sich auf die unterschiedlichsten Impulse zurückführen – das Bild von enttäuscht-pöbelnden Fußballfans, die gegen die eigene oder die gegnerische Mannschaft nach Niederlagen protestieren, Schmählieder anstimmen oder Mannschaftsbusse blockieren, fällt zu eindimensional aus. Vielmehr unterliegen die über den Sport vermittelten Interessen und Anliegen kaum mehr Grenzen, was in vergleichbarer Form auch für den über den Sport artikulierten Protest gilt. Damit kann auch dem sportbezogenen Protest die Funktion eines gesellschaftlich-politischen Frühwarnsystems zugeschrieben werden, das sich sowohl im Sport selbst als auch in allgemeinen, über den Sport lediglich vermittelten Protesten widerspiegelt.

Lässt man den staatlich organisierten Protest bei Olympia- oder Weltmeisterschaftsboykotten außer Acht und sieht von den wenigen populären Einzelsportlern ab, ist der Protest zumeist kollektiv, situationsbezogen, punktuell und in vielen Fällen auch nur begrenzt nachhaltig. Von sportpolitischen Bewegungen im Sinne sozialer Bewegungen kann nur mit Vorsicht gesprochen werden – am deutlichsten weist wohl der Fanprotest gegen Kommerzialisierungstendenzen im Fußball in die Richtung einer stärkeren Verstetigung. Die Hauptträger und -akteure des sportbezogenen Protests sind gegenwärtig Anhänger und Aktive, wohingegen sich die Protestagitation von Vereinen und Verbänden eher auf die formalen Konfliktregulierungsmechanismen sowie die Interessenvertretung in den einschlägigen Gremien konzentriert. Hinsichtlich der Arenen zeichnet sich ein eindeutigerer Trend ab: Die Protesthandlungen sind weniger auf den Breitensport gerichtet, als vielmehr auf den populären, medial vermittelten Spitzensport, was auf seine erhebliche Verbreitung einerseits, die hohe Aufmerksamkeit verspricht, und auf seine finanzielle Bedeutung andererseits zurückzuführen ist, die im hohen Maße zur Zuspitzung von Interessenkonflikten beiträgt und somit die Proteste verstärkt.

Hinsichtlich der Repertoires kommt im Sport eine Vielzahl von Ausdrucksformen zum Tragen – der deutlichste Akzent liegt aber auf denjenigen Protestformen, die eine symbolisch-demonstrative Dimension haben. Der diachrone Blick verdeutlicht, dass der Protest insgesamt vielfältiger und kreativer – aber auch professioneller wird (Kidd 2011). Es zeichnet sich vor allem ab, dass den neuen sozialen Medien, die bereits jetzt schon vereinsbezogen rege von Fans genutzt werden, künftig noch stärkere Bedeutung zukommen wird. Zu erwarten steht, dass gerade das Web 2.0 von den Fans zunehmend zur Vernetzung eingesetzt wird – auch in transnationaler Perspektive. Die Verbindung von Sport und Protest hat jedoch auch ihre Grenzen: So hat der Sport bislang keine originären Protestformen oder eine bestimmte Protestästhetik hervorgebracht. Während die Popbranche beispielsweise reine Protest-Konzerte organisiert, gibt es solche *Protest-Spiele* nicht – zumindest nicht im Bereich der massenwirksamen Events des Spitzensports. Lediglich Ausnahmen in eigener Sache können angeführt werden, so etwa, wenn Nicht-FIFA-Mitglieder zu Länderspielen gegeneinander antreten – man denke an das Ende Juni 2001 in Kopenhagen ausgetragene Fußball(länder)spiel Tibet gegen Grönland. Die Olympischen Spiele in China und die Ereignisse des arabischen Frühlings haben aber verdeutlicht, dass die Verlagerung der Protestkultur in die elektronischen Massenmedien ein weiteres Anschwellen von sportbezogenen Protesten erwarten lässt. Angesichts dieses Trends – und weiterhin zunehmender Diskurse über den Sport – könnten Protestaktivitäten im Bereich des Sports als Renaissance der Gegenöffentlichkeit und digitale Fortführung von Protestkommunikation (Engesser & Wimmer 2009) allein dem Umfang nach weiter an Bedeutung gewinnen. Kommt es dazu noch verstärkt zu der bislang nur in Ansätzen auszumachenden Allianzbildung zwischen

Sportlern, Fans und anderen gesellschaftlichen Gruppierungen, wird der Sport sein nicht zu unterschätzendes Protestpotenzial noch weiter ausbauen und ausschöpfen.

Literatur

Balbier, U. (2006). Kalter Krieg auf der Aschenbahn. Deutsch-deutscher Sport 1950-72. Eine politische Geschichte. Paderborn: Schöningh.

Bass, A. (2002). Not the triumph but the struggle. The 1968 Olympics and the making of the black athlete. Minneapolis: Univ. of Minnesota Press.

Batts, C. (2010). ›In good conscience‹: Andy Flower, Henry Olonga and the death of democracy in Zimbabwe. *Sport and Society* 1, 43-58.

Behrens-Cobet, H. & Zimmer, H. (1983). Zwischen Alternative und Protest. Zu Sport- und Jugendbewegungen in Essen 1900-1933. Essen: Stadt Essen.

Bette, K.-H. (1990). Sport als Thema geselliger Konversation. Zur Choreographie mikrosozialer Situationen. In W. Kleine & W. Fritsch (Hrsg.), Sport und Geselligkeit. Beiträge zu einer Theorie von Geselligkeit im Sport (S. 61-80). Aachen: Meyer& Meyer.

Bloom, J., & Willard, M. N. (Hrsg.) (2002). Sports matters. Race, recreation, and culture. New York/London: New York University Press.

Bonacker, T. & Schmitt, L. (2004). Politischer Protest zwischen latenten Strukturen und manifesten Konflikten. Perspektiven der soziologischen Protestforschung am Beispiel der (neuen) Friedensbewegung. *Mitteilungsblatt des Instituts für soziale Bewegungen* 32, 193-213.

Booth, D. (1998). The race game. Sport and politics in South Africa. London: Cass.

Boris, D. (1998). Soziale Bewegungen in Lateinamerika. Hamburg: VSA.

Brewster, K. (2010). Reflections on Mexico '68. Chichester: Wiley-Blackwell.

Brimson, D. (Hrsg.) (2006). Rebellion. The inside story of football's protest movement. London: John Blake.

Carrington, B. (2010). Race, sport and politics. The black sporting diaspora. London: Sage.

Coalter, F. (2007). A wider social role for sport. Who's keeping the score? London: Routledge.

Cohen, R. (1993). When the old left was young. Student radicals and America´s first mass student movement, 1929-1941. Oxford/New York: Oxford University Press.

Dierker, H. (1983). Theorie und Praxis des Arbeitersports in der Weimarer Republik. In D. Blecking (Hrsg.), Arbeitersport in Deutschland 1893-1933. Dokumentation und Analyse (S. 43-56). Köln: Prometh-Verlag.

Eckstein, S. (Hrsg.) (2001). Power and popular protest. Latin America social movements (2. Aufl.). Berkeley/Los Angeles/London: University of California Press.

Edwards, H. (1969). The revolt of the black athlete. New York: Free Press.

Emmerich, A. (2011). Olympia 1936: Trügerischer Glanz eines mörderischen Systems, Köln: Fackelträger-Verlag.

Engesser, S. & Wimmer, J. (2009). Gegenöffentlichkeit(en) und partizipativer Journalismus im Internet. *Publizistik* 1, 43-63.

Gailus, M. (2005). Was macht eigentlich die historische Protestforschung? Rückblicke, Resümee, Perspektiven. *Mitteilungsblatt des Instituts für soziale Bewegungen* 34, 127-154.

Ganzenmüller, J. (2007). Bruderzwist im Kalten Krieg. Sowjetisch-tschechoslowakische Länderspiele im Umfeld des ›Prager Frühlings‹. In A. Malz; S. Rohdewald & S. Wiederkehr (Hrsg.), Sport zwischen Ost und West. Beiträge zur Sportgeschichte Osteuropas im 19. und 20. Jahrhundert (S. 113-130). Osnabrück: Fibre Verlag.

Goodwin, J. & Jasper, J. M. (Hrsg.) (2002). The social movements reader. Oxford: Blackwell.

Grill, B. (2010). Blatters Schweigen. *Die Zeit* v. 24. 06.2010, S. 58.

Hellmann, K.-U. & Koopmans, R. (Hrsg.) (1998). Paradigmen der Bewegungsforschung. Entstehung und Entwicklung von Neuen Sozialen Bewegungen und Rechtsextremismus. Opladen: VS Verlag.

Henderson, S. (2009). Crossing the line. Sport and the limits of civil rights protest. *The International Journal of the History of Sport* 1, 101-121.

Horne, J. & Whannel, G. (2010). The ›caged torch procession‹. Celebrities, protesters and the 2008 Olympic torch relay in London, Paris and San Francisco. *Sport in Society* 5, 760-770.

Kaltmeier, O. (2001). Die Dritte-Welt-Bewegung. Zwischen Unterschriften und Straßenkampf. *Friedensforum. Rundbrief der Friedensbewegung* 4, 32-34.

Kern, T. (2008). Soziale Bewegungen. Ursachen, Wirkungen, Mechanismen. Wiesbaden: VS Verlag.

Kidd, B. (2011). The struggle must continue. In R. Field & B. Kidd (Hrsg.), Forty years of Sport and Social Change, 1968-2008. »To remember is to resist« (S. 157-166). London/New York: Routledge.

Kitschelt, H. (1999). Politische Gelegenheitsstrukturen in Theorien sozialer Bewegungen heute. In A. Klein; T. Legrand & Th. Leif (Hrsg.), Neue Soziale Bewegungen. Impulse, Bilanzen und Perspektiven (S. 144-163). Opladen: VS Verlag.

Klandermans, B. & Staggenborg, S. (Hrsg.) (2002). Methods in social movements research. Minneapolis: University of Minnesota Press.

Kolb, F. (2007). Protest and opportunities: The political outcomes of social movements. Frankfurt a.M./New York: Campus.

Koopmans, R. (1993). The dynamics of protest waves. West Germany, 1965 to 1989. *American Sociological Review* 5, 637-658.

Koopmans, R. (1995). Democracy from below. New social movements and the political system in West Germany. Boulder: Westview Press.

Koopmans, R. & Rucht, D. (2002). Protest event analysis. In B. Klandermans & S. Staggenborg (Hrsg.), Methods in social movements resarch (S. 231-259). Minneapolis: University of Minnesota Press.

Kraushaar, W. (2012). Aufruhr der Ausgebildeten. Vom Arabischen Frühling zur Occupy-Bewegung. Hamburg: Hamburger Edition.
Krauss, M. (2011). Die Fußballrevolution. *taz* v. 16.02.2011.
Kruke, A. (Hrsg.) (2012). Arbeiter-Turn- und Sportbund (1893 – 2009). Bestände im Archiv der sozialen Demokratie und in der Bibliothek der Friedrich-Ebert-Stiftung mit einem Bestandsverzeichnis der Bibliothek des Sportmuseums Leipzig und Beiträgen von Hans Joachim Teichler und Jens Klocksin. Bonn: Friedrich-Ebert-Stiftung.
Krumpholz, A. (1991). Apartheid und Sport. Rassentrennung und Rassendiskriminierung im südafrikanischen Sport sowie der Sportboykott Südafrikas. München: VVF.
Levermore, R. & Budd, A. (2004). Sport and international relations. An emerging relationship. London: Routledge.
Luh, A. (2002). »Wir sind die Ruhrpottkanaken« – Fußball und Identität im Ruhrgebiet 1920-2000. In W. Buss & A. Krüger (Hrsg.), Transformationen. Kontinuitäten und Veränderungen in der Sportgeschichte (S. 203-217). Hoya: NISH.
Marqusee, M. (2005). Redemption song. Muhammad Ali and the spirit of the sixties. London/New York: Verso.
Miller, P. B. & Wiggings, D. K. (Hrsg.) (2004). Sport and the color line. Black athletes and race relations in twentieth-century America. New York: Routledge.
Mittag, J. & Nieland, J.-U. (Hrsg.) (2007). Das Spiel mit dem Fußball. Interessen, Projektionen und Vereinnahmungen. Essen: Klartext.
Mittag, J. & Ismar, G. (Hrsg.) (2009). El pueblo unido? Soziale Bewegungen und politischer Protest in der Geschichte Lateinamerikas. Münster: Westfälisches Dampfboot.
Mittag, J. (2011). Sport und Protest. *APuZ* 14, 9-14.
Neidhardt, F. & Rucht, D. (1993). Auf dem Weg in die ›Bewegungsgesellschaft‹? *Soziale Welt* 3, 305-326.
Neidhardt, F. & Rucht, D. (2001). Protestgeschichte der Bundesrepublik Deutschland 1950-1994: Ereignisse, Themen, Akteure. In D. Rucht (Hrsg.), Protest in der Bundesrepublik. Strukturen und Entwicklungen (S. 27-70). Frankfurt a.M./New York: Campus.
Ness, Immanuel (Hrsg.) (2009). International encyclopedia of revolution and protest. 1500 to the present. Chichester: Wiley-Blackwell.
Nover, S.U. (2009). Protest und Engagement. Wohin steuert unsere Protestkultur? Wiesbaden: VS Verlag.
Olejniczak, C. (2008). Dritte-Welt-Bewegung. In R. Roth & D. Rucht (Hrsg.), Die sozialen Bewegungen in Deutschland seit 1945. Ein Handbuch (S. 319-345). Frankfurt a.M./New York: Campus Verlag.
Opp, K.-D. (2009). Theories of political protest and social movements. A multidisciplinary introduction, critique, and synthesis. London/New York: Routledge.

Paris, R. (2000). Schwacher Dissens. Kultureller und politischer Protest. In R. Roth & D. Rucht (Hrsg.), Jugendkulturen, Politik und Protest. Vom Widerstand zum Kommerz? (S. 49-62). Opladen: Leske und Budrich.

Pollack, D. (2000). Politischer Protest. Politisch alternative Gruppen in der DDR. Opladen: Leske und Budrich.

Riordan, J. & Krüger, A. (1999). The international politics of sport in the twentieth century. London: Spon.

Roth, R. & Rucht, D. (Hrsg.) (2008). Die sozialen Bewegungen in Deutschland seit 1945. Ein Handbuch, Frankfurt/New York: Campus.

Roth, R. (2012). Vom Gelingen und Scheitern sozialer Bewegungen. *Forschungsjournal Soziale Bewegungen* 1, 21-31.

Rucht, D. (Hrsg.) (2001). Protest in der Bundesrepublik. Strukturen und Entwicklungen. Frankfurt a.M./New York: Campus.

Rucht, D. (2012). Massen mobilisieren. *APuZ* 25/26, 3-9.

Rucht, D. & Ohlemacher, P. (1992). Protest event data: Collection, uses and perspectives. In R. Eyerman &. M. Diani (Hrsg), Issues in contemporary social movement research (S. 76-106). Beverly Hills: Sage.

Rucht, D.; Hocke, P. & Oremus, D. (1995). Quantitative Inhaltsanalyse: Warum, wo, wann und wie wurde in der Bundesrepublik demonstriert? In U. von Alemann (Hrsg), Politikwissenschaftliche Methoden (S. 261-291). Opladen: Westdeutscher.

Rucht, D. & Volkens, A. (1998). Der Einfluß von politischem Protest auf Wahlprogramme in der Bundesrepublik. Eine quantitative Analyse. In H. Ahlbach & M. Dierkes (Hrsg.), Organisationslernen – institutionelle und kulturelle Dimensionen (S. 309-334). Berlin: Ed. Sigma.

Rucht, D., Koopmans, R. & Neidhardt, F. (Hrsg.) (1998). Acts of dissent: New developments in the study of protest. Berlin: Rowmann und Littlefield.

Schumann, D. (2001). Politische Gewalt in der Weimarer Republik. Kampf um die Straße und Furcht vor dem Bürgerkrieg. Essen: Klartext Verlag.

Staudohar, P. D. (1997). The baseball strike of 1994-95. *Monthly Labour Review* 3, 21-27.

Tilly, C. (1985). Models and Realities of Popular Collective Action. *Social Research* 4 , 717-747.

Ueberhorst, H. (1973). Frisch, frei, stark und treu. Die Arbeitersportbewegung in Deutschland 1893-1933. Düsseldorf: Droste.

Volkmann, H. & Bergmann, J. (Hrsg.) (1984). Sozialer Protest. Studien zu traditioneller Resistenz und kollektiver Gewalt in Deutschland vom Vormärz bis zur Reichsgründung. Opladen: VS Verlag.

Wagg, S. & Andrews, D. (Hrsg.) (2006). East plays West. Sport and the Cold War. London: Routledge.

Witherspoon, K. B. (2008). Before the eyes of the world. Mexico and the 1968 Olympic Games. DeKalb: Northern Illinois University Press.

Zirin, D. (2008). A people's history of sports in the United States. 250 years of politics, protest, people and play. New York/London: New Press.